AF357480

La FRANCE, présentant le Portrait de FRANÇOIS I.
Prince très illustre entre les
GRANDS CAPITAINES FRANÇOIS
de son Tems.

OEUVRES

DU SEIGNEUR

DE BRANTOME:

NOUVELLE EDITION,

Considérablement Augmentée,
& accompagnée de Remarques
Historiques & Critiques.

TOME HUITIEME,

CONTENANT

Les Vies des Hommes Illustres
et Grands Capitaines
François,

TROISIEME PARTIE.

A LA HAYE,

Aux Dépens du Libraire,
M. DCC. XL.

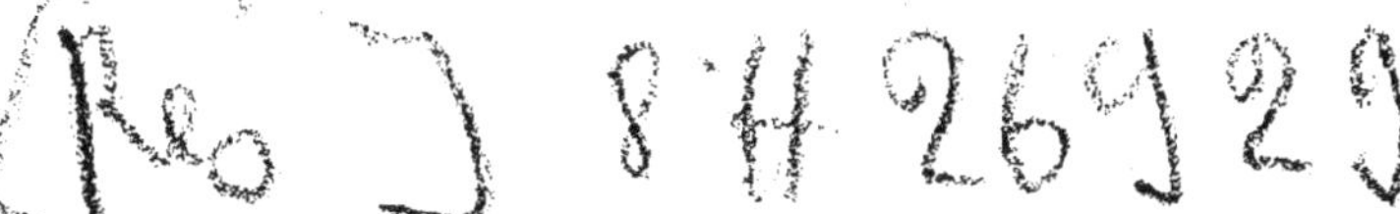

VIES

DES
HOMMES ILLUSTRES
ET
GRANDS CAPITAINES
FRANÇOIS.

TROISIESME PARTIE.

DISCOURS SOIXANTE-DIX-SEPTIESME,
Mr. DE NEMOURS.

PUIS que je viens icy devant de toucher un peu de Monſieur DE NEMOURS, j'en vais parler ſans attendre à une autre fois. Ce Prince,

                A   dit

dit JAQUES DE SAVOYE, fut en
fon Temps un des plus parfaits & accomplis Princes, Seigneurs, & Gentils-Hommes qui fut jamais. Il faut
librement avec Vérité franchir ce Mot,
fans en eftre repris; ou, fi on l'eft,
c'eft très-mal à propos. Qui l'a veu,
le peut dire comme moy. Il a efté un
très-beau Prince, & de très-bonne
Grace, brave & vaillant, agréable,
aymable & accoftable, bien difant, bien
efcrivant, autant en Rime qu'en Pro-
fe, s'habillant des mieux : fi-bien que
toute la Cour, en fon Temps, (au
moins la Jeuneffe,) prenoit tout fon
Patron de fe bien habiller fur luy;
&, quand on portoit un Habillement
fur fa Façon, il n'y avoit non plus à
redire, que quand on fe façonnoit en
tous fes Geftes & Actions. Il eftoit
pourveu d'un grand Sens, & d'Efprit, fes Difcours beaux, fes Opi-
nions en un Confeil belles & receva-
bles. De plus, tout ce qu'il faifoit, il
le faifoit fi bien, de fi bonne Grace,
& fi belle Adreffe, fans autrement fe
contraindre, comme j'en ay veu qui
le vouloient imiter fans en approcher,
mais fi naifvement, que l'on euft dit
que tout cela eftoit né avec luy.

Il aymoit toutes fortes d'Exercices,

ces, & si y estoit si universel, qu'il
estoit parfait en tous. Il estoit très-
bon Homme de Cheval, très-adroit,
& de belle Grace, fust ou à pic-
quer, ou rompre Lances, ou courir
Bague, ou autre Exercice pour Plaisir & pour la Guerre; bon Homme de
Pied, à combattre à la Picque & à
l'Espée; à la Barriere, les armes belles en la Main; il joüoit très-bien à la
Paulme, aussi disoit-on les *Revers de*
Monsieur de Nemours; joüoit bien à
la Balle, au Ballon; sautoit, volti-
geoit, dansoit; & le tout avec si bonne Grace, qu'on pouvoit dire qu'il
estoit très-parfait en toutes sortes
d'Exercices chevaleresques: si - bien,
que qui n'a veu Monsieur de Nemours
en ses Années gayes, il n'a rien veu;
& qui l'a veu le peut baptiser, par tout
le Monde, la Fleur de toute Chevalerie, &, pour ce, fort aymé de tout
le Monde, & principalement des Dames, desquelles (au moins d'aucunes)
il en a tiré des Faveurs, & bonnes
Fortunes, plus qu'il n'en vouloit, &
plusieurs en a-t-il refusé qui luy en
eussent bien voulu despartir.

J'ay connu deux fort grandes Dames, des belles du Monde, qui l'ont
bien aymé, & qui en ont bruslé à Feu

A 2

des-

descouvert & couvert, que les Cen-
dres de Discretion ne pouvoient tant
couvrir qu'il ne parust. Plusieurs fois
leur ay - je veu laisser les Vespres à
demy - dites, pour l'aller voir joüer,
ou à la Paulme, ou au Ballon, en la
Bassecourt des Logis de nos Roys.
Pour en aymer trop une, & luy - estre
fort fidele, il ne voulut aymer l'autre, qui pourtant l'aymoit tousjours.

Je luy ay ouy raconter plusieurs
fois de ses Advantures d'Amour; mais,
il disoit, que la plus propre Recep-
te, pour joüyr de ses Amours, estoit
la Hardiesse; & qui seroit bien hardy
en sa prémiere Pointe, infailliblement il
emporteroit la Forteresse de sa Dame; &
qu'il en avoit ainsi conquis de cette Façon plusieurs, & moitié à demy Force,
& moitié en joüant en ses jeunes Ans.

Au Commencement du Roy Hen-
ry, il s'en alla voir l'Italie, avec
Monsieur le Mareschal de Bouillon, que
le Roy Henry envoya vers le Pape
Paul III, se congratuler avec luy de
son Advenement à la Couronne, &
luy prester l'Obédience, ainsi qu'est la
Coustume ordinaire de nos nouveaux
Roys; mais, j'ay ouy dire à des François, & Italiens, sur le Lieu, que ce
Prince estoit admiré & aymé de toutes

tes les Dames de ce Pays-là qui le voyoient, & des Filles de Joye trèsfort, & couru à force.

J'ay ouy conter, que dans Naples, une fois dans cette Ville, mefme un Jour de Fefte-Dieu, & en la Proceffion, ainfi qu'il y marchoit, luy fut préfenté par un Ange, de la Part d'une Dame, un très-beau Boucquet de Fleurs; lequel Ange comparut artificiellement, & defcendit d'une Feneftre, & s'arrefta très-bien à propos devant luy, & de mefme luy préfenta avec ces Mots: *Soit préfenté à ce beau & jeune Prince & très-valeureux le Duc de Nemours.*

Il fit fes jeunes Guerres en Piedmont, par deux ou trois Voyages qu'il y fit, & en France aux Siéges de Boulogne, de Mets, Battaille de Ranty, & autres belles Factions, en Réputation d'un très-brave, vaillant, & très-hardy Prince; ayant Charge de Chevaux-légers & de Gendarmes, & puis en Italie de Gens de Pied, en eftant Colonel de toutes les Bandes que mena Monfieur de Guyfe: j'en parleray ailleurs. Au Retour, il fut Colonel-Général de la Cavalerie-légere, dont il s'en acquitta très-bien & dignement, & mefme au Voyage d'Amyens, eftant logé au Pont-

Dor-

Dormy, près de l'Ennemy, qu'il alloit esveiller souvent ; & ne parloit-on que des Courses de Monsieur de Nemours pour lors.

LA Paix estant faite, le Roy d'Espagne en fit grand Cas, & sur-tout Monsieur de Savoye, son bon Cousin, qui commença à l'aymer extrêmement, tant pour ses Vertus que pour la Privauté qu'il prit aussi-tost avec luy, se joüant avec luy comme s'ils n'eussent jamais bougé d'ensemble : & la plus-part du temps alloit tousjours en Crouppe derriere luy à Cheval ; & sans autre Cérémonie, sans qu'il se donnast garde, y montoit d'une telle Disposition, qu'il estoit plustost monté qu'il en sçeust rien, dont il estoit si ayse que rien plus. Aussi depuis se font-ils bien aymez tousjours, & se font très-bien accordez ensemble de leur Partage, sans avoir Noise autrement : &, de plus, Monsieur de Savoye luy donna sur ses Jours, Montcallier en Piedmont, pour s'y retirer.

SI Monsieur de Savoye estoit bon Espagnol, Monsieur de Nemours estoit très-bon François, ne s'estant jamais trouvé brouillé sur l'Esbranslement de l'Estat de France, encore qu'il ne tinst à aucuns qu'on ne luy en jettast le
Chat

Chat aux Jambes, comme on dit, à
Saint-Germain en Laye, après le Colloque de Poiſſy. Lors que Meſſieurs
de Guyſe & luy ſe retirérent de la
Cour, pour voir la nouvelle Religion
entrer en Fleur, on l'accuſa d'avoir
voulu desbaucher Monſieur, Frere du
Roy, pour en faire de meſme, & aller
avec eux, dont une Femme de Chambre de la Reyne, dite Deniſe, qui
chantoit des mieux, en fut rappor-
teuſe, & à faux pourtant ; car, diſoit-on que le Roy de Navarre l'en
avoit ſollicitée, parce qu'il hayſſoit
fort mondit Sieur de Nemours, à cauſe
de Mademoiſelle de Rohan, que ledit Roy vouloit qu'il eſpouſaſt. Et
de vray ſi mondit Sieur de Nemours
ne ſe fuſt garanty & abſenté, il euſt
eſté en Peine, ainſi qu'il parut peu a-
près par l'Empriſonnement de Ligne-
rolles. J'eſpere faire tout au long ce
Conte en la Vie du Roy Hen-
ry III (1) ; car, je le ſçay fort bien,
pour avoir eſté en ce Temps à la
Cour.

Tout cela ſe paſſa, & n'en fut
autre choſe, juſques à ce que la prémiere Guerre vint, & qu'il fut envoyé

que-

______

(1) *On n'a point cette* Vie.

querir pour en avoir befoin de fa Suf-
fifance à bien fervir le Roy ; ce qu'il
fit : &, pour ce, fut envoyé Lieutenant de Roy vers le Lyonnois, Fo-
refts, Mafconnois, & Dauphiné, là-
où il empefcha fort les Huguenots de
par-de-là à ne faire fi bien leurs Befo-
gnes, comme ils les faifoient auparavant ; & fit une grande Défaite vers
la Foreft de Sillan fur le Baron des
Adrets & fes Compagnons, & les euft
encore plus tourmentez fans une grande Maladie qui luy furvint, qui le mena tellement, & le mit fi bas, qu'on
ne vid jamais Perfonne fi proche de la
Mort.   Mais, enfin, avec beaucoup
de Peine de tant de Maux, il fe ré-
mit & rentra en fa Convalefcence
prémiere : fur-quoy la Paix entrevint,
& fut Gouverneur du Lyonnois, Fo-
refts, & Beaujolois, par le Mort de
Monfieur le Marefchal de Saint-André.

APRÈS les prémiers Troubles, les
feconds arrivérent en ce Temps, & la
Journée de Meaux, où Monfieur le
Prince de Condé, Monfieur l'Admiral, & autres Grands de la Religion
eftoient venus avec quinze cens Chevaux, & bien armez, pour préfenter
une Requefte au Roy. Quelle Préfen-
tation

tation de Requefte, difoit-on alors, le
Piftolet à la Gorge !

Le Roy pour lors n'avoit autres Forces avec luy, fi-non fa Maifon & fix
mille Suiffes, qui par cas eftoient arrivez
bien à propos par la Sollicitation-mef-
me de Meffieurs de la Religion, à caufe de l'Armée & Paffage du Duc d'Albe en Flandres : j'en parle ailleurs. Il
y eut pour lors un très-grand & vieux
Capitaine, qui opiua qu'il faloit que le
Roy demeuraft à Meaux, & envoyaft
querir Secours. Mais, Monfieur de
Nemours débattit fort & ferme, qu'il
faloit gagner Paris, pour beaucoup de
Raifons bien pregnantes qu'il allégua,
que je laiffe à fonger aux mieux Difcou-
rans, fans que je les touche : &, pour
ce, il fut cru, difant, que fur fa Vie il
meneroit le Roy fain & fauve dans Paris.

La Charge luy en fut auffi-toft donnée de par le Roy, envers qui Monfieur de Nemours ufant doucement de
fa Charge, (comme le Marquis del
Goüaft fit à l'endroit de l'Empereur,
à la Journée de Thunis, comme j'ay dit
en fon Lieu (1), le pria de fe mettre
au Mitan de fes Suiffes, & luy fe mit
à la Tefte, marchans fi ferrez, & en fi
bon Ordre de Battaille, fans jamais le

per-

______
(1) *Ci-deffus, Tome IV, pag.* 184 & 185.

A 5

perdre , que les autres ne les oférent
jamais attaquer , bien qu'ils les coſtoyaſ-
ſent tousjours pour en voir & prendre la
moindre Occaſion du Monde pour les
charger : & , par ainſi , & en telle Façon
& Ordre , le Roy ſe ſauva dans Paris ,
ſans aucun Deſordre ; ce qui fit dire
au Roy , que , ſans Monſieur de Nemours , & ſes bons Comperes les Suiſſes , ſa Vie , ou ſa Liberté , eſtoit en
très-grand branſle.   C'eſt une Retraite
celle-là , & des belles , en plein Jour ,
non de la Façon que Monſieur de Montluc en donna l'Inſtruction à Monſieur
de Strozze , & à tous Gens de Guerre , de faire les leurs de Nuit.

VOILÀ pourquoy , il faut eſtimer
celle-cy par-deſſus beaucoup d'autres ,
& meſmes ayant tousjours les Ennemis en Veuë ; mais , quels Ennemis ?
Des braves , des vaillants , & détermi-
nez , qui fuſſent en France.

BIEN-TOST après la Battaille de
Saint-Denis ſe donna , où ce Prince fit
très-bien , comme il avoit tousjours fait
en toutes les autres où il s'eſtoit trouvé.
De-là en hors , au Voyage de Lorraine ,
il mena l'Avant-Garde avec Monſieur de
Montpenſier, & ne tint pas à luy qu'on ne
donnaſt la Battaille à Noſtre-Dame de
l'Eſpine ; & ſi , ce pauvre Prince eſtoit
la pluſpart du temps tourmenté de ſes
Gout-

Gouttes ; mais, son brave & généreux Cœur le souftenoit tousjours. Helas ! elles l'ont tant tourmenté depuis, qu'elles l'ont mis à la Fin dans le Cercueil : & ne m'eftonne pas, si Lucian l'appelle la Reyne des Maladies, pour la Tyrannie qu'elle exerce sur les Perfonnes, ainfi que fit celle-là sur ce brave Prince, & si tyranniquement, qu'avant quelques Années qu'il mourut, il n'avoit quasi Membre des siens principaux, qui ne fuft perclus, fors la Langue, qui luy demeura encore si bonne & saine, qu'ordinairement on en voyoit fortir les plus beaux Mots, les plus belles Sentences, les plus graves Difcours, & les plus plaifantes Rencontres. Ah ! que ce brave Hector eftoit bien changé de celuy qui avoit efté autresfois le plus accomply Prince du Monde ! Helas ! ce n'eftoit pas celuy là, qui à la Guerre combattoit si vaillamment, & remportoit de si belles Defpouilles, Victoires, & Honneurs de fes Ennemis ! Ce n'eftoit pas celuy-là contre qui ce brave Marquis de Pefcaire, du Temps des Guerres de Piedmont, qui eftoit certes un très-brave & généreux Prince, ayant reçeu la Renommée des Vaillances & beaux Combats de ce Prince, fe voulut efprouver contre luy, pour

en augmenter davantage fa Gloire ; & ,
pour ce, en toute Gentilleſſe de Cavalier, l'envoya deffier un Jour, luy
& quatre, contre autant, ou davantage, à donner Coups de Lance à Fer
eſmoulu, fuſt ou pour l'Amour des
Dames, ou pour la Querelle générale. Le Combat fut auſſi-toſt accepté, & le Trompette pris un Mot.

PAR-QUOY, Monſieur de Nemours
paroiſt devant Aſt, où eſtoit le Marquis, qui ſe préſente à noſtre Prince
en fort belle Contenance, laquelle,
bien qu'elle fuſt très-belle, ne paroiſſoit pas tant que celle de noſtre Prince. S'eſtant donc tous deux mis ſur
le Rang, & en Carriere, coururent
de fort bonne Grace, & ſi rudement,
qu'ils en rompirent leurs Lances, &
les Eſclats s'en allérent fort haut en
l'Air, ſans s'endommager l'un l'autre.

APRÈS la Courſe, levérent leur Vi-
ſiere & s'entr'embraſſérent fort courtoi-
ſement, avec une merveilleuſe Admiration de l'un & de l'autre, & ſe mirent à deviſer enſemble, pendant que
les autres faiſoient leurs Courſes.

CE fut Monſieur de Vaſſé, Fils de
Monſieur de Vaſſé, qui courut après,
contre le Marquis de Maleſpine, lequel rompit ſa Lance ſur le Sieur de
Vaſſé,

Vaſſé, & en perçant ſon Hauſſe-Col, entra bien demy Pied de Lance dedans, dont le jeune Seigneur fut fort bleſſé, & en mourut quelques Jours après.

Après, courut le Capitaine Manets, Lieutenant de Monſieur de la Roche-Pouzey, contre lequel courut Dom Albe, Capitaine Eſpagnol, qui donna un Coup de Lance au Col dudit Sieur de Manets, duquel il mourut quatre Jours après.

Le dernier, Monſieur du Moucha, Enſeigne de Monſieur de Pinars, de l'Age de cinquante bonnes Années, courut, contre lequel ſe vint préſenter le Comte Caraffe, Napolitain, Nepveu du Pape pour lors, auquel le Seigneur du Moucha donna ſi grand Coup de Lance, qu'il luy perça le Bras & le Corps de Part en Part, de ſorte que la Lance ſe monſtroit outre par derriere plus de quatre Pieds, dont le Seigneur Comte demeura mort ſur le Champ. Et ainſi ſe deſmeſla le Combat par Victoire douteuſe, & chacun ſe retira.

Les Eſpagnols, qui en parlent, en content d'autre diverſe Sorte, & diſent qu'ils n'eſtoient que trois contre trois. Il y avoit Monſieur de Nemours, Mon-

A 7

ſieur

fieur de Navaille, Bafque, fon Lieutenant , gentil Capitaine Cheval-léger &
Monfieur de Vaflé. De l'autre Cofté,
eftoit Monfieur le Marquis , Dom Geor-
ge Mauricque de Lara , yel Capitan Milort , ce Nom dénote qu'il eftoit Anglois , que les Efpagnols tenoient pour
un très-bon Capitaine.

Ce Combat fe fit auprès des Murail-
les d'Aft , & avant avoient fait un Con-
cert de ne tirer point aux Chevaux ,
& qui en tueroit un , en payeroit cinq
cens Efcus à fon Compagnon. Cette
Condition fe pouvoit faire , & ac-
complir , pour plufieurs Raifons que je
diray.

Monsieur de Nemours, & Monfieur le Marquis , coururent les deux
prémiers , & firent trois Courfes. Les
Efpagnols difent, que le Cheval de Monfieur le Marquis fuyt tousjours la Carriere , & qu'il ne put faire nulle belle
Courfe , fi-non une fois qu'il bleffa
un peu au Bras Monfieur de Nemours.
Mais, c'eft au contraire ; car, ce fut
celuy de Monfieur de Nemours, qui fuyt
tousjours la Lice , d'autant que Monfieur le Marquis s'eftoit accommodé
d'un fort grand Panache à fa Salade ,
fi couvert de Papillottes que rien plus,
ainfi que les Plumafiiers de Milan s'en
font

font dire très-bons & ingénieux Maistres, & en avoit donné un de mesme au Chanfrain de son Cheval, (on disoit qu'il l'avoit fait exprès ;) si-bien que le Cheval de Monsieur de Nemours, s'approchant de celuy du Marquis, fut ombragé de ses Papillottes, qui luy donnoient aux Yeux, à cause de la Lueur du Cheval, tournoit tousjours à Costé, & fuyoit très-poltronnement la Lice & la Carriere. Et, par ainsi, Monsieurs de Nemours, par la Poltronnerie de son Cheval, faillit aux bons Coups & beaux qu'il avoit ordinairement accoustumé de faire ; comme certes cela est arrivé souvent, & le voit-on encore, qu'un Cheval poltron fait grand Tort à la Valeur de son Maistre. Aussi quelquefois un Cheval fol, bizarre, & de mauvaise Bouche, fait son Maistre plus vaillant qu'il n'est, ou ne veut estre ; car, il l'emporte dans la Meslée des Ennemis en Despit de luy, là-où il faut qu'il combatte malgré-luy, comme j'ay connu un brave Gentil-Homme, à qui son Cheval, qui estoit un beau Roussin blanc, fit un tel Trait à la Bataille de Dreux.

POUR donc encore tourner à nostre Conte, les Espagnols disent que Monsieur de Nemours tua le Cheval de Mon-

Monsieur le Marquis, & que le Pache
fait Monsieur de Nemours luy envoya
aussi-tost après le Combat les cinq cens
Escus. Mais, Monsieur le Marquis,
comme très-courtois, les luy renvoya.
Ce qui est faux ; car, Monsieur de Nemours estoit trop bon Gendarme, pour
faillir l'Homme, & aller au Cheval :
aussi qu'il avoit le Cœur trop généreux
& libéral, s'il en fust oncques, pour
reprendre les cinq cens Escus ; ils les
eust plustost donnez aux Trompettes
du Marquis.

VOILÀ pourquoy il se faut rapporter pour toute la Vérité du Combat,
à ce que les François en ont veu, dit,
& escrit, ainsi que j'en ay veu un petit Traité en Espagnol imprimé, &
comme aussi aucuns à moy-mesme me
l'ont ainsi débattu.

IL n'est non plus rien de ce qu'ils
ont dit de Monsieur de Navaille, qui
combattit contre Mauricque de Lara,
lequel perça de sa Lance de Part en Part
l'Espaule de Monsieur de Navaille,
dont il mourut quelques Jours après ;
car, il mourut au Voyage de Monsieur de Guyse en Italie, pour avoir
trop couru la Poste, comme j'ay dit
ailleurs.

LE Capitaine Milort se battit contre

le Seigneur de Vaſſé , lequel mourut bien celuy-là , comme j'ay dit ; mais , les Eſpagnols & François ſont diſcordans du Nom de celuy qui le combattit. Voilà comment il y a de grands Abus au Dire & aux Eſcritures des Gens ; mais , il faut que les Eſpagnols ne perdent point leurs Couſtumes de ſe bien vanter , & qui d'eux-meſmes ne ſe veulent jamais abaiſſer , & ont tousjours la Vanterie , & le prémier Honneur en la Bouche.

SUR-QUOY je feray ce Conte d'un Combat qui fut fait au Royaume de Naples, du Regne du Roy Louys XII, entre treize nobles Chevaliers François , & treize Eſpagnols, duquel les Eſpagnols & Italiens s'en donnent tout l'Advantage & toute la Gloire, ainſi meſme qu'ils l'ont eſcrit ; mais, les François ne cauſent pas ainſi.

LE Conte eſt donc tel, qu'après le Combat qu'eut fait Monſieur de Bayard, contre Alonzo de Sotto - Major, & vaincu , dont j'en parle ailleurs (1), les Eſpagnols en cuydérent crever de Deſpit , & cherchérent tousjours le

Moyen

_____

(1) *Tome VI, Diſcours IX, Article III, page* 114 ; & *Tome XI,* Diſcours des Duels, *pag.* 45 & ſuiv.

Moyen pour s'en revancher. Par-quoy, y ayant Trefves faites pour deux Mois, les François & Espagnols s'entrevisitoient quelquefois en leurs Garnisons, ou en la Campagne, & causoient familiérement ensemble ; mais, vous eussiez dit que les Espagnols cherchoient tousjours Noise & Riotte.

UN JOUR entr'autres une Bande de treize Cavaliers Espagnols, très-bien montez, s'y vinrent promener & esbattre vers la Ville de Monervine, où estoit la Garnison de Monsieur de Bayard ; & par cas ce Jour aussi Monsieur de Bayard en estoit sorty avec Monsieur d'Orozze, très-gentil & brave Capitaine, de la Maison d'Urffé (a), pour s'aller esbattre & prendre l'Air tout à Cheval, jusques à une demie Lieuë, où il vint rencontrer cette noble Troupe d'Espagnols, qui les saluérent très-courtoisement, & on leur rendit la pareille. Entr'eux, il y eut un brave certes & courageux, qui s'appelloit Diego de Bissaigne, lequel avoit esté de la Compagnie de Dom Alonzo, & luy souvenoit encore de la Mort

____

(a) *François d'Urfé*, Fils de Jean d'Urfé, Seigneur de Rochefort, & *d'Isabel de Langeac*, Dame d'Orose.

Mort de son Capitaine, dont il l'en faut loüer, qui s'advança par-dessus les autres, & leur dit: *Vous autres Messieurs les François, je ne sçay si cette Trefve vous fasche point ; mais, à moy, elle m'ennuye fort, encore qu'il n'y ait que huit Jours qu'elle soit commencée. Si, pendant qu'elle durera, il n'y auroit point de vous autres une Bande de dix contre dix, de vingt contre vingt, ou plus ou moins, qui voulussent combattre sur la Querelle de nos Maistres, je me ferois bien fort de les trouver de mon Costé : & ceux, qui seront vaincus, demeureront Prisonniers des autres.*

MONSIEUR de Bayard luy respondit: *Nous avons, mon Compagnon que voicy & moy, très - bien compris vos Paroles, & que desirez faire armés (1) de Nombre contre Nombre. Vous estes icy treize bons Hommes. Si vous voulez d'aujourd'huy en huit Jours, vous trouver à deux Milles d'icy, montés & armés, mon Compagnon & moy nous vous en amenerons autres treize, dont nous en serons du Nombre : & qui aura bon Cœur & bon Bras le monstre.* Alors les Espagnols tous d'une Voix s'escryent: *Nous le voulons ;* & tous, s'estans dit Adieu, se separérent.

M E S-

____

(1) Armes

MESSIEURS de Bayard & d'Orozze eſtant à Monervine firent entendre tout cecy à leurs Compagnons, leſquels ayant tiré au Sort qui feroient les treize, & les treize, s'eſtant bien préparez pour le Combat, ne failloient (2) de ſe trouver au Jour aſsigné, & au Lieu arreſté. Les Eſpagnols ne faillirent non plus, & de toutes les deux Nations, & Napolitains, force Gens eſtoient allez là pour en voir le Combat.

ILS avoient limité leur Camp ſous Condition, que celuy, qui feroit mis Pied à Terre, ne pourroit plus combattre, ny ayder à ſes Compagnons ; &, en cas que juſques à la Nuit une Bande n'euſt pu vaincre l'autre, & n'en demeuraſt-il qu'un à Cheval, le Camp feroit finy, & pourroit ramener ſes Compagnons francs & quittes, leſquels fortiroient en pareil Honneur que les autres hors du Camp. Voilà des Paches & Conditions bien inventées & bien pointillantes ! Je ne ſçay qui les trouva ; mais, il eſt à préſumer, que ce furent les Eſpagnols, qui, de tout Temps, ont eſté fort ſubtils, fins, & ſublins,

(1 faillirent

fublins. Nos François, le Temps paffé, ne l'eftoient pas tant, & y alloient
à la franche Guerre.

Ces Conditions donc accordées, les
Efpagnols fe mirent d'un Cofté, &
les François de l'autre, & tous, la
Lance en l'Arreft, picquérent leurs
Chevaux les uns contre les autres:
mais, les Efpagnols ne donnérent
point aux Hommes, mais fe mirent à
tuer les Chevaux; car, ils ont cette
Maxime, *Meurto el Cavallo, perdido
l'Hombre d'Armas.*

Et voilà pourquoy, au Combat de
Monfieur de Nemours, que j'ay dit
cy-devant, fut très-bien inventé qui
l'inventa, que, qui tueroit le Cheval
de fon Compagnon, payeroit cinq
cens Efcus. Mais, cette Peine eft
trop légere; car, tel y a-t-il, qui ne fe
fouciéroit guéres de tuer le Cheval de
fon Ennemy, & de payer au double,
pour puis après avoir meilleur marché
de fon Homme: il vaut mieux impo-
fer une Peine de Victoire fur l'Honneur, ainfi que le Temps paffé mefme s'obfervoit parmy les Cavaliers
errans, & une Honte & Défenfe à
ceux qui s'amufoient à tuer les Chevaux, pauvres Beftes, qui font inno-
centes & ne fe défendent, & qui n'en

peu-

peuvent mais que les Hommes, qui font les Fautes & Noiſes, combattent & battaillent. Meſmes aux Tournois de nos Roys, que l'on a veu, il n'eſtoit nullement beau de porter & donner bas, mais faire tousjours ſon Coup le plus haut que l'on peut, & qui le fait tel, eſt plus digne Cavalier. En Battailles & Combats généraux, tout eſt de Guerre, & tue-t-on ce qu'on peut, mais non aux Deffis.

LES Eſpagnols pourtant n'obſervérent cette belle Loy; car, s'eſtant fort bien amuſez à tuer les Chevaux, ils en tuérent juſques au nombre d'onze, & ne retournérent à Cheval que Meſſieurs d'Orozze & de Bayard. Et cette Tromperie ne ſervit de rien aux Eſpagnols; car, oncques puis leurs Chevaux ne voulurent paſſer outre, voyant les autres Chevaux morts, quelques Coups d'Eſperons qu'on leur donnaſt. A quoy, Meſſieurs d'Orozze & de Bayard, prenant le temps, ne ceſſérent de livrer de bons Aſſauts (que l'Eſpagnol très-proprement dit *Aremetidas*, que nous autres François ne ſçaurions ſi proprement dire ny tourner en un Mot,) à la groſſe Troupe; & quand elle les vouloit charger, ſe retiroient derriere les Chevaux morts

de

de leurs Compagnons, comme derriere un Rampart. Et ainſi ces deux
braves François amuſérent les treize
Eſpagnols l'Eſpace de quatre Heures
que dura le Combat, que la Nuit ſé-
para ſans avoir rien gagné : &, pour
ce, chacun ſe retira, ſelon ce qu'ils
avoient accordé.

VOILÀ noſtre Conte achevé, que
j'ay appris du vieux Roman de Monſieur de Bayard, & d'aucuns Vieux
qui l'avoient ainſi oüy dire. Ce n'eſt
pas donc ce que les Hiſtoires eſtrangeres ont dit, que les noſtres furent
vaincus. Il appert par là, & n'eſt
point inconvénient que la Vérité ne ſoit
telle, & que ces deux braves, vaillants, & adroits Hommes d'Armes ne
ſe ſoient garantis d'une ſi groſſe Troupe, & qu'ils n'ayent donné groſſe Affaire à la groſſe Troupe : les Hiſtoires en ſont toutes pleines d'Exemples.

LES Hiſtoires eſtrangeres diſent encore plus, qu'oncques depuis la Perte
de ce Combat les François ne profitérent plus, ny ne firent guéres bien
leurs Beſognes au Royaume de Naples. Je ne veux pas dire que ce ſoit
pour cela; car, ils ne furent pas vaincus, comme vous voyez. Mais, j'ay

ouy

ouy dire à de grands Capitaines, qu'il ne fut jamais bon de faire ces Deffis de feul à feul, ou de Nombre contre Nombre, parmy les Armées, & que cela en attire Malheur, ou bien s'en enfuit une grande Conféquence : car, chacun par après en parle comme il veut, & felon les Paffions & Affections qu'il poffede, & fait voler & raifonner la Renommée comme il luy plaift ; & chacun flatte fa Nation, & fon Party, dont la Gloire en demeure aux uns, & le Vitupere aux autres, felon que l'on s'imprime en l'Ame & en la Bouche. Notez, qu'il n'y eut jamais Combat général ny particulier, que l'on ayt jamais veu raconter au vray ; ce que j'ay obfervé plufieurs fois : car, l'on s'y tranfporte comme l'Opinion & la Paffion en prend aux uns & aux autres ; tant qu'il n'en peut jamais fortir de ces Deffis guéres de Bonheur. J'en amplifierois bien ce Difcours de plufieurs Raifons & Exemples, fi je voulois ; mais, il feroit trop long. Qu'on confidere feulement, que les Albans ne profitérent jamais guéres plus depuis le Combat des Horaces & Curiaces, & la Ville de Rome creut après & fe fit grande par la Ruyne d'Albe.

A

A cette heure , pour parachever à parler de Monſieur de Nemours , je dis que ce fut un très grand Domma- ge, que la Santé de ſon Corps ne put accompagner ſa belle Ame & ſon Cou- rage : car , outre les belles Preuves qu'il a faites durant ſa belle Diſpoſition, de ſes Valeurs & Vertus , il en euſt bien fait paroiſtre encore de plus bel- les , s'il euſt veſcu plus long-temps & bien ſain ; car , il n'avoit que cin- quante Ans quand il mourut. En quoy j'ay noté une Choſe , que depuis cent Ans (je ne veux point parler de plus haut) tous ceux , qui ont porté ce Nom & Tiltre de Duc de Nemours , ont eſté très-braves, vaillants, hardis, & grands Capitaines : tant (ce diroit-on) ce Nom & Tiltre eſt heureuſement fatal en Vail- lance & Proüeſſe à ceux qui le por- tent. Comme les Ducs de Bourgogne les uns après les autres ont eſté de meſme , dès Philippes le Hardy juſ- ques à cette Heure , & ainſi que ledit Philippes, le Duc Jean , le bon Duc Philippes, & le Duc Charles, & l'Em- pereur Maximilian, l'Empereur Char- les cinquiefme , & le Roy Philippes d'aujourd'huy : tous ces ſept Ducs con- ſécutivement ont eſté braves, généreux,

grands, ambitieux, & courageux. De
ces Ducs donc de Nemours y eut prémierement Louys d'Armagnac, qui mourut au Royaume de Naples : Gaſton de
Foix, qui mourut en la Battaille de Ravenne, comme j'ay dit cy-deſſus: le Pere
de Monſieur de Nemours, duquel je parle maintenant, qui fut un très Homme-
de-Bien, d'Honneur, & de grande Valeur, & très-bon François; auſſi eſtoit-il
très-proche Parent du Roy François,
qui l'aymoit & priſoit fort, & aymoit mieux ſuivre le Party du Roy
que celuy de l'Empereur, dont mieux
luy en prit qu'au Duc Charles de Savoye ſon Frere : puis Monſieur de Nemours, duquel je viens de parler : &,
pour bien finir, Monſieur DE NE-
MOURS ſon Fils, qui eſt aujourd'huy,
n'a rien degeneré à ſes Ayeuls; car,
il eſt très-brave, & très-vaillant, & de
ſage Conduite & Réſolution. Il l'a
monſtré, ſi jeune qu'il eſtoit, n'ayant
que vingt Ans, en cette derniere Battaille d'Yvry, où il combattit ſi vaillamment, & fit ſa Retraite des derniers, & au Siége de Paris, y com-
mandant en Chef comme de raiſon;
car, encore qu'il fuſt bien aſſiégé &
preſſé, & de la Guerre, & de la Famine

mine, voire de la Peste, dont j'espere
en parler en la Vie de nostre Roy
d'aujourd'huy Henry IV (1), jamais
ce Prince ne s'estonna, ce qu'eust fait
un plus vieux & plus pratic Capitaine
que luy; mais tient bon & fait Teste
très-asseurément aux Fleaux, & de la
Terre & du Ciel, (j'en parleray aussi
en la mesme Vie du Roy,): & pour belle Recompense on le traitta bien à
Lyon, luy, qui, après tant de bons
Services faits à son Party & à sa Religion, fut pris & mis Prisonnier dans
les Prisons de la Ville, comme un
grand Malfaiteur; mais, par son gentil Esprit, & son Industrie, il s'en
sauva bravement, comme j'espere dire.

Il monstra fort sa Vaillance en l'Entreprise qui fut faite sur luy à Vienne,
par Monsieur le Connestable & le Seigneur Alfonse Corse; car, y estant entrez dedans desjà cinq à six cens Hommes, on luy vint dire comme la Ville
estoit surprise & prise. Soudain, d'un
Courage asseuré, sort de son Logis
sans s'armer autrement, prend ses Gardes, & quelques Gentils-Hommes,
qui se ralliérent à luy, & court où
estoit l'Ennemy, le Charge & le Combat,

(1) *On n'a point cette* Vie.

bat, le mene battant, & le fait fortir
hors d'où il eftoit entré. J'ay ouy
faire ce Conte à Gens dignes de Foy,
qui eftoient dehors & dedans : pour le
moins la Ville gagnée fe perdit.

J'AY ouy conter, qu'une fois en
Bourgogne on luy vint dire, qu'un de fes
Regimens eftoit engagé, voire affiégé,
dans un Village par fon Ennemy. Luy,
fans temporifer, ny s'armer, prend un
autre Regiment des fiens, fe met à fa
Tefte fur un petit Bidet ; &, faifant
Faction de Meftre-de-Camp, de Capitaine, de Gens de Pied & de Soldat, charge les Affiégeans, les fait defmordre, & les eftrille bien. Tant d'autres Proüeffes efpere-je bien conter de
luy en la Vie du Roy, que l'on s'en
esbahira. Auffi aymoit-il tant à fe façonner felon Monfieur de Guyfe, fon Frere, qu'il le vouloit imiter en tout ; car,
à plus parfait que celuy-là ne pouvoit-
il reffembler ; & ce qu'il luy voyoit
faire, il s'eftudioit du tout à le faire,
fuft-il à la Cour (comme j'ay veu,)
fuft-il à la Guerre, & tout jeune
qu'il eftoit. N'ayant encore feize
Ans, aux Nopces de Monfieur de
Joyeufe, je me fouviens l'avoir veu,
comme auffi un chacun le vid, à tous
les Combats qui s'y firent : il s'en
vou-

voulut tousjours mesler , & s'y donnoit
& recevoit des Coups , que le plus ro-
buste eust sçeu faire. Mesme Monsieur
de Guyse , qui estoit le plus rude Combattant qui fust point , ne l'es-
pargnoit non plus que le moindre ,
dont un chacun s'estonnoit des Forces & de l'Adresse de ce jeune Prince ,
fust à Pied où à Cheval.

AU RESTE , il est un des beaux
Princes du Monde , vraye Semblance
du Pere & de la Mere. Il est un peu
de plus haute Taille que ne fut jamais le Pere : & sa Douceur & sa
Bonté le rendent très-aymable , sur-
tout aussi sa grande Libéralité , pareille à celle du Pere ; car , il n'a rien à
luy : ce qu'il prend d'une Main , il
le donne de l'autre , comme de mesme faisoit fort Monsieur de Guyse , son
Frere. Il a le Cœur grand & ambitieux.

SUR-QUOY j'ay ouy dire , que nostre Roy d'aujourd'huy , estant venu
au-dessus de la Conqueste de la Bourgogne , Monsieur de Guyse le vint trou-
ver-là , qui , s'estant mis à le reconnoistre , il y eut un Gentil-Homme ,
qui , pour applaudir , dit au Roy ,
après que Monsieur de Guyse luy eut
fait la Reverence : *Sire , voilà comme*

peu à peu on vous recherche, & se vient-on
-humilier envers vous, comme vous voyez.
Monsieur de Guyse est venu: Monsieur
du Mayne traitte avec vous ; il n'y a plus
qu'à tenir, que tout ne soit fait, il ne
reste que Monsieur de Nemours à en faire
de mesme. Hà! (dit le Roy) celuy-là
a le Cœur trop grand & haut. Jamais
il ne se sçauroit mettre à servir. Je ne
m'attens pas qu'il me reconnoisse tant qu'il
pourra, & que son brave Cœur l'y portera.
J'ay là un très-dangereux Ennemy, &
qui fort tard abbaissera les Armes. Ces
Paroles, prononcées de la Bouche d'un
si grand Roy, favorisent à la Loüange
de ce Prince plus que de cent autres qui en eussent voulu parler.

OR, comme j'ay dit, j'en parleray
ailleurs, & plus amplement, & moins
sobrement, que je ne fais icy, ensemble
de Monsieur le Marquis de Saint-Sor-
lin, son Frere, que je n'ay jamais veu
pourtant ; mais, j'ay ouy dire, que
c'est un Prince très-accomply, & sur-
tout fort Homme-de-Bien, de bonne Ame, & de scrupuleuse Conscience ; ce qui est beaucoup à loüer.

DE tous deux fut leur Mere, cette
belle, illustre, & vertueuse Dame,
Madame de Nemours, prémiere Veufve
de ce grand Duc de Guyse, duquel je
vais.

vais parler maintenant , & qui fe re-
maria en fecondes Nopces à Monfieur
de Nemours , ce grand Prince & fi parfait, que j'ay dit, pour s'entretenir tousjours en Recherche de la Perfection des
honneftes Marys , puis que telle eftoit
fa Volonté de fe remarier , ne faifant
point comme plufieurs Dames que j'ay
veu veufves & convolantes ,qui de leurs
prémiers & grands Mariages s'abaif-
foient & defcendoient fort bas avec des
petits.

DISCOURS SOIXANTE-DIX-HUITIESME,

MONSIEUR DE GUYSE.

CE grand Duc de Guyse , duquel nous voulons parler , fut grand
certes ; & le faut appeller Grand parmy
nous autres, auffi-bien que plufieurs
Eftrangers ont appellé des leurs par ce
Surnom & Tiltre, & ainfi que moy-
mefme j'ay veu & ouy les Italiens &
Efpagnols plufieurs fois l'appeller , *El
gran Ducque de Guifa, & el gran Capitan de Guifa.* Si-bien que je me fou-

viens, qu'à l'Entreveuë de Bayonne, & grands & petits faisoient un Cas inestimable de feu Monsieur de Guyse son Fils, qui estoit encore fort jeune, & ne l'appelloient autrement, qu'*el Hijo del gran Ducque de Guisa* : & entroient aussi en grande Admiration de Madame de Guyse sa Femme, autant pour sa grande Beauté & belle Grace, que pour porter Tiltre de Femme de Monsieur de Guyse, & ne l'appelloient que *la Muger de quel gran Ducque de Guisa*, & pour ce luy portoient un grand Honneur & Respect ; & sur-tout ce grand Duc d'Albe, qui sçavoit bien priser les Choses, & les Personnes, qui le valoient.

OR, tout ainsi qu'on loüe & admire fort un excellent Artisan & bon Ouvrier, qui aura fait un beau Chef-d'Oeuvre, mais davantage & plus celuy qui en aura fait plusieurs ; de mesme il faut loüer & estimer ce grand Capitaine dont nous parlons, non pour un beau Chef-d'Oeuvre de Guerre, mais pour plusieurs qu'il a faits : &, pour les principaux, il faut mettre en avant & admirer le Siége de Mets soustenu, la Battaille de Renty, le Voyage d'Italie, la Prise de Calais, Guynes, & Hames, celle de Theonville, le Camp d'Amyens ; &,

en

en la Guerre civile, les Prises de Bourges, Roüen, la Battaille de Dreux, &
puis le Siége d'Orléans.

De vouloir descrire & spécifier menu
par menu tout cela, ce seroit une Chose superflue, puis que nos Historiogra-
phes en ont assez remply leurs Livres:
mais, pourtant, qui considérera la grande Force qu'y mena ce grand Empereur
devant Mets, dont jamais de pareille
il n'en peupla & couvrit la Terre, la
Foiblesse de la Place, qui n'avoit garde
d'estre la quatriesme Partie forte comme
aujourd'huy ; qui considérera aussi la
grande Prévoyance qu'il usa pour la
munitionner, y establir Vivres, Mu-
nitions, Reglemens, Polices, & autres Choses nécessaires pour soustenir un
long Siége, & le peu de Temps qu'il eut
à faire tout cela avant la Venuë du Siége ; qui mettra aussi devant les Yeux le
bel Ordre de Guerre qu'il y ordonna,
la belle Obéyssance sur-tout qui luy fut
rendue d'une si grande Principauté &
Noblesse, Capitaines & Soldats, sans
la moindre Mutination du Monde, ny
le moindre Despit ; puis les beaux Combats, & les belles Sorties qui s'y sont
faites ; qui considérera tout cela, & tant
d'autres Choses, qui seroient longues
à spécifier, & puis la belle & douce Cle-

B 5

mence

mence & Bénignité dont il usa envers
ses Ennemis demy-morts, & morts,
& mourans de Faim, de Maladies, de
Pauvreté, & de Miseres, que leur avoit
engendré la Terre & le Ciel ; bref,
qui voudra bien mettre en Ligne de
Compte tout ce qui s'est fait en ce
Siége, dira & confessera, que ç'a esté
le plus beau Siége qui fust jamais, ainsi
que j'ay ouy dire à de grands Capitaines qui y estoient, fors les Assauts qu'on
n'en livra jamais, bien que l'Empereur le voulust fort, & pour ce en fit un
Jour faire le Bandon pour en donner un
général, auquel Monsieur de Guyse se
prépara si bravement, & y mit un si
bel Ordre, avec tous ses Princes, Seigneurs, Gentils-Hommes, Capitaines,
& Soldats, & se présentérent tous si
déterminément sur le Rempart à recevoir l'Ennemy & soustenir la Bresche,
que les plus vieux, braves, & vaillants
Capitaines de l'Empereur, voyant si
belle & asseurée Contenance des nostres, luy conseillérent de rompre cette
Entreprise d'Assaut ; car ce seroit la
Ruyne de son Armée : ce qui fascha
pourtant fort à l'Empereur ; mais pour
l'Apparence du Danger éminent, il crut
ce Conseil.

A PROPOS de cette Clemence, Courtoisie,

toisie, Douceur , & Miséricorde , usée
par ce grand Duc envers ces pauvres
Gens de Guerre , voyez de quelle
Importance elle servit quelque temps
après à nos François au Siége de Thé-
roüane , à laquelle un rude Assaut estant donné à nos Gens par luy faussez
& emportez, estant prests à estre mis
tous en Pieces , comme l'Art & la
Coustume de la Guerre le permet, ils
s'advisérent tous à cryer: *Bonne Guerre,
Compagnons ; souvenez-vous de la Courtoisie de Mets.* Soudain, les Espagnols
courtois, qui faisoient la prémiere Pointe de l'Assaut, sauvérent les Soldats,
Seigneurs, & Gentils-Hommes sans leur
faire aucun Mal, & reçeurent tous à
Rançon : & ce grand Duc , par sa Clemence , sauva ainsi la Vie à plus de six
mille Personnes. Ce Siége fut celebré
& noté par cette Courtoisie, & par la
Naissance de la Reyne Marguerite de
France , Reyne de Navarre , née le 20
Jour du Mois de Juin 1553 (1). Or,

(1) *Les Mémoires de la Reine Marguerite,*
Edit. de Liége 1713. dans une Note marg. de la
p. 54. font naître cette Princesse le 14 Mai
1552 ; ce qui s'accorde mieux avec le Texte de
Brantome , qui la fait naître pendant le Siége de
Metz, arrivé , comme on sçait , en 1552.

OR, si ceux de dedans Mets n'eurent Occasion de monstrer leur Courage & Valeur à soustenir des Assauts, (fort attristez de n'en recevoir, pour mieux monstrer leur Valeur,) ils en prirent bien d'eux-mesmes à assaillir les Ennemis ; car, à toute Heure, ils faisoient des plus belles Sorties du Monde, qui valoient bien des Soustenemens d'Assauts, & donnérent bien à songer & à croire aux Ennemis, que s'ils fussent allez à eux avec Assauts, autant de perdus y en eust-il eu. Ces Saillies se faisoient, & à Pied, jusques à fausser les Tranchées souvent, & à Cheval, bien loing encore de la Ville ; & sur-tout sur le Camp du Marquis Albert, à qui Monsieur de Guyse en vouloit, pour avoir faussé la Foy donnée au Roy, & avoir défait Monsieur d'Aumale son Frere, & pris prisonnier. Aussi le paya-t-il bien ; car, il ne retourna pas la quatriesme Partie de ses Gens, dont l'Empereur, ny les Espagnols, ne s'en souciérent guéres, pour aymer peu les Traistres, aussi qu'il ne s'estoit donné à l'Empereur que par Contrainte. Ainsi alla ce Siége, qui commença la Vigile de la Toussaints, ainsi que porte la vieille Chanson, faite pour lors par

un

un Advanturier de Guerre François,
qui commence ainſi :

> *Le Vendredy de la Touſſaints,*
> *Eſt arrivé la Germaine (1)*
> *A la belle Croix de Meſſain,*
> *Pour faire grande Boucherie ;*
> *Se campant au haut des Vignes*
> *Le Duc d'Albe , & ſa Compagnie ,*
> *A Saint Arnou près nos Foſſez.*
> *C'eſtoit pour faire l'Entrepriſe*
> *De reconnoiſtre nos Foſſez.*

Ce fut-là ce Jour , & à cette belle
Croix, où fut faite cette belle Eſcar-
mouche, qui dura quaſi tout le Jour,
ſi bien ſouſtenue des noſtres, & at-
taquée par le Duc d'Albe & le Marquis
de Marignan , avec une Eſſite de trois
mille Harquebuſiers Eſpagnols choiſis ,
& d'un Bataillon venant après de dix
mille Allemands qui les ſouſtenoient.
Il n'y alla rien du noſtre , que tout bien,
fors quelque petite Tuerie & Bleſſures
de nos Capitaines & Soldats. Il ne ſe
pouvoit faire autrement : car , en telles Feſtes , il y a tousjours des Coups
don·

(1) *Germanie*

B 7

donnez & reçeus ; & puis, le grand
Nombre des autres devoit suffoquer les
noſtres de leur ſeule Haleine.

Ce Siége dura depuis ce Jour juſques en Janvier environ le vingtieſme
ou plus. L'Empereur s'en leva de-là
fort à Regret & à grand Creve-Cœur:
car, il avoit promis aux Allemands,
pour ſe faire mieux aymer d'eux, que
par le paſſé, de remettre Mets, Toul,
& Verdun à l'Empire, & les y reünir
mieux que jamais ; ce qu'ils deſiroient
plus que Choſe du Monde, car elles
leur eſtoient de bonnes Clefs : mais,
ſa bonne Deſtinée luy faillit là, &
ce fut ce que dit très-bien Monſieur de
Ronſard parlant de ce Siége & Ville :

Où le Deſtin avoit ſon Outre limité,
Contre les nouveaux Murs d'une foible
Cité.

Or, entr'autres beaux Traits, que
j'ay ouy raconter & rememorer, qu'aye
fait Monſieur de Guyſe léans (je mets les
Combats à part,) ce fut celuy touchant
la Courtoiſie qu'il fit à l'endroit de
Dom Louys d'Avila, Général pour
lors de la Cavalerie-légere de l'Empereur;

reur ; à qui un Esclave More ou Turc,
ayant dérobé un fort beau Cheval
d'Espagne , se sauva avec luy dans
Mets , & s'y jetta.   Dom Louys, ayant
sçeu qu'il s'estoit allé jetter là-dedans,
envoya un Trompette vers Monsieur
de Guyse, le prier de luy rendre par
Courtoisie un Esclave qui luy avoit
dérobé un Cheval d'Espagne, & s'estoit allé jetter & refugier dans sa Ville , pour le punir de son Forfait & Lar-
cin , ainsi qu'il le méritoit ; sçachant bien
qu'il ne le refuseroit, pour le tenir Prince valeureux & généreux, & qui ne voudroit pour tous les Biens du Monde rece-
ler ny soustenir les Larrons & Meschans.

M o n s i e u r de Guyse luy manda ,
pour luy envoyer l'Esclave , il ne
pouvoit, & en avoit les Mains liées
par le Privilege de la France, de Temps
immémorial là-dessus introduit , qu'ainsi que toute franche qu'elle a esté & est,
elle ne veut recevoir nul Esclave chez
soy : & tel qu'il seroit, quand ce seroit le plus barbare & estranger du Monde , ayant mis seulement le Pied dans la
Terre de France, il est aussi-tost libre &
hors de toute Esclavitude, & Captivité ,
& est franc comme en sa propre Patrie ;
& , pour ce, qu'il ne pouvoit aller contre la Franchise de la France.   Mais ,
pour

pour le Cheval, il le luy renvoyoit de Courtoisie. Beau Trait certes : & ce Prince, & grand Capitaine, monstroit bien, qu'il sçavoit encore plus que de faire la Guerre ; comme certes il faut qu'un grand Capitaine soit universel.

VRAYMENT il faut loüer & admirer cette noble Franchise, belle & chrestienne de la France, de n'admettre point de telles Servitudes & Esclavitudes par trop cruelles, & qui sentent mieux son Payen & Turc, qu'un Chrestien : & qui aura veu traitter des Esclaves comme j'en ay veu, y trouvera de la Pitié ; car, on n'en a Compassion non plus que des Chiens & des Bestes.

MAIS dira quelqu'un, comme je vis dire une fois à un Comite de Galere Espagnol à un Gentil-Homme, qui avoit Compassion d'un pauvre Esclave qu'il assommoit de Coups, comme un Cheval couché par Terre, sans qu'il osast bouger : &, luy representant cette Cruauté, l'autre luy respondit seulement : *Si vous eussiez esté Esclave parmy les Turcs comme moy, vous n'en auriez Pitié ; car, ils nous traittent cent fois plus cruellement que nous eux.* Comme il est vray : &, qui pis est, quand

ils

ils nous tiennent , nous autres François,
ils en font de mefme qu'aux autres
Chreftiens, n'ayant nul Efgard, ny Con-
fidération, aux belles Franchifes qu'ils
reçoivent en France, comme j'ay veu :
& mefme dernierement nous vifmes arriver à la Cour de noftre Roy dernier
quelques foixante Turcs & Mores, qui
eftoient efchappez des Galeres de
Genes, & fe fauvérent en France :
le Roy les vid , & leur fit donner de
l'Argent pour leur Conduite & Em-
barquement à Marfeille. Eux-mefmes
difoient, que, fçachant bien le Privilege libre & la Franchife de la France,
avoient fait ce qu'ils avoient pu pour
y gagner Terre, où ils avoient une Joye
extrême d'y eftre , & nous adoroient
nous autres François, jufques à nous appeller Freres. Et Dieu fçait, s'ils nous
euffent tenus en leur Pouvoir, ils nous
euffent traittés comme les autres. J'ay
fait cette Digreffion , puis que le Sujet s'y eftoit donné. Or , je ne parle
plus de ce Siége de Mets ; car , il eft ailleurs affez efcrit.

Pour le regard de la Battaille de
Renty, c'eft une Chofe affez certaine
& publique, que Monfieur de Guyfe
en fut le principal Autheur de la Victoire, autant pour fa belle Conduite &
Sa-

Sageſſe, que pour ſa Vaillance. C'a eſté
le prémier & ſeul des noſtres, qui commença à bien reconnoiſtre & eſtriller
les Reyſtres, & Monſieur ſon Fils le dernier & ſeul.

A CETTE Battaille, le Comte Vul-
fenfort avoit amené à l'Empereur deux
mille Piſtoliers, qu'on appelloit Reyſtres, parce, diſoit-on alors, qu'ils eſtoient noirs comme beaux Diables : &
s'eſtoit vanté ledit Comte, & promis
à l'Empereur, qu'avec ſes Gens il paſ-
ſeroit par-deſſus le Ventre à toute la
Gendarmerie & Cavalerie de France ;
ce qui donna à l'Empereur quelque
Fiance de gagner : mais, il arriva bien
autrement ; car, ils furent bien battus,
& fuyrent bien.   Poſſible, ſi Monſieur
de Guyſe euſt eſté hors de-là, qu'ils
nous euſſent pu donner une pareille Eſ-
trette que d'autres Reyſtres nous donnérent à la Battaille de Saint-Quentin ;
car, ce furent eux, avec cinq cens Lances de Bourguignons, tous conduits par
le Comte d'Egmont, qui nous défirent.

UN peu avant, leur Colonel (je ne
me ſouviens pas bien du Nom, mais
il eſtoit grand Seigneur d'Allemagne,
je ne ſçay ſi c'eſtoit un puiſné de la
Maiſon de Bronſwich) s'envoya préſenter

fenter avec fa Troupe (qui pouvoit monter à deux mille Chevaux) au Roy Henry, luy demandant l'Appointement, tel qu'ont accouftumé tousjours ces Gens-là de demander, qui certes y font exceffifs. Monfieur le Conneftable le renvoya bien loing, & remonftra au Roy, que c'eftoient Marauts, qui ne valoient rien, qui faifoient des Encheris, pilloient tout un Pays, & au bon du Fait ils ne combattoient point, & ne venoient jamais aux Mains, & s'enfuyoient comme Poltrons, ainfi qu'ils firent à la Battaille de Renty, que trois à quatre cens Chevaux de nos Gendarmes mirent en Route & en Fuyte, & firent pis, mirent en Defordre & rompirent tout un gros Bataillon de l'Empereur - mefme, & de leurs Allemands.

Il y avoit dequoy, au Roy, & à Monfieur le Conneftable, à confidérer. Mais, ceux-cy firent mieux que les autres à cette Battaille de Saint-Quentin, où poffible, comme l'on difoit alors, s'ils euffent eu à faire & à parler à Monfieur de Guyfe, ils euffent efté de mefme Efcot qu'à Renty, encore qu'il y euft de très-bons, braves, & vaillants Capitaines: fi-bien qu'il y eut là du Malheur pour eux, & de l'Heur pour Monfieur

de

de Guyse, que force Gens alors fou-
haittoient qu'il fuſt eſté là ; car, certes,
quand on a appris & accouſtumé à battre
quelques Gens une fois, deux fois,
l'on y eſt heureux une autrefois, ainſi
que Monſieur de Guyse le fit auſſi de meſme à la Battaille de Dreux. Si-bien que
Monſieur ſon Fils , & ſon vray Héritier
en tout, hérita de luy ce Bonheur de battre ces Gens-là , tant mauvais & tant
redoutables, plus par Renommée que
par Effects , ainſi qu'il fit à la Battaille
qu'il donna à Monſieur de Thoré en
Champagne, qui en avoit mené deux
mille. Il les contraignit juſques-là ,
qu'en belle Plaine ils luy demandérent bonne Guerre & la Vie , & leur
Retour ſain & ſauve en leur Pays, qu'il
leur accorda de Grace , & eux s'en
allérent : & ſi peu de nos pauvres
François qui reſtérent du Combat &
Meurtre, falut qu'ils ſe ſauvaſſent avec
Monſieur de Thoré, leur Général, comme ils purent , & s'allérent joindre à
Monſieur, Frere du Roy, qui alors eſtoit
en Armes.

C E Monſieur de Guyse-meſme eſtrilla bien auſſi le Baron Done (1) & ſes
Reyſtres , auprès de Montargis , & puis
les

(1) Duna.

les acheva de peindre & de renverser
à Auneau, ainfi que j'efpere le defcrire
en fa Vie.

A p r o p o s de ce Baron Done, fi
faut-il que je faffe ce petit Incident.
Noftre grand & brave Roy d'aujour-
d'huy, durant fes belles Guerres &
Conqueftes de fon Royaume fur les Li-
gués, eftant devant Dreux, il defira fort
voir Madame de Guyfe, fa bonne Coufine, & pour ce l'envoya prier qu'elle
en prift la Peine qu'ils fe viffent, car
elle eftoit à Paris : ce qu'elle defira fort
auffi ; car, c'eft une des honneftes &
bonnes Princeffes qui foit point, &
pour ce le Roy luy envoya un Paffe-
port, laquelle fçachant venir alla au-
devant d'elle bien accompagné d'une
fort belle Nobleffe qu'il avoit : lequel,
après avoir recueilli cette honnefte
Princeffe en tout Refpect & Gracieu-
feté, la conduifit en fon Logis & en
fa Chambre, & venant fur le Difcours
le Roy luy dit : *Ma Coufine, vous voyez*
comme je vous ayme ; car je me fuis paré
pour l'Amour de vous. Sire, ou Mon-
fieur, (luy refpondit-elle en ryant)
je ne vous en remercie point ; car je ne
vois point que vous ayez fi grande Pa-
rure fur vous que vous en deviez vanter
fi paré comme dites. Si ay, (dit le
Roy ;)

Roy ;) *mais , vous ne vous en advisez pas. Voilà une Enseigne (qu'il monstra à son Chapeau) que j'ay gagnée à la Battaille de Coutras , pour ma Part du Butin & Victoire : cette , qui est attachée , je l'ay gagnée à la Battaille d'Yvry. Voulez-vous donc , ma Cousine , voir sur moy deux plus belles Marques & Parures, pour me monstrer bien paré ?* Madame de Guyse le luy advoua , en luy repliquant: *Vous ne sçauriez , Sire , pourtant m'en monstrer une seule de Monsieur mon Mary. Non,* dit-il, *d'autant que nous ne nous sommes jamais rencontrez ny attaquez ; mais , si nous en fussions par Cas venus là , je ne sçay ce que s'en fust esté.* A quoy repliqua Madame de Guyse. *Sire , s'il ne vous a point attaqué , Dieu vous en a gardé ; mais , il s'est bien attaqué à vos Lieutenans , & les a fort bien frottez , tesmoin le Baron Done , duquel il en a remporté de bonnes Enseignes & belles Marques sans s'en estre paré que d'un beau Chapeau de Triomphe , qui luy durera pour jamais.*

MADEMOISELLE de Guyse , toute gentile certes, & très-belle , & digne d'un tel Pere qu'elle avoit, estant près de Madame sa Mere , impatiente d'en dire aussi son Mot, s'advança là-dessus, & luy dit : *Sire , vous n'en avez aucune*
Pa-

Parure non plus de Monsieur mon Frere.
Non, dit le Roy ; *mais, il est assez jeu-*
ne pour m'en donner, s'il ne se reconnoist.
En telles belles & gentiles Paroles,
quasi en forme de Dialogue, se passé-
rent les Devis de ce grand Roy, & de
ces belles Princesses.

O r, ce brave Prince Monsieur de
Guyse ne se contenta de ce qui resta
& qui se sauvoit par la Capitulation que
le Roy fit avec eux, qui ne les vouloit
du tout perdre, pour la Hayne sourde
qu'il portoit à mondit Sieur de Guyse,
ces Messieurs les Reystres furent si bien
poursuivis par luy en Despit du Roy, &
touchez devant luy & coignez, que de
cinquante mille Hommes, que ledit Baron Done avoit amenez, j'ay ouy dire à Homme de Foy, & de la Religion, que, quand ils arrivérent à Geneve (où estoit leur Refuge) très à propos, ils n'estoient pas cinq cens Chevaux tels quels. De plus, rongeant
encore son Frain de Despit, il donna
encore dans l'Allemagne & la Comté
de Mombeliard, où il fit un très-grand
Ravage & Carnage, & de très-beaux
Feux, & tout cela avec fort petites
Troupes ; si-bien que s'il eust eu seulement dix mille Hommes frais portez là,
il luy bastoit de se promener si avant en

Allemagne, qu'il euft fait belle Peur en plufieurs Endroits, & ne le faut point douter : & ainfi que ce Prince le dit, il l'euft fait, car fon grand Courage l'y euft porté fort facilement, & fa grande Renommée, qui desjà avoit volé par-tout-là, & qui en avoit porté avec elle la Terreur.

Hà! brave Prince, tu ne devois jamais mourir, au moins que tu ne te fuffes un peu promené par cette Allemagne, & monftré encore à quelques Troupes des Reyftres, que s'ils ont fait Peur à aucuns, que tu leur euffes fait à eux toute entiere, mefme qu'ils fe font rendus d'autrefois à telle Gloire, qu'ils fe vantoient de donner par-tout Peur & Mort.

J'ay ouy dire, qu'un peu avant que mondit Sieur de Guyfe allaft défaire ce Baron Done, il en manda fon Deffein au Prince de Parme, & luy pria de luy prefter fon Efpée pour eftriller un peu ces Mauvais. Le Prince luy manda, qu'il n'en avoit befoin de meilleure que la fienne, de laquelle, après qu'il auroit fait avec ces Gens, il le prioit de luy prefter pluftoft la fienne, qu'il tenoit la meilleure de la Chreftienté. Voilà comme de Grand à Grand la Flaterie eft commune comme parmy les petits :

tits : encore que ces Propos tinssent pluftoft du Vray, que du Flattement, à caufe de leurs rares Valeurs, ainsi que Monsieur de Guyse le disoit ; d'autant que quelques Années avant Monsieur le Prince de Parme avoit mis à tel Point le Prince Casimir avec neuf ou dix mille Reyftres qu'il avoit menez aux Eftats, qu'il falut qu'ils pliassent Bagage, & s'en allérent vifte, fans avoir que fort peu fait fumer leurs Piftolets, autant par Contrainte & Néceffité, que par Efpouvante d'une Lettre que leur efcrivit le Prince de Parme, auffi bravafche que jamais Lettre fut efcrite.

J'estois alors à la Cour, quand elle y fut apporté, & le Roy la vit, qu'il trouva très-belle, & Monsieur de Guyse me la monftra, & me dit que c'eftoit de la Façon qu'il faloit traitter & chaffer ces Gens-là, non avec de l'Argent, ny avec Peur ; lefquels n'eftant pas fi toft & feulement entrez en France, il ne faloit que fonger auffi-toft d'amaffer de l'Argent pour les Reyftres & les renvoyer avec cela : que fi l'on euft voulu feulement employer la Moitié de celuy qu'on leur donnoit, à dreffer une bonne & groffe Armée, on les euft fi bien battus & eftrillez, qu'ils

euſſent perdu l'Appetit pour jamais des
bons Vivres & des beaux Eſcus de la
France. Et ſur-tout, me diſoit Monſieur de Guyſe, pour les défaire, il faloit avoir une bonne Troupe de bons
Mouſquetaires & Harquebuſiers, ainſi
que j'en parle ailleurs, & que c'eſtoit
la Saucè qu'il leur faloit donner pour
les dégouſter, ainſi qu'il défit ceux de
Monſieur de Thoré, là-où ſi peu d'Harquebuſiers qu'il avoit, firent très-bien ;
& ſur-tout les Mouſquetaires, qu'ils n'a-
voient guéres veus ny ouys, les eſton-
nérent fort.

CERTAINEMENT, qui euſt voulu
bravement uſer à l'endroit de ces Gens
du Fer, comme de l'Or ou de l'Argent,
on en euſt eu la Raiſon ; mais auſſi euſt-
il falu avoir pour Chef un de ces deux
de Guyſe, ou le Pere, ou le Fils, encore qu'à la Battaille de Montcontour
noſtre Roy Henry eſtrilla bien ceux du
Duc de Deux-Ponts, qui eſtoient venus
aux Huguenots : mais auſſi, Monſieur
de Guyſe ce brave Fils y eſtoit, & à bon
eſcient ; car il y fut fort bleſſé d'une
grande Piſtoletade au Bas de la Jambe,
& en grand Danger de la Mort. De
cela j'en parleray à la Vie dudit Roy, &
de Monſieur de Guyſe (1), pour parler

(1) *On n'a point ces Vies.*

ler un peu de cette Lettre bravafche
du Prince de Parme , de laquelle la
Subſtance eſtoit telle.

„ Vous, Meſſieurs les Reyſtres, qui
„ faites Eſtat de troubler les Princes
„ Chreſtiens , & qui vous enrichiſſez
„ de la Defpouille miſerable de tant de
„ pauvres Créatures , qui ne vous fi-
„ rent jamais Mal ny Defplaiſir ; puis
„ que vous méritez juſtement le mau-
„ vais Party auquel vous eſtes réduits à
„ preſent , aſſeurez-vous , que vous au-
„ rez Affaire à des Perſonnes , qui vous
„ ſçauront pourſuivre juſques au Vif &
„ Sentiment, aſſiſtez de Dieu , qui ayde
„ tousjours aux Armes juſtes , telles
„ que vous avez desjà connu & ſenty.
„ Et ſi les François font plus courtois
„ que nous à traitter leurs Ennemis ,
„ vous n'eſtes point en France , & en-
„ core moins avons-nous Volonté de
„ faire ſi mal les Affaires du Roy noſtre
„ Maiſtre. Vous demandez que nous
„ vous payions , pour vuider le Pays :
„ & nous demandons meſme Payement
„ pour vous laiſſer en aller vos Vies
„ ſauves. Appreſtez-vous ſeulement
„ de voir le Sort des Armes le pluſtoſt
„ que vous pourrez ; car , noſtre Cour-
„ rier n'attend ſeulement que le Nom-

C 2

„ bre

„ bre des Morts , pour en porter les
„ Nouvelles en Espagne au Roy nostre
„ Maistre. „

VOILÀ des Mots bien braves &
menaçants, qui portérent tel Coup qu'ils
s'en allérent grand Erre , sans emporter
un seul Sol du Roy d'Espagne , comme
ils avoient fait de nos Roys. Et le
meilleur du Pot fut , que n'ayant rien
fait qui vaille , furent si insolens qu'ils
envoyérent demander leur Paye à la
Reyne d'Angleterre , qui les y avoit fait
venir , & promis Argent ; mais elle , qui
est une des habiles Dames qui oncques
porta Sceptre & Couronne , leur fit
une brave Response , & digne d'elle
& de sa Générosité ; & adressant sa
Lettre pour tous au Prince Casimir,
leur Général , elle parla ainsi en brief-
ves Paroles.

„ JE voy bien que vos Hommes ne
„ veulent point de mon Argent , quoy-
„ que vous dites , comme ayant sup-
„ primé nostre Contract , par lequel
„ vous estes tenu de mener des Gens
„ de Guerre ; laissant mesmes à vostre
„ Jugement combien seront menson-
„ gers tous ceux qui baptiseront d'un
„ tel Nom vos Troupes. Je suis mar-
„ rie de vostre Infortune , pour à la-
„ quelle subvenir , je vous puis asseurer,

„ rer, que vous obtiendrez de moy tout
„ ce que vous fçaurez raifonnablement
„ fouhaiter, & non point davanta-
„ ge. „

Ce ne fut pas tout; car, ce Prince
Cafimir, penfant mieux faire fes Affai-
res & de fes Gens en Perfonne que par
Lettre, alla luy-mefme trouver la
Reyne, là-où fa Prefence n'y fervit non
plus : & elle, qui eft une très-habile
Princeffe, & qui fçait parler & tenir
Majefté, & rabroüer quand il faut, par-
la bien à luy.

En ce mefme Temps que ledit Prince eftoit là, Monfieur, Frere du Roy,
avoit envoyé le gentil Chevalier Breton
vers ladite Reyne, fur leurs Pourpar-
lers de Mariage; mais, ledit Chevalier
m'a conté, qu'il a veu qu'elle ne faifoit
guéres Cas dudit Prince, & plufieurs fois
luy a fait tenir la Mule. Cela s'entend,
qu'il entroit ordinairement dans la
Chambre de la Reyne, & ledit Prince
demeuroit en l'Anty-Chambre, & non
fans eftre brocardé d'elle, comme elle
fçait bien faire, & en ryoit avec ledit
Chevalier. Voilà comment Dieu en cet
Endroit luy rabaiffoit fon Orgueil & fa
Témérité paffée.

Un autre Capitaine auffi, qui a
eu bien la Raifon de ces Meffieurs les

 Reyf-

Reystres, ç'a esté ce grand Duc d'Albe,
par deux fois ; l'une contre le Prince
d'Orange, & l'autre contre Ludovic, son
Frere.   Comment il les vous mena &
renvoya ! J'ay ouy conter à feu Monsieur de Ferrare, que ces Reystres ne
craignent Gens , tant qu'ils font les
Turcs ; si-bien que deux mille Chevaux
Turcs ne feront jamais Difficulté de
frotter dix mille Chevaux Reystres : ce
que je trouvay fort estrange, luy dis-
je, veu que les Reystres estoient armez
jusques aux Dents , & si bien empisto-
lez pour l'Offensive & Défensive, & les
Turcs tous nuds , n'ayant pour Armes
que la Lance, la Targue , & le Cime-
terre.   *C'est tout un , disoit-il, & rien
moins pour cela* : & disoit l'avoir veu
par Expérience , lors qu'il fut à l'Armée de l'Empereur Maximilian , son
Beau-Frere.   Et sur le Propos qu'on
luy demanda , pourquoy l'Empereur
ne hazarda la Battaille ce Coup-là contre Sultan Solyman , puis qu'il avoit
plus de trente-cinq mille Chevaux, dont
il y avoit trente mille Reystres, qui devoient eux seuls mettre en Pieces & en
Fuyte tous ces Turcs ainsi desarmez,
bien qu'ils fussent cent mille Chevaux ?
Il dit, que ces Reystres les craignoient
tant, qu'ils ne vouloient aller nullement

ment aux Mains avec eux : & difoit encore une Raifon, que ces Turcs eftoient fi couverts, & eux & leurs Chevaux, de fi grande quantité de Plumes & Panaches, & qu'allans à la Charge ils faifoient de fi grands Cris & Hurlemens, qu'avec tout cela les Reyftres & leurs Chevaux en prenoient fi grande Frayeur, qu'ils ne pouvoient chevir de leurs Chevaux, & tous tournoient Tefte en arriere.

D i e u veuille que cela n'arrive à cette heure, que nous fommes fur la Veille de voir de grands Maux de ces Turcs fur les pauvres Chreftiens de là-bas, tant Hongres, Polonois, Allemands, qu'autres ; & qu'il donne la Grace à ces Allemands Reyftres faire mieux encontr'eux qu'ils n'ont fait. Car, fi Dieu n'a Pitié de nous, & qu'il laiffe prendre Vienne en Auftriche, la vraye Clef de l'Allemagne, elle a beaucoup à pâtir, tout ainfi qu'elle a fait pâtir à plufieurs Chreftiens, & mefmes à nous autres François, que vous euffiez dit qu'ils avoient pris à Prix fait la Ruyne de la France ; tant ils fe font pleus à y faire des Voyages & des Retours, & à nous piller & tuer ; ainfi qu'ils nous firent à la Battaille de Dreux. Mais nous les eftrillafmes bien auffi, comme nous fif-

 mes

mes auſſi à Montcontour , que nous gagnaſmes la Battaille ſur eux : auſſi avions-nous des Reyſtres de noſtre Coſté , qui firent bien avec leur vaillant Colonel le Marquis de Bade , qui y fut tué.

M A I S , ſur-tout , il faut loüer les Reyſtres Huguenots de la derniere Charge qu'ils nous firent à Dreux , & comment ils ſe ralliérent bien avec leurs François , qu'ils les ramenérent bien au Combat , & y allérent auſſi-bien comme ils firent au Commencement , conduits par le brave Monſieur de Mouy , comme ils firent bien auſſi à la Battaille de Montcontour , conduits par le brave Comte Ludovic. Mais , ſur-tout , il faut loüer la belle Retraite qu'ils y firent le Soir, leſquels ſe retirérent réſolument ferrez , ſi - bien qu'il les faiſoit beau voir en cet Ordre.

J'A Y fait cette Digreſſion des Reyſtres , parce qu'elle m'eſt venue à propos , encore qu'ailleurs j'en parleray aux Vies de nos Roys Henry III & IV (1) , deſquels je ne veux tant dire mal , que je n'eſtime bien autant leurs Armes & leur Façon de Guerre , que leur Vie , qui eſt par trop desbauchée & in-

(1) *On n'a point ces Vies.*

insolente. J'ay veu un grand Capitaine s'estonner, avec moy, dequoy le Roy d'Espagne ne s'en sert point en ses Guerres contre nostre Roy d'aujourd'huy Henry IV, & qu'il n'employe un Million d'Or, luy qui a tant de Millions, pour en avoir quinze (1) tout d'un coup, & ne hazarde une Battaille contre nous autres, & fasse joüer le Jeu à eux, conduits par quelques Lances Bourguignonnes des vieilles Ordonnances Napolitaines & autres. Je m'asseure que cela feroit un grand Eschec sur nous; car, voir quinze mille Reystres en deux gros Osts, cela monte à beaucoup & effraye, & si soustient un grand Choc si l'on va à eux, où l'on y perd plus que l'on n'y gagne; si-bien que, hazardant ces quinze mille Reystres avec autres mille Chevaux, & les faisant perdre & enfoncer sur nous, il n'y a nul Doute que nous serions bien malades, comme nous fusmes à Saint-Quentin : &, cela fait, les renvoyer aussitost en leur Pays; car, ils consommeroient un Gouffre d'Argent. Et la Battaille gagnée par l'Espagnol, asseurez-vous que la France seroit condamnée

&

(1) quinze mille

& fort malade ; & s'estonne t-on comment le Roy d'Espagne n'a hazardé
ainsi une Battaille : & cela feroit sans
mettre en Hazard ses braves Soldats
Espagnols, ny les faire combattre, mais
seulement faire bonne Mine , si-non
quand ils verroient leur meilleur. S'il
eust fait ainsi de l'hazardeux, & point
tant du retenu, il s'en fust mieux trouvé
que par tant de Temporisemens. Et
m'esbahis, que pour cela il n'a pris son
Exemple sur quatre Battailles que son
Pere & luy nous ont données, celle de
la Bicoque, de Pavie, Saint-Quentin,
& Gravelines, qui ont esté leur seul
Gain de Cause, de leur Grandeur, & de
l'Advancement de leurs Estats ; car, en
quatre Jours, que ces Battailles furent
données & gagnées, ils ont plus gagné,
& nous plus perdu, qu'en cinquante Ans
que nous nous sommes entrefait la Guerre. Car, en Matiere de Guerre, il n'y a
que de hazarder des Battailles, comme
je tiens de grands Capitaines ; mais
aussi, il les faut bien débattre, & estre
du tout, ou vaincu, ou vainqueur.

VOILÀ pourquoy jadis les Romains
s'agrandirent si bien en donnant les
Battailles & les bien débattant, sans
tant temporiser. Et ne faut douter, si
César eust temporisé & retenu la Bride

à

à ne venir aux Champs des Battailles,
jamais il n'euſt conquis les Gaules,
jamais il n'euſt mis Fin aux Guerres
civiles, & jamais ne fuſt eſté Empereur du grand Empire Romain. Auſſi
ne demandoit-il jamais qu'à venir aux
Mains, & meſme à la Battaille de Far-
fale; ainſi que très-bien le repréſente
ce grand Poëte Lucain, par ſon Harangue qu'il fit avant que d'aller au
Combat, que j'ay traduite & miſe ailleurs (1).

Il ne faut donc point douter, que,
ſur tels Exemples, le Roy Philippes
devoit ainſi hazarder une Battaille par
ces Guerriers mercenaires & eſtrangers; car c'eſt leur vraye Curée, puis
qu'ils ſe ſont mis à ce Meſtier merce-
naire : & voilà pourquoy il les faut
les prémiers hazarder, & les prémiers perdre, & leur faire eſſuyer
bien le Baſton; &, comme j'ay dit, re-
ſerver & bien garder ces vieux Soldats Eſpagnols, braves, bons, & fi-
deles, comme bons Médecins pour
porter Ayde au Corps, ſi de Malheur
il venoit eſtre fait malade & bleſſé.

Aussi, pour dire vray, comme
j'ay ouy diſcourir un Jour au grand
Mon-

____
(1) *Ci-deſſous dans le Tome XIII.*

Monsieur de Guyse, avec ce bon & honorable Vieillard de Chevalier le bon-Homme Monsieur de la Brosse, ce ne sont pas les Gens de Pied, qui, encore que bien en soient une Cause, ne gagnent pas les Battailles absolument : il faut que ce soient les Gens de Cheval, qui en fassent la Victoire entiere, & la poursuivent jusques au bout ; si ce n'est que la Battaille se donnast en Lieu si advantageux pour l'Infanterie, que la Cavalerie n'y pust ayśément advenir, ou qu'elle fust fort à la Discrétion de l'Infanterie. Ainsi qu'à la Battaille de Poictiers du Roy Jean les Gens de Pied & Archers Anglois estrillérent bien nostre Gendarmerie Françoise dans les Vignes & Eschallas, qui l'embarassoient du tout. Au Garillan de mesme, parmy ces Marests & Palus, nos Chevaux furent défaits, comme qui a veu le Lieu, comme moy, le peut facilement juger très-propre pour l'Infanterie Espagnole. Et de frais, & ny plus ny moins, en un petit chetif Combat, qui fut fait en ces Guerres de la Ligue près Saint Yriers en Limosin, où fut tué le Comte de la Rochefoucaut, brave & vaillant Seigneur certes, avec près de quatre-vingts à cent Gentils-Hom-

Hommes, tous braves & vaillants ; lefquels, voulans lever le Siége de ladite Place, fouftenue par le Seigneur de
Chambert, très-brave & vaillant Gentil-Homme, contre Monfieur de Pom-
padour, Seigneur tout plein de Valeur auffi, & Chef de la Ligue, furent
défaits par l'Infanterie & Harquebu-
ferie, pour s'eftre perdus & engagés
fans y penfer dans certains petits Ma-
refts & Tartres Bourbonnoifes, là-où
on les tiroit comme à Canards : Rencontre certes fort malheureufe ; car, il y
mourut une fort belle & grande Nobleffe.

TANT d'autres Combats alléguerois-
je pareils, fans emprunter ceux des
Romains, defquels les Gens de Pied
légionnaires ont gagné leurs principales Battailles, & les ont faits grands,
& à eux eftoit tout leur principal Recours pluftoft qu'à leurs Gens de Cheval, ainfi que parmy les Efpagnols
leurs Gens de Pied font beaucoup
plus eftimez, que leurs Gens de Cheval.

FINISSONS cette Digreffion, &
retournons encore à ce grand Monfieur
de Guyfe François de Lorraine, lequel aucuns ont blafmé d'avoir rompu
la Trefve, fi advantageufe pour la Fran-

ce.

ce. Mais, qui la rompit, fi-non le Pape Paul IV, & le Roy Henry pour le fecourir? On tenoit pour lors, que le Pape, de Théatin qu'il avoit efté auparavant, & grandement auftere & réformé, devint fi ambitieux, qu'il fe propofa d'avoir les Biens des principaux Seigneurs de Rome, comme des Colonnes & aucuns Urfins. Et de Fait en fit emprifonner aucuns, & fe faifit de leurs Biens, dont il en fortit une fi grande Rumeur, qu'eux ayant recours à l'Empereur, mirent le Pape en tel Deftroit, qu'il fut affiégé une fois dans le Caftel Saint-Ange, qu'il falut qu'il le gagnaft & à Point, eftant pouffé de fon Ambition par quelque Droit prétendu par les Papes fur le Royaume de Naples & le ravoir, & auffi que de tout Temps les Caraffes, dont le Pape eftoit, ne font trop Amis des Efpagnols.

TOUTES ces Chofes, accumulées enfemble, animérent le Pape d'envoyer au Secours à noftre Roy, & luy envoya fon Nepveu le Cardinal Caraffe (qui avoit efté auparavant Capitaine, fervant bien le Roy en Tofcane) Légat, & luy porta une Efpée & un Chapeau; Dons, que les Papes envoyent aux Roys, pour les gratifier, en deman-

mandant quelque Chose de meilleur :
Dons, dis-je, qu'on a observé plusieurs
fois estre fataux & funestes, ainsi
qu'on le disoit alors, & qu'ils le seroient à nostre Roy, lequel, tout plein
de bonne Volonté, & poussé de cette
grande Ambition du passé de ses Prédécesseurs, qui avoient délivré aucuns
Papes de leurs Oppressions, garantis
de la Tyrannie d'aucuns, & remis en
leurs Siéges, mit une grosse Armée sur
Pied, & en fit Monsieur de Guyse son
Lieutenant-Général pour un Secours si
saint : encore tenoit-on, que nostre
Roy en avoit adverty l'Empereur de se
désister à ne donner telle Oppression
au Pape.

Que pouvoit donc faire Monsieur
de Guyse, que d'obéyr à son Roy, &
prendre une telle Charge si sainte, luy
en estant très-digne, & de plus grande que celle-là ? Ce ne fut pas donc
luy qui rompit la Trefve. Encore alors
débattoit-on que feu Monsieur l'Admiral, Gouverneur de Picardie, fut le
prémier qui la rompit, pour l'Entreprise qu'il fit sur la Ville de Doüay,
qu'il faillit à prendre & y entrer de
Nuit une Vigile des Roys, qu'on cryoit
le Roy boit, sans une Vieille qui donna l'Alarme, & esveilla la Garde & le
Guet,

Guet, à force de cryer. Ayant failly celle-là, il retourne à Lenz en Artois, qu'il ne faillit pas, & y entra dedans, où furent commifes ces Pilleries & Paillardifes que les Ennemis fçeurent bien reprocher, & fur ce prendre Sujet d'en avoir leur Revanche, & à faire la Guerre à leur tour.

TANT d'autres Propos s'alléguoient là-deffus, pour difputer de cette Rupture de Trefve, & de qui elle venoit, ou de nous, ou de nos Ennemis, que je m'en remets aux plus clair-voyans & bien fçachans. Monfieur de Guyfe conduit donc ce faint Secours bravement & fagement au Pape, & fi à propos, qu'il contraint le Duc d'Albe à luy donner la Paix, (le Pape pourtant plante-là, & noftre Roy, & Monfieur de Guyfe,) laquelle auffi vint fort à propos; car, la Battaille de Saint-Quentin perdue, Monfieur de Guife fut envoyé querir pour reftaurer la France.

PAR-QUOY après avoir long-temps fejourné fon Armée faine & entiere par de-là en Italie, & luy avoir fait perdre ce Coup-là fort bien le Nom, que de long-temps s'eftoit attribué, du Cimetiere des François, la rompt & la partage en trois. L'une, il l'emmene avec luy, & la mieux choifie pour fes
Gens

Gens de Pied, dans les Galeres de France, qui le vinrent querir : la seconde,
il la donne à Monsieur d'Aumale, son
Frere, pour la retourner avec toute la
Cavalerie, qu'il conduisit certes très-
bien, très-sagement, & très-heureuse-
ment par le Pays des Grisons, où il
acquit très-grand Honneur : la troisiesme
demeura avec Monsieur le Duc de
Ferrare, dont j'en parle ailleurs.

C e n'est pas tout que de conduire
& avoir des Armées, mais il les faut
conserver ; & qui les peut rendre &
retourner au Logis saines & entieres,
le Capitaine en est digne d'une très-
grande Loüange ; ainsi que fit ce Coup-
là Monsieur de Guyse, qui, estant aussi-
tost arrivé en France si-bien à Point,
& non en Secours de Pise, (comme
l'on disoit,) une Joye s'esmeut par-tout
de luy, & de luy par tout une Voix s'es-
pandit telle, qu'on disoit, & l'a ainsi escrit aussi ce grand Monsieur le Chancelier de l'Hospital dans un de ses Poëmes
Latins sur ce Sujet, & de la Prise de
Calais :

„ Or, c'est à ce Coup, que cet
„ Homme nous remettra & restituera
„ la Chose toute revirée & con-
„ tournée à rebours d'un Gond à
„ l'autre : ou du tout cela s'en est
„ fait „

„ fait ; & jamais de nul Temps ne verra-
„ t-on la Fortune de France relevée,
„ & demeurera mesprisée, & pour ja-
„ mais couchée en Terre. „ Cela se disoit & s'escrivoit alors, comme j'ay veu.

CETTE Gloire puis après , ainsi
prophétisée de tant de Bouches, en demeura à Monsieur de Guyse par la Prise
de Calais, qui fut du tout inopinée à
tout le Monde. J'ay ouy dire , que
feu Monsieur l'Admiral fut le prémier
Inventeur de cette Entreprise , & que,
durant la Trefve, il avoit envoyé reconnoistre cette Ville par Monsieur de Bric-
quemaud , qui fut défait à la S. Barthelemy , Mort certes par trop indigne de
luy,& des bons Services qu'il avoit faits
d'autres fois à la Couronne de France,
& que c'estoit un vieux Chevalier
d'Honneur & Homme-de-Bien. Il est
vray qu'il estoit fort zélé à sa Religion ;
mais, pour cela, il ne devoit mourir,ains
estre pardonné par ses grands Services.

LUY donc, ayant très-bien reconnu la Place déguisé (ce disent aucuns)
en fit le Rapport à Monsieur l'Admiral , & la rendit si facile à prendre,
que Monsieur l'Admiral en fit là-dessus
des Mémoires très-beaux , & en pro-
jetta le Dessein , & en tira le Plan ,
& de tout en discourut au Roy , qui y
prend

prend Gouſt & en réſerve l'Exécution
à la prémiere bonne Occaſion. Si-bien
que Monſieur de Guyſe venu , il s'en
reſſouvint & dépeſche vers Madame
l'Admirale (car Monſieur l'Admiral
eſtoit Priſonnier dès-Saint-Quentin(1)),
le petit Fequieres , nourry de feu Monſieur d'Orléans , très-habile , brave &
vaillant Gentil-Homme & ingénieux ,
pour luy faire voir dans les Coffres &
Papiers de Monſieur l'Admiral , s'il n'y
trouveroit point tous ces Mémoires ;
ce qu'il fit : & , les ayant rapportez
au Roy , il les conféra à Monſieur de
Guyſe. A quoy Monſieur de Guyſe
y rapporta une très-grande Difficulté ,
voire du tout une Impoſſibilité & nulle
Apparence de Raiſon , d'aller aſſiéger
une telle Place imprenable , après une
ſi grande Perte de Battaille advenue ,
& meſme en plein Corps d'Hyver & en
telle Aſſiette : ce que Monſieur l'Admiral vouloit en ſes Mémoires , d'autant qu'en Hyver l'Anglois , ſe fiant à la
Mer & aux Eaux qui regorgent & s'en-
flent plus alors qu'en Eſté , ils n'y jettoient grand Nombre de Gens , & la
Garniſon eſtoit fort petite au Prix de
la groſſe qu'ils y jettoient l'Eſté , la
voyant

(1) C.-à-d. dès la Battaille de Saint-Quentin.

voyant foible à caufe des Eaux baffes.
Aucuns difoient, que Monfieur de Guyfe le difoit à fort bon efcient, & par
Raifon, & à la Vérité : d'autres, pour
rendre la Chofe ainfi difficile, afin que
par après la Prife il en acquift plus de
Gloire, & en triomphaft mieux.

ON dit auffi, que Monfieur de Senerpont, Sous-Lieutenant du Roy en
Picardie, un très-bon & fage Capitaine,
faifoit la Chofe fort facile, pour l'a-
voir bien fait reconnoiftre. Tant y a,
que le Roy voulut que Monfieur de
Guyfe tentaft cette Fortune, & luy
commanda réfolument d'y aller avec
l'Armée qu'il luy donna ; ce qu'il fit.

DE dire maintenant la Façon, ce
feroit Chofe fuperflue, puis que nos
Hiftoires en difent affez. Mais, il
faut noter & admirer, qu'en moins de
huit Jours il força les deux Forts du
Pont de Nieulay, du Risban, & emporta la Ville, que nous avions tenue
auparavant fi forte & imprenable, que
depuis deux cens dix Ans, que les
anciens François la perdirent, jamais
les autres qui vinrent après nos Roys,
n'oférent pas fonger feulement de l'attaquer, non pas de la voir. Auffi les
Anglois furent fi glorieux, (car ils le
font affez de leur Naturel,) de mettre
fur

fur les Portes de la Ville, que, lors
que les François affiégeront Calais,
l'on verra le Plomb & le Fer nager fur
l'Eau comme le Liége.

Leur Quolibet manqua là, encore
qu'on die que leur grand Prophete &
Devin Merlin prédit qu'il fe prendroit,
lors qu'il viendroit regner un Eftran-
ger en Angletterre, & qu'une Reyne
de leur Pays fe marieroit avec un Ef-
tranger, & que ce feroit fous la Force & le Regne d'un grand Roy, iffu
de la Race des Valois, qui vengeroit
le Sang efpandu & la Défaite miferable
des François à la Battaille de Crecy,
fous Philippes de Valois, qui la perdit;
bien que ce vaillant Chevalier fans
Reproche, & grand, Meffire Jean de
Vienne, la défendit fi bien un An durant, que luy & les fiens furent reduits
à manger les Rats, les Chats, & les
Cuirs de Bœufs, encore qu'elle ne fuft
forte alors de la centiefme Partie comme elle eft aujourd'huy.

Ce fut un Roy Philippes, qui la
perdit fous la Reyne fa Femme, un
Roy Henry la prit. Du depuis, noftre
Roy Henry d'aujourd'huy l'a perdue,
& le Roy Philippes, ce mefme, après
l'avoir perdue la regagnée. Et puis
après, en un rien, noftre grand Roy
Hen-

Henry la reeut, & en un Trait de Plume, par le Traité de Paix qu'il fit avec l'Espagnol. Il faut bien dire, qu'il y ayt là (comme en d'autres Choses) quelques Secrets divins ou Fatalitez, que nous n'entendons pas.

MONSIEUR de Guyse demanda au Roy ce Gouvernement pour le Capitaine Gourdan, & le fit là Gouverneur: ce que plusieurs trouvérent estrange, qu'il y fust préféré à plusieurs vieux Capitaines, grands Seigneurs, & Chevaliers de l'Ordre, & mesme à Monsieur de Senerpont, Autheur à demy de l'Entreprise, qui s'en fussent tenus fort honorez & bien contentez; ce qui en fit murmurer aucuns, qu'un simple Capitaine de Gens de Pied fust en cela préféré à eux. Mais Monsieur de Guyse procéda en cela en grand & charitable Capitaine; car, Monsieur de Gourdan y perdit une Jambe d'un Coup de Canon: & estoit bien Raison qu'il fust recompensé ainsi; car, puis qu'il n'avoit plus les deux Jambes saines & entieres pour aller ailleurs chercher Fortune, il estoit bien Raison qu'il s'arrestast & demeurast là-où il y en avoit perdu une. Aussi, pour dire vray, c'estoit

un

un très-bon Capitaine, vaillant, &
très-fage, & très-fidele, Homme-
de-Bien, ainfi que tant qu'il a vefcu,
il l'a bien monftré en la Garde qu'il
a fi bien continuée jufques à fa Mort,
que jamais on n'y a fçeu rien entreprendre ny mordre, encore que la
Reyne d'Angleterre euft une très-
grande Envie de le corrompre, & de
la ravoir ; jufques à luy en avoir
préfenté (durant ces plus grands Troubles qu'un chacun faifoit fes Affaires
eftans Maiftres comme Rats en Paille,)
cent mille Angelots : mais, il luy manda, qu'il aymoit mieux fon Honneur
que tous fes Threfors, & qu'elle les
gardaft pour d'autres qui les aymoient
plus que la bonne Réputation.

M onsieur d'Efpernon en eut
auffi grande Envie du Temps du Tor-
rent de fa Fortune, & que rien ne luy
efchappoit de fes Mains, mais tout y
tomboit. Le Roy luy manda plufieurs
fois pour ce Traité, & le manda le
venir trouver, comme je vis, à Paris :
il y vint ; mais, il n'y voulut jamais
entendre ; & dit que, puis que le
Roy fon Pere luy avoit donné ce
Gouvernement, & l'avoit préféré à
plufieurs grands plus que luy , cu'il
le fupplioit bien fort qu'il y mouruft,

ruſt, puis que ſi peu il avoit à vivre.

LE Roy ne l'en preſſa pas plus, & eſt mort ainſi qu'il avoit dit, l'ayant laiſſé à ſon Nepveu, avec plus de trente mille Livres de Rente, qu'il avoit acquis là à l'entour & en cette Comté d'Oye, & deux cens mille Eſcus en Bourſe, que tout-à-coup il a perdu, & Ville, & Vie; non pas l'Honneur, car il le porta ſur le Rempart, & y demeura pour jamais haut eſlevé en Gloire immortelle; & la Vie s'en alla en Combattant très-vaillamment; ce qui fut le plus grand Honneur qui luy euſt ſçeu arriver, pour beaucoup de Raiſons qui ſe peuvent là-deſſus ſonger; autrement, s'il euſt ſurveſcu, il n'eſtoit pas bien.

VOILÀ comme la Fortune verſe ſes Tours, à cette heure pour les uns, à cette heure pour les autres; à cette heure Calais perdu pour nous, à cette heure gagné par le Roy d'Eſpagne. Que s'il euſt eſté à vendre, il en euſt donné de bon & grand Argent: ſi euſt bien fait la Reyne d'Angleterre, comme j'ay dit. Et pourtant ledit Roy, en la prenant de la Façon qu'il a fait, il en a eu meilleur Marché qu'il n'euſt eu de beaucoup: & ſi euſt conſumé plus de Temps à en faire le Marché

qu'à

qu'à le prendre : car, en autant de
Temps l'a-t-il pris comme fit Monfieur de Guyfe. J'efpere d'en parler
en la Vie de noftre grand Roy Henry IV d'aujourd'huy (1).

Monsieur de Guyfe ayant pris
Calais, & voyant que ce n'eftoit pas
tout, & qu'il faloit bien achever la
Partie de la Victoire, il prit par Force Guynes, très-forte Place, où il
y avoit dedans un très-bon & vaillant
Capitaine le Milord Gray, & Hames,
& conquefta toute la Comté d'Oye.
Bref, il acheva de chaffer les Anglois
hors de France, de long-temps fi em-
piétez, qu'on ne les avoit pu chaffer ny déplacer aucunement, bien qu'on
les euft fort battus fouvent & chaffez
d'ailleurs ; fi-bien que c'eftoit un vieux
Proverbe parmy nous, quand nous voulions mefeftimer un Capitaine & Homme de Guerre, on difoit : *Il ne chaf-*
fera jamais les Anglois hors de France.

Quelle Gloire donc doit avoir
Monfieur de Guyfe de les avoir chaffez ! Quelque temps après, il alla affié-
ger & prendre Theonville, Ville certes du tout imprenable, autant pour
l'Artifice & Fortifications, qui y ef-

toient,

(1) *On na point cette* Vie.

Tome VIII. D

toient, que pour le Naturel, pour
eſtre entourée de Palus & Mareſts de
la profonde Moſelle, & pour quinze
cens Hommes de Guerre qu'il y avoit
dedans. Qui en voudra voir la Façon
comme elle fut aſſiégée & priſe, & en
combien peu de Temps, liſe *les Mémoires de Monſieur de Montluc*. Tellement que j'ay ouy dire, quand les
Nouvelles en vinrent au Roy, il en
demeura tout esbahy, ne le pouvant
ayſément croire : comme de vray, qui
a veu la Place, comme moy, s'en eſ-
tonnera grandement. Aucuns l'appelloient *Villa Theon*, Ville de Dieu,
pour l'Alluſion du Nom, moitié Grec,
moitié Latin, & pour tel Nom les
Bourguignons la tenoient plus forte.

. La Secouſſe ſeconde de la France,
après celle de Saint-Quentin, vint la
Déroute de Gravelines, qui fut grande, & telle que le Roy & ſes Subjects
jettérent auſſi-toſt l'Oeil ſur Monſieur
de Guyſe, comme demandant d'eſtre
relevez par luy d'une telle Cheute,
qui ſit Teſte ſi aſſeurée, que l'Ennemy
s'arreſte court : vint le Voyage &
Camp d'Amyens, qu'on appelloit ainſi
pour lors, d'autant que le Roy s'y
campa à l'entour avec une fort belle
& groſſe Armée près de trois Mois ;

&

& le Roy Philippes près de-là avec la fienne très-belle & forte auffi, & la retrancha fortement, & fongeant s'il livreroit encore Battaille, & fi le Sort luy en feroit encore auffi heureux qu'aux deux autres; mais, il s'arrefta court, diverty par aucuns de fes vieux & fages Capitaines, que le Temporifement en feroit plus expédient que le Hazard, puis que Monfieur de Guyfe eftoit-là, & couftumier à eftre fi victorieux en tous fes Exploits, que poffible il y pourroit eftre-là de mefme.

Je l'ay ouy ainfi dire à aucuns Efpagnols, & que mefme auffi ils furent très-joyeux, & penfoient desjà eftre au-deffus de nous, quand ils eurent Nouvelles en leur Camp qu'il avoit efté tué, ou pour le moins fort bleffé, du Baron de Luxembourg, qui fut un Bruit faux; mais, pourtant, la Joye en fut demenée & folemnifée en leur Camp.

Ce Baron de Luxembourg eftoit un des Reyftres maiftres du Duc de Saxe, venu au Service du Roy avec de grandes Forces, & un des principaux, qui eftoit brave, & vaillant, & haut à la Main, qui, un Jour que Monfieur de Guyfe faifoit la Vifite du Camp, fut fi outrecuydé, ou, pour mieux dire, tenté de Vin, ainfi qu'il le confeffa, de luy

tenir quelques Paroles fafcheufes,
voire de tirer fon Piftolet : mais, Monfieur de Guyfe, prompt, mit la Main
à l'Efpée auffi-toft, & luy en fit tomber fon Piftolet, & la luy porta à la
Gorge. Qui fut eftonné, ce fut ce
Baron ? Monfieur de Montpefat, qui
fuivoit alors Monfieur de Guyfe, &
eftoit près de luy, faifant de l'officieux,
mit auffi-toft la Main à l'Efpée pour
le tuer. Monfieur de Guyfe s'efcrya
auffi-toft : *Tout beau, Montpefat. Vous
ne fçavez pas mieux tuer un Homme que
moy. Ne le tuerois-je pas fans vous?
Allez* (dit-il au Baron,) *je vous pardonne l'Offenfe particuliere que vous
m'avez faite ; car, je t'ay tenu à ma
Mercy : mais, pour cela* (I) *que tu as
fait au Roy, au Général, & au Rang
que je tiens icy comme Lieutenant de
Roy, c'eft au Roy à y voir, & en faire la Juftice.* Et, foudain, commanda qu'on le menaft Prifonnier : ce qui
fut fait : & Monfieur de Guyfe prend,
fans autrement s'efmouvoir, cent bons
Chevaux, & fe promene par le Camp,
& par le Quartier des Reyftres, &
advertit fous main les Capitaines de
Cheval & de Pied, d'eftre en Cervelle s'il en bougeoit aucun ; mais,

au

(I) celle

au Diable le Reyſtre qui bougea. Meſme, le Duc de Saxe, accompagné de
ſes Reyſtres maiſtres, le vint trouver, pour ſçavoir de luy en toute Douceur que c'eſtoit, qui en trouva le
Trait trop inſolent, & point digne
d'un Homme de Guerre, attribuant
pourtant le tout au Vin qu'il avoit
trop beu, que ledit Baron luy-meſme confeſſa : dont, ſur ce, fut pardonné, & ſortit hors de Priſon, quelques jours après, & renvoyé du Camp,
qui pourtant retourné en ſon Pays faiſ-
ſoit quelques Menaces ; mais, il avoit
Affaire à un vaillant Homme, qui ne
s'en ſoucioit guéres.

APRÈS toutes ces Expéditions &
Voyages faits, la Paix générale ſe fit
entre les deux Roys ; &, pour Recompenſe des grands Services faits à
la France par ce grand Capitaine, le
Roy, pouſſé par Monſieur le Conneſtable & d'autres, qui n'aymoient trop
alors la Maiſon de Guyſe, avoit réſolu de les chaſſer tous de ſa Cour,
& les renvoyer en leurs Maiſons. S'il
ne fuſt mort, cela eſtoit arreſté ; car,
je le tiens & ſçay de fort bon Lieu.
Grand Exemple, certes, pour ceux,
qui ſe fient en la Faveur des Roys &
aux grands Services qu'ils leur ont

faits-

faits, qui, penſant pour l'Amour d'eux, eſtre bien avant en leurs Graces, & s'en tenir bien aſſeurez, pour un rien en ſont privez & eſloignez du tout; &, qui pis eſt, courent la Fortune de leur Vie, comme feu Monſieur de Guyſe dernier, ainſi que j'eſpere eſcrire en ſa Vie (1).

Le Roy Henry mort, & le Roy François II ſuccedé à luy, Monſieur de Guyſe, comme Oncle de la Reyne, fut mieux que jamais en ſa Grandeur: car, luy, & Monſieur le Cardinal ſon Frere, eurent toute la Charge & tout le Gouvernement du Royaume, comme très-bien leur appartenoit, pour en eſtre très-dignes & très-capables. Ce ne fut pourtant ſans de grandes Envies & Calomnies; car, le Roy de Navarre Antoine, comme prémier Prince du Sang, vouloit avoir cette Authorité. Cela fuſt eſté bon, ſi le Roy fuſt eſté pupille & mineur: mais, il eſtoit majeur; &, pour ce, le Roy eſtoit libre de choiſir & tenir près de ſoy ceux qui bon luy ſembloit, & meſmes de ſi proches, & ſes Oncles du Coſté de ſa Femme.

Quant à Monſieur le Conneſtable,

(1) *On n'a point cette Vie.*

ble , luy, qui le vouloit faire aux autres, à luy fut fait, & pour ce renvoyé en sa Maison , ou pluftoft de
luy - mefme il s'y en alla , fans fe
le faire dire , ainfi qu'il eftoit très-
fage, & qu'il fçavoit bien connoiftre
le Temps , & s'y accommoder.

UNE Chofe fut trouvée très - mau-
vaife au Commencement de ce Regne
& Gouvernement de ces Meffieurs de
Guyfe : c'eft qu'il fut cryé par deux
fois à la Cour , à Son de Trompe,
que tous Capitaines, Soldats, Gens
de Guerre, & autres, qui eftoient là
venus pour demander Recompenfe &
Argent , qu'ils euffent à vuyder fur
la Vie. Ce Bandon fafcha fort &
mefcontenta plufieurs honneftes Gens
& autres, dont Monfieur de Guyfe, &
fon Frere le Cardinal, en furent fort
blafmez & accufez alors : lefquels pourtant n'avoient fi grand Blafme comme
l'on diroit bien ; car, le Roy trouva
fon Royaume fi pauvre , & fi endebté, qu'il ne fçavoit que faire. Les
Vénitiens luy demandoient une fi grande Somme & fi exceffive, qu'il n'y
avoit nul Ordre de la payer ; & croy,
qu'encore aujourd'huy que je parle,
on leur en doit la Moitié , poffible
Tout. Les Suiffes , de mefme , de-
D 4

man-

mandoient leur Paye, ausquels encore on en doit. Force Banquiers
aussi demandoient. Je laisse à part les
grandes Despenses, & Cousts, qu'il
falut faire, & qu'on avoit faits, pour
les Nopces de la Reyne d'Espagne,
& sa Conduite & Convoy en Espagne,
pour celles de Madame de Savoye;
&, de mesme, les Dons & Présens
grands, qu'on donna aux Estrangers,
qui y vinrent. Bref, le Royaume se
trouva alors si pauvre & diminué de
Finances & Moyens, que de long-
temps n'avoit-on veu les Finances en
Eaux si basses.

QUE pouvoit donc faire le Roy,
& ses Financiers, si-non que de renvoyer
tels Demandeurs jusques à une autre
fois? Lesquels on n'eust sçeu rassasier
pour dix Revenus de la France. Car,
les Gens de Guerre, de tout Temps,
ont eu cela, & mesme de ce Temps-
là, que, pour une petite Harquebusade qu'ils avoient reçeue, ou pour
un petit Service fait, il leur sembloit
que le Roy leur devoit donner l'Or
à Pellées : ainsi que j'en ay veu à force
faire de ces Traits, se mescontenter,
alléguer leur Vaillance, en jurant,
& reniant, & alléguant leurs Services ;
bref, d'une Mouche en faire un Elé-
phant.

phant. Voilà comme l'Importunité de telles Gens fascha fort au Roy, à fes Financiers, voire à toute la Cour.

Je ne dis pas que Monſieur le Cardinal de Lorraine , qui s'eſtoit réfervé la Surintendance des Finances , n'en fuſt un peu Cauſe de tout , mais non Monſieur de Guyſe , qui n'y jettoit que fort peu l'Oeil deſſus, ſi-non pour les Gens de Guerre, qui eſtoit entretenus , & pour leurs Payes, deſquels il avoit pris la Charge, & de toutes les Affaires de la Guerre, qu'il entendoit mieux qu'Homme de France, luy & Monſieur le Conneſtable. Mais, de dire autrement, que Monſieur de Guyſe euſt fait faire le Bandon un peu trop criminel contre les Gens de Guerre, il ne le faut croire, comme je l'ay veu : car , il les aymoit trop , & les connoiſſoit très-bien ; & , quand ils venoient à la Cour , il leur faiſoit très - bonne Chere, juſques aux plus petits, comme j'ay veu. Et, dès-lors il me ſouvient l'avoir veu que pluſieurs y venoient , qui ne ſçavoient rien du Bandon, ou qu'ils le ſçeuſſent, il leur diſoit privément : *Retirez-vous chez vous , mes Amys , pour quelque Temps. Ne ſçavez - vous pas ce qui a eſté cryé? Allez vous-en. Le Roy eſt fort pauvre à cette heure ; mais , aſſeurez - vous,*

quand

quand l'Occasion se présentera, & qu'il y fera bon, je ne vous oublieray point, & vous manderay : comme il fit à plusieurs que j'ay veus.

ON a dit que cette belle Publication & ce Mescontentement, avec le Prétexte de la Religion, ayda fort à fabriquer la Conjuration d'Amboise, de laquelle la Renaudie fut le principal Autheur & Remueur. Belle Recompense, certes, qu'il rendit à Monsieur de Guyse, pour luy avoir aydé à se sauver des Prisons de Dijon, où il estoit en Danger de la Vie, pour avoir fait une certaine Fausseté (disoit-on) contre le Greffier du Tillet, pour la Cure de Champniers (a) en Angoulmois, qui vaut six mille Livres de Rente, qui est un très-grand Revenu pour un simple Curé. Et d'autant que ledit Greffier avoit grand Credit à Paris, ledit la Renaudie eut son Evocation à Dijon, où il fût très-beau & bien convaincu de Fausseté, & prest à avoir la Sentence de la Mort ; & le vint-on dire à Monsieur de Guyse, qui estoit alors avec Monsieur son Pere. Et d'autant que ledit la Renaudie estoit brave & vaillant, comme il le monstra

à

(1) *Champguiere.* Election & Châtellenie d'Angoulême.

à sa Mort, Monsieur de Guyse, qui estoit jeune, brave, & vaillant, & qui aymoit ses pareils, avoit veu cettuy-cy à la Cour & à Paris, comme jeunes Gens se font connoistre aux Princes. Monsieur de Guyse, voyant que ce pauvre Homme s'en alloit perdu, il advisa & tenta si bien tous les Moyens, qu'il le sauva des Prisons si habilement, qu'en plein Jour, & Jour de Procession de la Feste-Dieu, il passa par la Ville, (aussi ay-je ouy dire qu'il s'ayda de Sortilege,) & en sortit, & se sauva en Suisse & à Berne, où il demeura long-temps, & puis vint faire ce beau Coup à sa Perte, & non des autres qu'il avoit conjurée, comme il pensoit. Voilà une très-belle Reconnoissance de Courtoisie & Sauveté de Vie! J'ouys cela un Soir conter à Monsieur de Guyse-mesme à Table à souper, lors de cette Conjuration d'Amboise, qui fut demeslée par la Valeur & Sagesse de ce sage Prince.

Le Roy François vint à mourir à Orléans, là-où il monstra, qu'il n'estoit possédé de si grande Ambition pour s'impatroniser du Royaume de France, & s'en faire à demy Roy, comme l'on croyoit tant de luy par quelques

mes-

meſchantes Langues, ou du tout ſe faire
Vice Roy, & gouverner le Roy & ſon
Royaume, & en faire à ſon bon Plaiſir ; mais, il les fit tous mentir. S'il
euſt voulu cela, il luy eſtoit plus
que très - facile ; car, il euſt pu ſe
ſaiſir du Roy de Navarre, (le Prince
de Condé eſtoit desjà en Priſon,)
de Monſieur le Conneſtable & de tous
ceux qui eſtoient là accourus aux Eſtats à luy ſuſpects, & comme il luy
euſt pleu : car, il avoit toute la Cour
à ſa Dévotion, comme je le ſçay, &
l'ay veu, que ſept ou huit Jours a-
près la Mort du Roy, allant au Pe-
lerinage à Clery, & à Pied, il emmena quaſi toute la Cour avec luy &
la Nobleſſe, & demeura le Roy ſi
ſeul, & ſa Cour ſi ſeule, que l'on
en murmura & entra en Jalouſie ; je
le ſçay.

De-plus, il y avoit quinze à
vingt Compagnies de Gens de Pied,
tous bons, aſſeurez, & prouvez (1)
Soldats, tournez du Siége du petit
Lict (2), tous à ſa Dévotion, qu'il
avoit mis dans Orléans, & entroient
en Garde tous les Soirs, qui euſſent
fait trembler, non pas la Cour ſeulement,

(1) éprouvez   (2) Petit - Leyth.

ment, mais toute la France. Qui
l'euſt donc empeſché, que, par la
Fumée des Harquebuſades de ces braves Soldats il n'euſt diſpoſé du Roy
à ſon bon Plaiſir, & des autres comme il euſt voulu? Par le Dehors d'Orléans, il avoit mis tout à l'entour, &
aux Environs, quaſi toutes les Compagnies d'Ordonnances & des Gendarmes, deſquelles il euſt diſpoſé auſſi comme il luy euſt pleu, fors de quelques-
unes, comme celles de Monſieur le
Conneſtable, de Meſſieurs ſes Enfans,
de Monſieur l'Admiral, du Roy de
Navarre, & quelques autres; mais, la
majeure Part qu'il avoit, les euſt em-
portées à l'ayſe, auſſi qu'il les avoit
logées en tels Lieux, que ſi elles euſſent branſlé & bougé le moins du Monde, elles eſtoient trouſſées. Toutesfois, il n'y euſt eu grande Peine: car,
la plus grand-part des Membres des
Gendarmes eſtoient fort à ſa Dévotion, à cauſe de la Religion Catholique, qu'ils commençoient à voir venir en Branſle pour la nouvelle qui
s'eſlevoit; & aymoient fort Monſieur
de Guyſe, parce qu'on le connoiſſoit
fort bon & zelé Catholique juſques à
la Mort, & qu'ils voyoient bien que
ſi le Roy de Navarre ſe rendoit Ré-

D 7

gent,

gent, qu'on tenoit desjà suspect de la
Catholique Religion, qu'il en arriveroit de grands Troubles en France,
comme l'on vid apres : car, il ne faut
point douter, que, si dès-lors on euft
joüé des Mains baffes en ce Lieu d'Orléans comme il eftoit ayfé, nous n'euffions veu les Troubles & Guerres civiles qui fe font veues.

CES deux Moyens donc, l'un du Prétexte & Deffenfe de la Religion Catholique, & l'autre des Forces que Monfieur de Guyfe avoit à fa Difpofition,
eftoient très-grands pour fe faire très-
grand, & pour attirer toute la France à
fon Party, & par ainfi fe fuft faifi de la
Perfonne du Roy, & euffions veu poffible la France plus heureufe qu'elle n'a
efté, & qu'elle n'eft, ainfi que j'en ay
veu plufieurs difcourir alors ; & depuis
force grands Seigneurs (1), grands
Capitaines, & Perfonnes de grandes
Qualitez, mefme Monfieur le Cardinal fon Frere, l'y pouffoient fort :
mais, il n'y voulut jamais entendre ;
difant, qu'il n'eftoit de Dieu, ny
de Raifon d'ufurper le Droit & l'Authorité d'autruy. Mais, pourtant,
pour Chofe de telle Importance,
cela

____

(1) alors & depuis. Force grands Seigneurs,
&c.

cela fe pouvoit faire juftement. Ainfi eftoit trop confciencieux ce Coup-là ce bon & brave Prince.

Monsieur le Cardinal fon Frere, tout Eccléfiaftique qu'il eftoit, n'avoit pas l'Ame fi pure, mais fort barbouillée. Que s'il fuft efté auffi plein de Valeur comme Monfieur fon Frere, & qu'il en avoit la Volonté, il en euft levé la Banniere, & s'en fuft fait defpartir. Mais, de Nature il eftoit fort timide & poltron; mefme il le difoit; & rien ne le fit partir ce Coup de la Cour, que la Poltronnerie, ayant eu pourtant un grand Creve-Cœur & Defpit, quand, fortant de la Ville, il oyoit cryer parmy les Ruës, les Boutiques, & les Feneftres: *Adieu, Monfieur le Cardinal. La Meffe eft feffée.* Je luy ay ouy dire fouvent, que s'il euft eu la Vaillance & le Courage de Monfieur fon Frere, qu'il fuft auffitoft tourné en fon Logis, & euft fait en cela parler de luy.

Voilà donc comment Monfieur de Guyfe fit mentir tous ceux & celles qui le difoient bruffer d'Ambition, & pretendre à eftre Roy, ou y approcher.

On en difoit bien de mefme, quand il alla en fon Voyage d'Italie, que,

quand il auroit conquis aux Defpens
du Roy & de fes Forces, le Royaume
de Naples, qu'il s'en feroit couron-
ner & intituler Roy, & en feroit la
Part au Roy fon Maiftre.

TELLES Perfonnes difcouroient là,
plus par Paffion que par Raifon. Car,
outre la Crainte & Défenfe de Dieu,
fa Grandeur defpendoit totalement de
celle de fon Roy, & jamais de foy-mef-
me il n'euft fçeu fe maintenir en Tiltre
de Roy, fans fon Roy fouverain, bien
qu'il euft Prétenfion fur le Royaume.
D'en demeurer Vice-Roy, & d'en jouyr
de quelques Terres, il l'euft bien voulu ; & fon Roy ne le luy euft jamais
refufé. Mais, de vouloir eftre Roy,
ce font Abus.

L'EXEMPLE de Charles Martel,
& du Marquis de Pefcayre par le Dire
de fa Femme, dont j'ay parlé ailleurs (1), doit faire fages ceux qui
veulent eftre Roys, & fe faire par-
deffus leurs vrays & naturels Roys.
Ils fe doivent contenter d'eftre grands
fous leurs Ombres, comme bien fouvent
durant les grandes Chaleurs on recherche les Ombres des grands Arbres.

On

_____

(1) *Ci-deffus Tôme IV, Difcours XII, des*
Capitaines Etrangers, page 172 &c.

O n murmura auſſi, quand il vint d'Italie, qu'il ſouffrit d'eſtre appellé Vice-Roy, Nom inuſité en France. Jamais il ne pourchaſſa ce Tiltre. Ce fut le Roy, qui le luy donna de ſon propre Mouvement, & le voulut ainſi ; mais, il ne le garda guéres, & ſe pleut davantage d'eſtre appellé Lieutenant-Général du Roy par toute la France, que d'autre Nom.

V o i l à l'Ambition donc de ce Prince, qu'on a tant cryé après luy d'en avoir de grandes dans ſon Ame. Il l'avoit comme un courageux & généreux Prince qu'il eſtoit : mais, non pas qu'il la vouluſt advancer ſur ſon Roy, ny ſur ſon Authorité jamais, mais, ſur d'autres Roys & Princes, il n'en faut douter : & croy, que, s'il euſt veſcu, il euſt fait belle Peur à l'Angleterre, car il luy en vouloit (*a*), & y avoit de beaux Deſſeins ; car je le ſçay, pour luy en avoir ouy parler ſourdement quand il eſtoit en ſes Devis plus privez : non pas qu'il s'en vantaſt trop, car il eſtoit très-ſobre en Vanterie, & avoit touſjours plus d'Effeᶜts que de Vents ; mais, on connoiſſoit bien à ſes Mots prononcés

à

______

(*a*) M. de Rapin l'a fort bien prouvé dans ſon *Hiſt. d'Angleterre,* Tome 6.

à demy, & à fes Geftes, & mefmes quand il donnoit de fes Doigts fur la Main (*a*), qu'il avoit quelque Chofe de bon à couver & efclorre.

Là-dessus, pour une autre Preuve du peu d'Ambition qu'eut Monfieur de Guyfe fur le Royaume de France, & du peu de Volonté qu'il eut jamais de le remuer & brouiller, je feray ce Conte, qu'après le Sacre du Roy Charles IX, il prit Congé de luy & de la Reyne, qui le pria bien fort de demeurer, & s'en alla à Guyfe, pour y faire quelque Séjour & paffer fon Temps avec fes Amis, (j'eftois lors avec luy,) réfolu de n'en partir de long-temps. Il n'y eut pas demeuré quinze Jours, que le Roy & la Reyne luy mandérent & le priérent fort de retourner, & qu'il eftoit là fort néceffaire. Il s'excufa fort fur les Affaires de fa Maifon, & fa Réfolution de ne vouloir plus tant faire Eftat de la Cour, comme il avoit fait : bien feroit-il tousjours preft d'expofer fa Vie pour fon Service, & la luy porter quand il en auroit Affaire.

Sur ce, la Fefte-Dieu s'approche, dont le Bruit court & en donne-t-on

(*a*) Et de même le Cardinal fon Frere. Voïez l'*Hiftoire du Tems* &c. 1570, p. 207.

t-on l'Allarme au Roy & à la Reyne, que les Huguenots vouloient ce Jour-là troubler la Feste & Procession, & y faire des Desordres & Insolences grandes ; &, pour ce, Leurs Majestez s'en vont à Paris, & logent en l'Abbaye Saint-Germain, parce que le Roy n'y avoit pas encore fait son Entrée, comme les Roys le Temps passé observoient cette Coustume & Scrupule. Soudain, Leurs Majestez en advertirent Monsieur de Guyse, & le priérent d'y venir en Haste ; car, elles avoient besoin de sa Presence plus que de pas un de la France. Je vis arriver pour un Jour trois Courriers coup sur coup, l'un après l'autre ; car, j'avois alors cet Honneur (bien que je fusse fort jeune) d'estre à la Suite de ce grand Prince, qui me faisoit cet Honneur de m'aymer, pour l'Amour de mon Oncle de la Chastaigneraye. Sur ce, je luy vis dire ce Mot : *Si c'estoit pour autre Sujet, je ne partirois ; mais, puis qu'il y va de l'Honneur de Dieu, je m'y en vais : & qui voudra y entreprendre, j'y mourray, ne pouvant mieux mourir.*

E n f i n, il partit en si grand-Haste, qu'en deux Jours sur ses Chevaux, & nous sur les nostres, il arriva précisément sur la Vigile de la Feste, si

tard,

tard, qu'il n'alla point ce Soir trouver le Roy, & demeura à coucher à l'Hoftel de Guyfe. Monfieur d'Entragues, gentil Cavalier certes, & qui vit encore, qui alors fuivoit mondit Seigneur, s'en peut bien fouvenir; car, il y eftoit, & moy auffi. Que pleuft à Dieu fuffe-je auffi fain & gaillard qu'alors!

Le Lendemain au matin, le Bruit efpars par toute la Ville de la Venuë de Monfieur de Guyfe, le Peuple, qui eftoit un peu eftonné, ne faut point demander s'il s'en esjouyt, & s'il reprit Cœur. La plufpart de la Nobleffe de la Cour, fors quelque petit Nombre de celle du Roy de Navarre, & la Garde des Huguenots du Prince de Condé, vint à fon Lever, & à fi grande Quantité, qu'il faifoit beau voir, & monftroit bien qu'il eftoit beaucoup aymé & honoré en la France. Après l'avoir toute faluée & remerciée très-courtoifement, (car il eftoit très-courtois, & très-propre pour gagner le Cœur de tout le Monde, outre fes Valeurs & Vertus,) il monta à Cheval, pour aller au Lever du Roy, là-où je le vis avoir une fort belle & affeurée Façon, & tout autre que tout autre Prince qui fuft lors en

Fran-

France. Il estoit monté sur un Ge-
net noir, qu'on appelloit le Moret,
Cheval fort propre pour cela ; car, il
estoit fort superbe, & mesme sur un
Pavé, avec une grande Housse de Vè-
lours noir en Broderie d'Argent. Luy,
vestu d'un Pourpoint & Chausses de
Satin cramoisi, (car, de tout Temps
il aymoit le rouge & l'incarnat, mesme avant qu'il fust marié, je dirois
bien la Dame qui luy donna cette Couleur,) un Saye de Velours noir bien
bandé de mesme, comme on portoit
de ce Temps-là, & sa Cappe de Velours de mesme & bandée de mesme,
son Bonnet de Velours noir, avec u-
ne Plume rouge fort bien mise, car
il aymoit les Plumes, & sur-tout
une fort belle & bonne Espée au Costé, avec sa Dague : car, ce Matin,
il s'en fit porter de son Cabinet trois,
& des trois en choisit la meilleure ;
car, je le vis, & luy ouys dire, que,
pour l'Honneur & le Service de Dieu,
il se battroit ce Jour-là fort bien :
bref, il estoit très-bien en Point, &
faisoit très-beau voir ce grand Homme & Prince paroistre parmy trois ou
quatre cens Gentils-Hommes, ny plus
ny moins qu'on void un grand & es-

pais

pais Chefne paroiftre comme l'Honneur du Boccage, parmy les autres Arbres.

PASSANT par la Ville, le Peuple s'y affouloit avec une fi grande Preffe, qu'il demeura près d'une grande Heure avant qu'arriver au Logis du Roy, tant la Preffe empefchoit le Chemin : & la Clameur & la Joye du Peuple applaudiffoit fa Venuë par une Voix extrême, qui démonftroit la Fiance & l'Affeurance qu'on avoit de luy. Ainfi accompagné, ce Prince entra au Logis du Roy. Et ce qu'on nota là fingulierement, ce fut que l'on difoit alors : *Le Roy de Navarre, Roy & Pere des Gafcons*, à caufe qu'il eftoit marié au Pays. Mais, Monfieur de Guyfe l'emporta ce Coup-là : car, il en avoit à fa Suite deux fois plus, tant Gentils-Hommes volontaires, que Càpitaines de Gens de Cheval & de Pied, entretenus & caffez, qui le reconnoiffoient encore tous à la Cour, comme aux Guerres paffées, pour leur Général.

POUR venir au Point, les Proceffions de la Cour & de la Ville de Paris fe firent & fe parachevérent fort dévotieufement & quiétement, fans Defordre, Tumulte, ny Infolence aucune, à l'Accouftumée : & tous difoient

foient d'une Voix , que , fans la Prefence de Monfieur de Guyfe , il y euft
eu des Infolences & Débordemens ,
aufquels , dès le Soir & du Matin , il
avoit très - bien pourveu , & parla
à Meffieurs de la Ville les principaux, que fi l'on euft branflé le moins
du Monde , il y euft eu de la Folie ,
& euft - on très - bien joüé des Mains ,
& les Huguenots s'en fuffent trouvez
très - mauvais Marchands.

L e Colloque de Poiffy s'en en-
fuivit quelques fix Mois après , où ce
grand , bon , & religieux Prince ,
voyant des Nouveautez eftranges pour
la Religion arriver & s'introduire ,
s'en alla de Defpit en fes Maifons de
Champagne & de Lorraine , d'où il
ne bougea , que la Guerre civile s'ac-
commença à efmouvoir ; & ce , fix ou
fept Mois après. Il fut envoyé querir
par le Roy & la Reyne auffi - toft :
& , paffant par Vaffy , arriva l'Efmeu-
te & le Defordre que les Huguenots ,
alors , & depuis , ont tant appellé ,
cryé , & renommé le Maffacre de Vaffy ; ce qui ne fut que peu de Chofe.
Je n'y eftois pas ; mais , j'arrivay un
Mois après à Paris , où j'en vis parler ainfi à Monfieur de Guyfe , & à
d'autres de fa Suite. Ce fut ainfi
qu'il

qu'il voulut ouyr la Messe, & que son Prestre la commençoit, les Huguenots, qui estoient là-auprès assemblez, vinrent précisément & quasi à poste, commencer à chanter leurs Pseaumes. Monsieur de Guyse, qui n'avoit jamais ouy telle Note, les envoya prier d'attendre un peu qu'il eust ouy la Messe, & remettre leur Chant. Ils n'en firent rien, mais chantérent plus haut, & s'y bravérent. Sur-quoy, il y eut aucuns de ses Officiers, Pages, & Laquais, qui commencérent à s'en despiter & mutiner : & les prémiers, qui commencérent le Jeu, fut Cheleque, & Klinquebert, deux grands Pages Allemands, que depuis nous avons veu en nos Guerres Capitaines de Cornettes de Reystres, braves & vaillants, & fort honnestes Gentils-Hommes & accomplis ; mais sur-tout Cheleque est bien aymé de nos Roys.

Ces deux Pages portoient, l'un l'Harquebuse de Chasse, & l'autre les Pistolets, de Monsieur de Guyse, qui commencérent à tirer, & les autres après. Monsieur de Guyse, oyant la Rumeur, quitte sa Messe, & sort l'Espée au Poing, appaise le Tumulte, & ne seigna jamais Personne ; &, sans luy,

luy, il y euſt eu autré Rumeur. Mais, cela ne fut rien, & ne valoit pas qu'on le cryaſt tant comme l'on a fait, & ny qu'on l'appellaſt *le Boucher de Vaſſy.* Il ne le fut point là ny ailleurs : car, je l'ay veu cent fois plus miſéricordieux envers les Huguenots, que le Roy de Navarre, & Monſieur le Conneſtable, qui ne demandoit que pendre ; & luy, qui ne vouloit que leur Converſion, ainſi que je l'ay veu à l'endroit de pluſieurs.

A ſa Mort, il ſe confeſſa de ce Maſſacre, priant Dieu n'avoir Remiſſion de ſon Ame, s'il y avoit penſé, ny s'il en fut jamais Autheur, faiſant la Choſe fort petite & légere : mais, pourtant, parce qu'il y avoit eu du Sang reſpandu, il s'en confeſſoit à Dieu, & luy en demandoit Pardon ; car, je l'ouys de mes propres Oreilles, & pluſieurs qui eſtoient avec moy. Et, ſi ceux (dont fut Monſieur l'Eveſque d'Eriez (*a*), qui ont eſcrit ſon Harangue qu'il fit à l'Heure de ſa Mort, ont taiſé ce Trait, ils ont eu Tort, pour monſtrer-là ſon Innocence d'une Choſe que l'on cryoit tant après luy.

L'AR-

______
(*a*) Lancelot de Carle, Evêque de Riez.

L'ARMÉE du Roy se dreffa contre les Huguenots, là-où ne faut pas douter qu'il ne s'y efpargna pas non plus qu'aux autres précédentes eftrangeres : car, c'eftoit fon Gibier, c'eftoit fa vraye Manne qu'il aymoit le plus, & le Plaifir où il fe déleɛtoit autant, qu'à la Guerre. Quand Blois, Bourges, & Roüen furent pris, les deux de Force, & l'autre par Compofition, qui fut Bourges, & la Compofition très-bien gardée, & les Capitaines & Soldats qui voulurent fervir le Roy, très-bien reçeus & traittez, comme j'ay veu. Pour quant à Roüen, il fut pris d'Affaut, là-où il alla luy-mefme. Auffi a-t-il efté le prémier Général de nos Temps d'Armées, qui a fait la Faɛtion de Colonel, de Maiftre d'Artillerie, de Meftre-de-Camp, de Capitaine, & de Soldat. Et, pour reconnoiftre les Places, il ne difoit jamais : *Capitaine*, *Sergent*, *ou Soldat*, *allez là*, *reconnoiffez-moy cela*. Ou bien, s'il les y envoyoit, luy-mefme y alloit après, s'ils ne l'avoient pas bien contenté.

MAIS, la plus grand-part du Temps, il y alloit, & luy-mefme menoit les Capitaines & Soldats loger ou placer, ou dans les Tranchées, les Foffez,

ou

ou dans les Tours, ou sur le Haut
des Bresches, ou en d'autres Lieux.
Je le vis en ce Siége de Roüen un
Jour commander à Monsieur de Bellegarde, depuis Mareschal de France,
parce qu'il le tenoit pour Huguenot,
& qu'on l'avoit asseuré qu'en Piedmont il avoit esté un Bravasche, &
Mangeur de Ravelins; &, pour l'es-
prouver en ces deux Points, il luy commanda d'aller reconnoistre un Recoin
d'une Tour, pour reconnoistre s'il n'y
avoit point un faux Flanc caché; &,
le voyant en Queste de Casque & de
Rondelle, il luy presta le sien & la
sienne. Certes, Monsieur de Bellegarde y alla bien, & y fut en Danger; car, en tournant, il eut deux
Harquebusades dans sa Rondelle, qu'il
avoit jettée derriere soy, & vint faire
son Rapport à Monsieur de Guyse:
lequel voyant qu'il ne le satisfaisoit
& ne luy faisoit si fidele Rapport, & de
Parole si asseurée, comme il vouloit,
guignant, & tournant la Teste, il-dit:
*Donnez-moy ma Rondelle. Il faut que
j'y aille. Je ne suis pas bien content
de ce que m'avez dit.* Et, pour ce,
armé de ses Armes, il s'y en va si
asseurément, bien que les Harquebusades donnassent fort, qu'on ne con-

E 2

nut

nut jamais en luy nul Brin d'Appré-
henſion , ny d'Eſtonnement , adviſe
& reconnoiſt tout fort bien & à ſon
Ayſe , ſans faire ſa Beſoigne courte,
comme aucuns qui ne la demandent
qu'à demy - faite en ces Hazards , ou
du tout imparfaite : puis, il s'en tourna ſon petit Pas de meſmes dans la
Tranchée , où nous pouvions eſtre
plus de mille Perſonnes qui viſmes tout
cela ; & puis , eſtant deſarmé , il dit,
qu'il eſtoit plus content qu'il n'avoit
eſté , & reconnut (1) une Choſe dont
il eſtoit en Doute.

CE Conte eſt très - véritable & ay
veu le dit Sieur de Bellegarde ſur ſes
derniers Jours ne le nyer point : mais,
que Monſieur de Guyſe avoit fait ce
Trait , pour luy faire un Affront ; car,
mondit Sieur de Guyſe ne l'ayma jamais guéres , comme il aymoit une
infinité de braves Gentils - Hommes &
Capitaines Gaſcons , de ſa meſme Patrie , qui l'adoroient auſſi , & l'hono-
roient beaucoup.

L'ASSAUT après ſe donna à cette
Ville de Roüen , lequel après qu'il
l'eut ordonné comme il faloit , luy-
meſme en Perſonne l'accompagné , l'o-
piniaſtre , & le combat , ſi bien que les
Capi-

(1) avoit reconnu

Capitaines, Soldats, & Gentils-Hommes, comme Monſieur d'Andoin, brave
Seigneur, Pere de Madame la Comteſſe
de Guyche, & le brave Caſtelpers,
jeune Seigneur, qui furent tuez près
de luy, & force autres, voyans ſi
bien faire leur Général, & les animer
de braves & courageuſes Paroles, font
à l'envy & emportent la Place bravement ainſi d'Aſſaut, & pourſuivent la
Victoire furieuſement, leur Général
tousjours à la Teſte; ayant, après a-
voir fauſſé la Breſche, & eſtant ſur le
Rempart, recommandé trois Choſes,
l'Honneur des Femmes, la Vie des
bons Catholiques qui eſtoient léans de-
tenus par Force & Néceſſité, & nulle
Mercy des Anglois, anciens Ennemis de la France.

Voilà comme ce vaillant Général
monſtra Chemin & Exemple à ſes Gens,
de bien combattre, & de ſe précipiter
aux Hazards, & n'eſpargner leur Peau
non plus que luy. Auſſi depuis a-t-on
dit, que ç'a eſté le prémier Général de
nos Temps qui a monſtré le Chemin à aucuns qui ſont venus puis après luy, d'en
faire de meſme, & ſe perdre en pareils
Périls, comme nous avons veu Monſieur, depuis noſtre Roy Henry III,
aux Siéges de Saint-Jean & de la Ro-

 chel-

chelle, Monſieur ſon Frere, & Monſieur de Guyſe ſon Fils, au Siége d'Iſ-
ſoüere, & la Charité, & autres Places,
comme je diray en leurs Vies (1),
Monſieur du Mayne, & noſtre Roy
d'aujourd'huy, en tout plein d'Endroits;
où s'ils y ont acquis de la Gloire & Honneur, ils en doivent cette Obligation à
ce grand Capitaine Monſieur de Guyſe,
bien plus haut à loüer & eſtimer cent
fois que Monſieur de Lautrec, à qui l'on
donna le Nom de ſecond Demetrius,
& grand Expugnateur de Villes. Car,
ainſi que j'ay ouy dire à pluſieurs grands
& vieux Capitaines, Gentils-Hommes,
& Advanturiers de Guerre de ce Temps,
jamais il ne fit ſes Factions advantureu-
ſes & périlleuſes, que je viens de dire
de Monſieur de Guyſe : mais, ordonnoit des Aſſauts, des Priſes de Villes,
ou dans ſa Tente, ou ſur le Haut d'un
Terrier, d'où on voyoit le Paſſe-Temps;
& puis la Ville priſe, il y faiſoit ſon
Entrée comme il luy plaiſoit : meſmes,
que bien ſouvent il faiſoit reconnoiſtre
les Places à d'autres, ou s'il les re-
connoiſſoit luy-meſme, c'eſtoit de ſi
loing, que bien ſouvent l'Oeil le trompoit, & peu ſouvent alloit-il aux Tranchées.

(1) *Ces Vies ne ſe ſont point trouvées.*

chées ; mais, selon les Rapports . aucuns bons & aucuns mauvais, ordonnoit de son Fait : & luy eust semblé (par maniere de dire) qu'il se fust fait grand **Tort** , & dérogé à sa Charge, s'il eust fait telles Factions, très-honorables , & très glorieuses. Et , pourtant , il eut cet Heur d'avoir esté baptisé du Nom de Demetrius. J'appelle cela Heur , puis qu'il ne mettoit point la Main par trop avant à l'Oeuvre, encore qu'il fust très-brave & très-vaillant, comme j'ay dit en son Discours (1).

Mais, il y en a qui sont braves & vaillants à Cheval, & les autres à Pied & non à Cheval ; les uns bons pour les Battailles & les Rencontres , les autres bons pour les Assauts & les Bresches. Je laisse à discourir lequel est le plus honorable.

Monsieur de Guyse estoit, & pour l'un , & pour l'autre. Voilà pourquoy donc il n'a Faute d'une très - grande Gloire & Réputation. J'ay ouy raconter à ces vieux Advanturiers que je viens de dire, que , lors que ce Monsieur de Lautrec, en allant à Naples , prit Alexandrie ,

(1) *Le XXVII des* Capitaines Françeis, *Tom. VII. pag.* 194 *& suiv.*

E 4

andrie, Pavie, & le Bofco, par Force, il ne bougea jamais de fa Tente, tendue fur un Terrier, & fort ouverte par le devant à voir faire les Batteries, donner les Aſſauts & les forcer. Il me ſemble, que cela tenoit plus d'un grand Satrape, d'un Roy Sophy, d'un Soudan, ou grand Sultan devant Rodes, leſquels s'eſtudient trop à tenir leur Gravité & Réputation, & à faire des Raminagrobis de Guerre, que non pas d'un grand Capitaine, qui ne la doit jamais tenir en Guerre, ſi-non à eſtre Compagnon à tous ſes Gens, & tout en tout & par-tout, & ne prendre point à Point d'Honneur de s'abbaiſſer parmy eux : car, c'eſt la plus grande Gloire, qu'ils ſe peuvent donner. Comme fit ce grand Marquis de Peſcayre parmy les ſiens : lequel ſouloit dire, qu'un grand Capitaine devoit eſtre en ſon Armée ſans Charge, c'eſt-à-dire, qu'il ne fuſt point obligé & aſtraint ſi fort à une Charge qu'il n'en deuſt jamais bouger, & n'en faire autre que celle-là; mais que luy ſeul devoit gouverner tout, avec un grand Travail de Corps & d'Eſprit, eſtant preſent, ores à l'Infanterie, ores à la Gendarmerie, ores aux Tranchées & Aſſauts, ores à l'Artillerie, juſques aux Vivres, enfin d'avoir l'Oeil à tout:

de

de maniere qu'un grand & fage Capitaine ne devoit jamais ufer des Yeux
d'autruy, ny s'en ayder fi-non des fiens
propres; & que fouvent les grands Capitaines fortoient Vainqueurs des Battailles, Combats, & Affauts, lefquels,
fe deffians de leurs propres, ne refu-
foient pas de toucher avec la Main toute
Chofe, quelque petite qu'elle paruft,
& de peu d'Importance.

Ainsi doivent eftre tous grands
Capitaines, comme avant ce grand
Pefcayre nous en avons eu deux de nos
Temps & des noftres, qui en ont fait de
mefme, comme nous lifons, dans le
Roman de Monfieur de Bayard, de ce
vaillant Gafton de Foix: lequel, à la
prife de la Ville de Breffe alla bravement à l'Affaut du grand Retranchement
qu'avoient fait les Vénitiens au Dedans
de la Ville, où n'y voulant demeurer
des derniers, &, d'autant qu'il avoit
pluviné, & que la Terre eftoit fort glif-
fante, luy-mefme, pour marcher de Pied
plus ferme, fe fit ofter les Souliers &
fe mit en Efcharpins defchauffez (a)
(le Livre dit ainfi, mais je n'entends
point

(a) Le Roman de *Bayard*, cité fur ce Fait par
Brantome, dit qu'en cette Occafion, *pour marcher*
plus

E 5

point bien ce Mot,) & tous les autres en firent de mesme, donnérent
l'Assaut, & luy fut tiré une Canon-
nade,

plus ferme, le Duc de *Nemours*, & tous ceux de sa
Troupe, se firent *oster les Souliers*, & se mirent
en Escharpins deschaussez. Brantome dit, qu'il *n'entend pas bien*, ce que c'est que *se mettre en Escharpins deschaussez*, après avoir *osté ses Souliers*.
Voions si nous entendrons mieux que lui cette
Façon de parler qui est effectivement assez obs-
cure. L'Habillement de Guerre du Duc de Nemours, en Qualité de Chevalier & de Général,
étoit certainement celui de l'Homme d'Armes,
vêtu de Fer, comme on sçait, depuis la Tête jusqu'aux Pieds, & armé de *Solerets* de Fer, Espéce
de *Souliers*. En cet Etat, l'Homme d'Armes ne
pouvoit guéres combattre qu'à Cheval, sur-tout à
une Descente. Ce Prince donc, & ceux qui l'ac-
compagnoient à descendre vers les Ennemis, se défirent de leurs *Souliers de Fer*, & marchérent *dé-
chaus*, en simples *Escarpins*, comme les anciens
Avanturiers, qui même, s'ils avoient des Bas, les
portoient à la Ceinture. L'*Escarpin* étoit en effet la
Chaussure du Fantassin, & tout au plus de la Cavalerie-légere ; témoins ces Mots de *Lazan de Bayf*
pag. 16 & 17 de son Abrégé *de Re Vestiariâ*,
Edition de 1536. *Calceolus*, ung Escarpin, *levis
erat Calceus & simplicem tantum Soleam habens,
qualem solent Pedites & Milites levis Armatura
gestare* De-là, *Gentil-Homme à simple Semelle*,
qui n'étant pas d'une Distinction à s'armer de Pied
en Cap, comme un Chevalier, combat en simples *Escarpins* parmi l'Infanterie, à l'exemple de
ce Jacquin Chaumont, qui, pour cette Raison,

Ch.

nade, qui tomba auprès de luy & des
fiens, fans aucun Mal : pourtant, Meffieurs de Mollard (*a*) & Bayard, faifant
la Tefte, qui fut fort bleffé d'un Coup
de Picque, forcérent & prirent la Ville. Et noftre vaillant Monfieur de Bourbon, quoy ? A la Prife de Rome, ne
fut-il pas le prémier à l'Efchelle ? Auffi
tous fur fon Exemple en firent de mefme, dont ils la gagnérent. Et, pour
les grands Capitaines Eftrangers, ce
fufdit grand Marquis de Pefcayre, à la
Prife de Genes, & en une infinité de
Places forcées par luy, & autres grandes Factions fiennes, ores il a efté à
Pied, & ores à Cheval, quand befoin
le requeroit ; bref, portant fon Corps
& fon Efprit par-tout. Comme fit
auffi ce brave & vaillant Prince d'O-
range, dans le Siége de Naples, & au
Siége

Ch. 47 de *l'Hift. du Chev. Bayard*, fe traitte lui-
même de *Saute-Buiffon*, comme l'Hiftorien a rendu en François le mot Gafcon *Saute-Barras*, dont
avoit ufé cet Avanturier Gafcon. Encore aujour-
d'huy, les Baladins danfent en *Efcarpins*, pour
fauter plus legérement.

(*a*) Souffrey, Allemand, Seigneur d'Uriage
& de Molart, Lieutenant-Général pour le Roi
Louis XII, en Dauphiné, tué d'un Coup de Canon
à la Journée de Ravenne.

Siége de Florence, & és Forts d'alen-
tour.

Nous avons eu auſſi Dom Juan
d'Auſtriche, le Duc de Parme à cette heure de noſtre Temps : & ce grand
& brave Duc de Biron, quoy ? Hà !
qu'il a bien remply le Rang de ces
braves & vaillants Preux, comme j'eſpere de dire en ſa Vie (1). Ce grand
Monſieur l'Admiral en faiſoit de meſme.
Auſſi Monſieur de Montluc ; teſmoin ſon
Nez de Rabaſtain, & force autres,
tant des noſtres que des Eſtrangers de
meſme.

Mais, quant à moy, il me ſemble
n'en avoir veu de tous un pareil que noſtre Monſieur de Guyſe ; car, il eſtoit
très-univerſel en tout. Les Huguenots vinrent ſe planter devant Paris :
je ne diray point pour l'aſſiéger ; car,
horſmis la Campagne qu'ils avoient libre d'un Coſté, & nous auſſi de l'autre,
ils eſtoient auſſi à l'eſtroit & en Siége
pour la Guerre, que nous avons (2).
Toutesfois, je croy bien, que, ſans la
préſence de Monſieur de Guyſe, comme
on le diſoit, ils euſſent fait quelque
grand Effort.

Et meſme le Jour, qu'ils vinrent
re-

____

(1) Ci-deſſous, Tome IX, Diſcours LXXXIII.
(2) que nous.

reconnoiſtre nos Fauxbourgs de fort
bonne Façon (j'en parle ailleurs,) ce
Prince y ſervit bien-là. Après avoir
fait devant quelque Sejour ſans grand
Effort de Guerre, car le Temps n'y
fut tant occupé, comme en Trefves
& Parlemens, ils partent par un grand
Matin , & prennent le Chemin de
Normandie , tant pour joindre quelques
Anglois , que pour toucher de leur Reyne quelque Piéce d'Argent pour payer
leurs Reyſtres venus nouvellement. Noſtre Armée les ſuivit deux Jours après ,
conduite par Monſieur de Guyſe , bien
que Monſieur le Conneſtable y fuſt , &
en euſt la principale Charge , comme à
luy deue ; mais ; le Bon-Homme eſtoit
tousjours malade , comme j'ay dit
parlant de luy. Les Huguenots ne
voulurent que faire leur Chemin, ſans
s'amuſer , ny entendre , à Battaille , ny
Combat. Toutesfois, Monſieur de Guyſe les pourſuit , & les preſſe tellement ,
qu'il les contraint d'y venir ; en quoy il
fut fort eſtimé.

C a r, comme lors j'ouys dire , c'eſt
un Trait d'un très-grand Capitaine ,
quand il contraint & mene ſon Ennemy là de le faire combattre en Deſpit
de luy.

A u s s i , comme j'ay ſçeu depuis de

Mon-

Monſieur de la Nouë, Monſieur l'Admiral le ſçeut très-bien dire, & en loüer ce grand Capitaine ; car, bien qu'il n'euſt autre Envie que de gagner le Lieu de ſa Retraite, il conſidéra, qu'en la faiſant, il ne ſeroit poſſible que ce grand Capitaine, le ſuivant, le preſſant, l'importunant, & donnant ſur ſa Queuë, que par quelque Surpriſe en Desbandade des ſiens, il en arrivaſt de la Confuſion & du Deſordre, comme il arrive ſouvent en telles Retraites qui ſe font ſi loing, comme celle-là ſe devoit faire.

PARQUOY, il trouva le meilleur & le plus expédient de s'arreſter, tourner Teſte, & tenter le Hazard de la Battaille, laquelle fut au Commencement heureuſe pour les Huguenots ; car, ils forcérent la Battaille; prirent le Chef, Monſieur le Conneſtable ; mirent à mal Monſieur d'Aumale, qui le ſecondoit, eſtant porté par Terre, & une Eſpaule rompue; menérent le reſte au Deſordre, au Meurtre, & à la Fuyte.   J'en deſcrirois bien l'Exploit ; mais, il eſt aſſez amplement eſcrit par nos Hiſtoriographes, & ſurtout par Monſieur de la Nouë, qui eſtoit des plus avant enfoncez, ſelon ſa couſtumiere Valeur, qui en dit force gentiles Particularitez. Tant y a, que cette Battaille perdue, Monſieur de
Guyſe,

Guyfe, qui faifoit tousjours Alte, &
tenoit ferme, en attendant fon Bien-
à-Point, gagna tout ce qui eftoit perdu, & le reftaura, & remit en une belle Victoire très-fignalée. Il y en eut
plufieurs qui s'esbahirent, voire en
murmurérent fort, que, lors que ce
grand Capitaine vit Monfieur le Conneftable, & fa Battaille perdue, qu'il ne
l'allaft fecourir preftement ; ce qu'il
ne fit, car il n'eftoit pas temps ; mais,
bien l'efpiant & l'Occafion, il chargea
fi à propos fur le refte des Forces Huguenotes fraifches, qui n'avoient encore rien fait, & mefme leur Infanterie,
qu'il fit refufciter, tout en un coup, ce
que nous tenions desjà pour tout mort,
& en Terre.

C a r, il me fouvient, comme y
eftant, qu'après qu'il eut veu joüer
tout le Jeu de Perdition de la Battaille, & le Defordre & la Fuyte des
noftres, & la Pourfuite confufe, &
Vauderoute qu'en faifoient les Huguenots, luy, qui eftoit à la Tefte, tournant les Yeux, qui çà, qui là, il commanda à fes Gens de s'entr'ouvrir, pour
paffer un peu ayfément, & traverfant
quelques Rangs, il fe mit à advifer à fon
Ayfe, voire fe hauffant fur fes Eftriers,
bien qu'il fuft grand, de haute & belle
                            Taille,

Taille, & monté à l'Advantage, pour mieux mirer : &, cela fait, & connu que son Temps s'approchoit, il retourne & regarde encore un peu, mais en moins de rien, & puis tout-à-coup il s'escrya : *Allons, Compagnons : tout est à nous. La Battaille nous est gagnée.* Et puis, donnant fort hazardeusement, s'en ensuivit le Gain total de la Victoire.

CE que sçeut très-bien dire Monsieur l'Admiral (à la Mode d'Hannibal) après qu'il fut Maistre de Monsieur le Connestable & de sa Battaille gagnée, & qu'on l'applaudissoit. *Hà !* (dit-il) *je voylà une Nuée, qui bien-tost tombera sur nous à nostre très-grand Dommage.* Aussi, lors que Monsieur de Moüy, très-brave & très-vaillant Capitaine, commença la prémiere Charge, il eut Commandement de Monsieur l'Admiral de ne donner point à l'Avant-Garde, qu'il sçavoit conduite par Monsieur de Guyse, mais de l'essuyer & passer devant, & fondre comme un Foudre à la Battaille ; ce qu'il sçeut très-bien faire : car, lors qu'on le vit venir, chacun de l'Avant-Garde se douta aussi-tost que le Jeu y estoit préparé ; & Monsieur de Guyse luy-mesme le tint pour certain, & s'y mit prest pour recevoir le choc, & donner aussi à eux, & dit : *Les voicy à nous.*

à nous. Mais, tout-à-coup, nous les vifmes fourvoyer de leur Chemin que prétendions, & defcendre & couler en bas, là-où ils firent la Rafflade qui fut, & que nous voyions à noftre Ayfe, de l'Avant-Garde, qu'aucuns difoient qu'il devoit fecourir fon Compagnon en fon Adverfité. Mais, depuis on connut à plein, que tout eftoit perdu, s'il euft party & branflé ; ce que depuis on connut par l'Effect, & que Monfieur l'Admiral-mefme, & autres grands Capitaines, fçeurent très-bien dire.

Mais, pour ne luy vouloir céder tant de Gloire, comme ils ne vouloient, ils difoient, que c'eftoit un Trait plus d'un fin & rufé Capitaine, que non pas d'un zélé & curieux de la Salvation de fon Compagnon Monfieur le Conneftable. Mais, à tout cela fçeut très-bien refpondre & dire mondit Sieur de Guyfe, en une Harangue qu'il fit à la Reyne-Mere, un Mois après ladite Bataille à Bloys, qu'elle y mena le Roy Charles : & ce fut le Jour après de leur Arrivée, que mondit Sieur de Guyfe, ainfi que la Reyne vouloit difner & que ce fage & refpectueux Prince luy euft donné la Serviette, il luy demanda, fi, après fon Difner il luy plairoit de luy donner Audience. La Reyne, eftonnée de ce Mot, *Jefus,*

mon

mon Cousin, (luy dit-elle) *que me dites-vous? Je le dis, Madame,* (dit Monsieur de Guyse,) *parce que je voudrois bien vous représenter devant tout le Monde tout ce que j'ay fait depuis mon Département de Paris, avec vostre Armée, que me donnastes en Charge avec Monsieur le Connestable, & vous présenter aussi tous les bons Capitaines & Serviteurs du Roy & de vous, qui vous ont fidelement servy, tant vos Subjects, qu'Estrangers, & des Gens de Cheval & de Pied.* Et en telle Compagnie il arrive devant la Reyne, qui avoit achevé de disner. Après luy avoir fait une grande Révérence, comme il sçavoit très-bien son Devoir, il luy alla discourir tout le Succès de son Voyage depuis son Partement de Paris, & venant sur la Bataille de Dreux, il la discourut & la représenta si bien & si au vif, que vous eussiez dit que l'on y estoit encore, (à quoy la Reyne y prit un très-grand Plaisir,) se mit fort sur les Loüanges de Monsieur le Connestable, de Monsieur d'Aumale, de Monsieur le Mareschal de Saint-André, & du Bon-Homme Monsieur de la Brosse, & puis sur tous les autres, tant morts que vivants; loüa les François, loüa les Espagnols, encore qu'il n'eussent fait si grand Cas

qu'on

qu'on euft bien dit (*a*) : mais auffi ne
fut leur Faute , & n'eurent Sujet de
grand Combat ; mais , leur bonne Mine
& affeurée qu'ils firent , tousjours très-
bien ferrez & rangez en leur Ordre &
vieille Difcipline militaire , fervit beaucoup.   Sur-tout , il loüa fort les Suiffes , pour leur grand Combat , rendu ,
fouftenu , & opiniaftré , & pour s'eftre
ralliez pour affez de fois après leur
Défaite & grande Perte de leurs Compagnons , & retournez aux Mains. Le
tout fi bien repréfentant , que ceux , qui
n'y avoient efté , maudiffoient de n'y a-
voir efté , & ceux qui y avoient efté ,
s'eftimoient heureux d'y avoir efté &
entreloüez fi bien de leur Général.

Une Chofe fit-il , que l'on trouva
très-eftrange , qu'il loüa force Capitaines , & des grands , que l'on fçavoit
très-bien qu'ils avoient gentiment fuy ;
dont la Reyne , & aucuns de fes plus
privez , luy en demandérent après la
Caufe & la Raifon. Il dit , que c'eftoit une Fortune de Guerre , laquelle
poffible ne leur eftoit jamais advenue ,
ny adviendroit ; auffi que , pour une
autre fois , ils fe corrigeaffent , & euffent

(1) Voïez les *Mém de la Ligue.* T. 4. p. 241.
& la *Harangue de d'Aubrai* dans le *Cathol. d'Ef-*
pagne.

fent Courage de faire mieux : mais,
pourtant, il paſſoit aſſez légerement
ſur leurs Loüanges, autant comme il
peſoit bien celles-là de ceux qui avoient
très-bien fait; ſi-bien qu'il eſtoit très-ay-
ſé à juger, là-où il flattoit, & où il diſoit le Vray.

SON Harangue dura aſſez long-temps,
qu'un chacun oyoit fort attentivement
ſans le moindre Bruit du monde, & auſſi
qu'il diſoit ſi bien, qu'il n'y eut nul qui
n'en fuſt ravi : car, c'eſtoit le Prince qui
diſoit des mieux, & eſtoit auſſi éloquent, non point d'une Eloquence contrainte ny fardée, mais naifve & militaire, avec ſa Grace de meſme ; ſi-bien que
la Reyne-Mere dit après, qu'elle ne luy
avoit jamais veu une Façon ſi bonne.
Cela fait, il préſenta tous les Capitaines à la Reyne, qui luy vinrent tous
les uns après les autres faire la Révérence. Et elle, qui pour lors eſtoit en
ſes beaux Ans, en ſes beaux Eſprits,
& belles Graces, les reçeut fort gracieu-
ſement, & fit à Monſieur de Guyſe
ſa Reſponſe : Que, bien qu'elle euſt
ſçeu auparavant par ſes Lettres, & autres qu'il luy avoit envoyées, toutes
Choſes, ſi eſt-ce qu'elle avoit encore
reçeu un extrême Plaiſir par le Rapport
de ſa propre Bouche ; & qu'à jamais le
Roy

Roy & elle luy devoient cette grande Obligation de Battaille gagnée, & à tous fes bons Capitaines, qu'elle remercia tous d'une fort bonne Grace, comme elle fçavoit très-bien dire : & les affeura d'une très-grande Reconnoiffance, là-où l'Occafion fe préfenteroit, voire la rechercheroit-elle pluftoft avant. Si-bien que chacun fe retira très-content de cette Princeffe, & de leur Général. Quant à moy, je ne vis jamais mieux dire, que dit alors ce Prince, & en euft fait Honte à Monfieur le Cardinal fon éloquent Frere, s'il y euft efté.

D e u x Jours après, il partit, & s'en alla devant Orléans, là-où fut fa Rencontre malheureufe, pour y eftre mort pour l'Honneur de Dieu, le Souftien de fa Foy, de fa Loy, & le Service de fon Roy : & ne faut point douter, que s'il n'y fuft efté tué, qu'il n'euft pris la Ville contre l'Efperance du Roy, de la Reyne, & de tout fon Confeil, qui le voulurent divertir, pour voir cette Place du tout imprenable, tant pour fa Forterefle, que pour les bons Hommes qui eftoient dedans. Mais, ils changérent d'Opinion, quand ils eurent en moins d'un rien les deux Fauxbourgs forcez & pris, le Portereau enlevé, les Tourelles gagnées, & nos Gens advancez

sur

fur la Moitié du Pont , & les deux
Ifles preftes à eftre perdues , & nous y
logez à leur Dommage & Occafion de
Perte de la Ville. Si bien que j'ouys dire un Jour à mondit Seigneur : *Laiffez
faire. Avant qu'il foit un Mois , nous fe-
rons plus près d'eux qu'ils ne penfent.* Et
ne le difoit point pour Vanterie ; car,
il n'eftoit nullement Bavard , ny Van-
teur.   Helas ! fur ce beau Deffein , en
s'en retournant le Soir à fon Logis , il
fut bleffé par ce Maraut de Poltrot,
qui l'attendoit à un Carrefour , & luy
donne à l'Efpaule , par le derriere , de
fon Piftolet chargé de trois Balles.

C E Maraut eftoit de la Terre d'Aubeterre , nourry & eflevé par le Vicomte
d'Aubeterre , lors qu'il eftoit fugitif à
Geneve , Faifeur de Boutons de fon
Meftier , comme eftoit la Loy là introduite , qu'un chacun d'eux euft Meftier , & en vefquift , tel Gentil-Homme
& Seigneur qu'il fuft : & ledit Aubeterre , bien qu'il fuft de bonne Maifon , eftoit de celuy de Faifeur de Boutons. Moy , en paffant une fois à
Geneve , je l'y vis fort pauvre & mi-
férable. Depuis, il fut pris à la Sédition
d'Amboife , & condamné comme les autres ; mais , Monfieur de Guyfe , par la
Priere de Monfieur le Marefchal de
Saint-

Saint-André , luy fit pardonner & fauver la Vie : ce qu'il fçeut très-bien reconnoiftre après , car , il fufcita , prefcha , & anima ce Poltrot de le tuer , & le préfenta à Monfieur de Soubize fon Beau-Frere , qui eftoit Gouverneur de Lyon pour les Huguenots. Tous deux l'ayant encore à part confeffé & prefché , le dépefchérent vers Monfieur l'Admiral : en quoy auffi Monfieur de Soubize fut accufé ingrat de force Gens ; car , ayant efté déféré par les Siennois de plufieurs Chofes qu'il avoit faites en Tofcane , y ayant Charge du Regne du Roy Henry , & preft à eftre en grande Peine , Monfieur de Guyfe intercéda pour luy.

C e Poltrot , venu à Orléans après la Battaille de Dreux , & s'eftant préfenté à Monfieur l'Admiral avec des Lettres de Monfieur de Soubize , fut bien reçeu de luy , & dépefché. Sur-quoy mondit Sieur l'Admiral fut fort accufé de l'avoir envoyé faire ce Coup.

M o n s i e u r l'Admiral s'en excufa fort : & , pour ce , en fit une *Apologie,* refpondant à toutes les Dépofitions dudit Poltrot , que j'ay veue imprimée en petite Lettre commune , & point comme l'Imprimerie commune , là-où plufieurs trouvoient de grandes Apparences

ces en ses Excuses, qu'ils disoient estre bonnes , d'autres les trouvoient
fort palliées : & , pour la meilleure &
principale , fut vérifié, que ledit Monsieur l'Admiral avoit mandé & adverty
mondit Seigneur de Guyse quelques
Jours avant, qu'il se donnast garde , car,
il y avoit Homme attitré pour le tuer. Il
s'excusa aussi-tost fort , quand il envoya
prier la Reyne de ne faire mourir ce Malheureux, qu'il ne fust prémierement aca-
ré à luy , & affronté, pour le faire des-
dire des Menteries qu'il disoit de luy.

POUR FIN, jamais ne se put-il tant
purger , qu'il n'en fust fort accusé &
soupçonné ; ce qui luy cousta la Vie par
après , comme j'espere dire (1). Aussi
que Monsieur de Guyse , à sa Mort, en
son Harangue qu'il fit , sans le nommer,
il l'en taxa par ces Mots : *Et vous qui
en estes l'Autheur , je le vous pardonne.*
Voulant bien entendre Monsieur l'Admiral , disoient aucuns. Un Mot aussi
luy nuisit fort , quand il disoit souvent :
*Je n'en suis l'Autheur nullement , &
ne l'ay point fait faire , & pour beaucoup ne le voudrois avoir fait faire :
mais , je suis pourtant fort ayse de sa
Mort ; car , nous y avons perdu un très-
dangereux Ennemy de nostre Religion.*
Plu-

(1) *Dans le Discours suivant LXXIX.*

Plusieurs s'estonnérent comment luy, qui estoit fort froid & modeste en Paroles, il alla proférer celles-là, qui ne servoient de rien & dont il s'en fust bien passé.

D'autres disoient, que Monsieur l'Admiral l'avoit sçeu par un Gentil-Homme, que Monsieur de Soubize luy avoit envoyé devant, pour luy en faire l'Ouverture. On disoit, que c'estoit Chastélier, pourtant (*a*) grand Confident de Monsieur de Soubize, & habile Homme, que j'ay connu privément, (je parle de luy ailleurs,) qu'on n'eust jamais pris par le Bec : à quoy ne faut point douter, ny prendre Goust, & qu'il emboucha ledit Chastelier de dire à Monsieur de Soubize, que cela se tinst fort secret, & qu'il luy envoyast le Galand, mais non pas qu'il luy dist de sa Part, qu'il le venoit trouver pour faire le Coup, mais seulement pour luy porter ce Mot de Créance, qu'il avoit desir de bien servir la Religion, à quoy il n'avoit autre Zéle ; ainsi que le sçeut très-bien représenter mondit Sieur l'Admiral audit Poltrot. Car, après qu'il luy eut présenté ses Lettres, & que mondit Sieur l'Admiral les eut leues devant luy, il luy dit : *C'est Monsieur de*
Sou-

(*a*) Lisez *Châtelier-Portaut.*

Tome VIII. F

Soubize, qui m'escrit, & me man-
de, comme vous avez grande Envie
de bien servir la Religion. Vous soyez
bien-venu. Servez - la donc bien. Monsieur l'Admiral n'avoit garde (disoit-on)
de se confier en ce Maraut, Malotru, &
Traistre ; car, il sçavoit bien, que
Mal luy en prendroit, s'il estoit pris
& descouvert, & que tels Marauts
& Traistres en leur Déposition gastent
tout, & se débagoulent, & disent plus
qu'il n'y en a, quand ils sont pris.

VOILÀ pourquoy Monsieur l'Admiral fut fin & rusé d'user de très-so-
bres Paroles à l'endroit de ce Maraut.
Mais, usant de celle-là, il faisoit comme le Pasteur, auquel les Veneurs
ayant demandé s'il avoit veu le Cerf
qu'ils chassoient, luy, qui l'avoit garanty dans sa Grange sous Bonne-Foy,
il leur dit & crya tout haut, afin que
le Cerf, qui estoit caché, l'entendist,
qu'il ne l'avoit point veu, en le jurant &
l'affirmant ; mais, il leur monstroit avec
le Doigt, & par autres Signes, là-
où il estoit caché, & par ainsi il fut
pris.

OR, ce Poltrot partit d'Orléans,
vint trouver Monsieur de Guyse, qui,
par un beau Semblant (ou, pour mieux
dire, vilain & faux,) luy dit, que,
con-

connoiſſant les Abus de la Religion
prétendue, il l'avoit quittée tout-à-plat,
& pour ce l'eſtoit venu trouver pour
la changer, & vivre en la bonne, &
ſervir Dieu & ſon Roy. Monſieur de
Guyſe, qui eſtoit tout bon, magnanime,
& généreux, le reçeut fort bien & amia-
blement, ainſi qu'eſtoit ſa Couſtume,
& dit qu'il eſtoit bien-venu, &
luy fit donner un Logis, le Com-
mandant aux Fourriers, & mangeoit
ſouvent à ſa Table. Si-bien que je le
vis une fois venir au My-Diſner, que
Monſieur de Guyſe luy demanda s'il a-
voit diſné? Il luy dit que non, & commanda luy faire Place; ce qui fut fait.

Toutes ces Courtoiſies jamais ne
luy amolirent le Cœur, qu'il n'achet-
taſt un Cheval d'Eſpagne de Monſieur
de la Mauvaishiere, qui alors ſuivoit
le Camp, Gentil-Homme de bonne
Part, & fort renommé depuis pour la
Pierre Philoſophale, avec Monſieur de
Savoye, qu'il trompa de plus de cent
mille Eſcus. Il fut vendu ſix-vingts
Eſcus, que Monſieur de Soubize luy
avoit donnez. On diſoit que ç'avoit
eſté Monſieur l'Admiral; mais, il eſtoit trop habile pour faire le Coup:
auſſi ledit Poltrot ne l'advoua pas. Il
accompagna ſouvent Monſieur de Guyſe

 avec

avec tous nous autres de son Logis jusques au Portereau, où tous les Jours mondit Seigneur y alloit, & pour ce cherchoit tousjours l'Occasion oportune, jusques à celle qu'il trouva, où il fit le Coup: car, elle estoit fort aysée, d'autant que le Soir que mondit Seigneur tournoit, il s'en venoit seul avec son Escuyer ou un autre; & cette fois, avoit avec luy Monsieur de Rostain, & venoit passer l'Eau du Pont de Saint-Mesmin, dans un petit Batteau qui l'attendoit tous les Soirs, & ainsi passoit avec deux Chevaux, & s'en alloit à Cheval à son Logis, qui estoit assez loing. Estant sur un Carrefour qui est assez connu, & trop, pour la Perte d'un si grand Homme, l'autre, qui l'attendoit de Guet-à-pens, luy donna le Coup, & puis se mit à courir, & cryer, *Prenez-le, prenez-le.* Monsieur de Guyse, se sentant fort blessé & atteint, pancha un peu, & dit seulement: *L'on me devoit celle-là; mais, je croy que ce ne sera rien.* Et, avec un grand Cœur, se retira en son Logis, où aussi-tost il fut pansé & secouru de Chirurgiens des meilleurs qui fussent en France. Mais, il mourut au bout de huit Jours.

Si faut-il que je die ce Mot, que
Mon-

Monsieur de Saint-Juft d'Allegre, eftant fort expert en telles Cures de Playes, par des Linges, & des Eaux, & des Paroles prononcées & meditées, fut préfenté à ce brave Seigneur, pour le panfer & guérir; car, il en avoit fait l'Expérience grande à d'autres. Mais, jamais il ne le voulut recevoir, ny admettre: *d'autant* (dit-il) *que c'eftoient tous Enchantemens défendus de Dieu, & qu'il ne vouloit autre Cure ny Remede, fi-non celuy qui provenoit de fa divine Bonté, & de ceux des Chirurgiens & Médecins efleus & ordonnez d'elle, & que c'en feroit ce qu'à elle luy-plairoit, aymant mieux mourir, que de s'adonner à tels Enchantemens prohibez de Dieu.* Voilà la Religion fainte, & le faint Scrupule, qu'avoit ce bon Prince à ne vouloir offenfer Dieu, ay mant mieux mourir, que l'offenfer en cela. Je vis tout cela, & me dit Monfieur de Saint-Juft, qui eftoit mon grand Amy, qu'il l'euft guéry.

Ce qui eft fort à noter, ce bon & brave Prince, pour efpargner douze cens Francs à fon Roy, cela fut Caufe de fa Mort; car, il me fouvient, que le Bon-Homme Monfieur de Serre, (a) qui
eftoit

_____

(a) *Jean de Serre*, Commiffaire Général des

estoit alors Financier en cette Armée, & grand Commissaire des Vivres, Secrétaire du Roy, & Surintendant des Fortifications & Magasins de France, un très-habile Homme de son Mestier, & qui avoit veu toutes les Guerres de son Temps de France, Piedmont, & Toscane, & que Monsieur de Guyse aymoit fort, & en qui il avoit beaucoup de Soulagement ; ce Bon-Homme donc Monsieur de Serre luy remonstra, qu'il devoit faire rabiller le Pont de Saint-Mesmin, qui seroit un grand Soulagement pour luy en allant & venant du Portereau à son Logis, & pour toute sa Noblesse qui l'y accompagnoit, au lieu de la grande Peine, Fatigue, & grand Tour, que nous faisions d'aller passer au Pont d'Olivet ; & que ce ne seroit qu'à l'Appetit de quatre à cinq cens Escus. Monsieur de Guyse luy dit : *Espargnons l'Argent de nostre Roy. Il en a assez Affaire ailleurs. Tout luy est bien de Besoin ; car, un chacun le mange, & le pille de tous Costez. Nous nous passerons bien de ce Pont ; & moy, mais que j'aye*
mon

Vivres & Avitaillemens, & Secrétaire du Roi jusqu'au 2 Mai 1567, qu'il résigna en Faveur de *Vincent Gelée*. Hist. Chronol. de la Chancell. de France p. 138.

mon petit Batteau, c'eſt aſſez. Ces cinq
*cens Eſcus feront bien Beſoin ailleurs
pour un autre Service du Roy, qui
importera plus que celuy-là.* De ſorte que, ſi ce Pont fuſt eſté fait à
l'Appetit de peu, nous euſſions tousjours accompagné noſtre Général par
le Pont juſques à ſon Logis, & ne
fuſſions allé faire ce Tour & paſſer à
la Débandade à Olivet ; &, par ainſi,
luy très-bien accompagné, ce Maraut
n'euſt jamais fait le Coup, lequel ſçeut
très-bien dire, qu'autrement il ne l'euſt
oſé attaquer que par cette Occaſion,
qui certes eſtoit fort ayſée.

P o u r Fin, il fut pris, ou par la
Volonté de Dieu, ou qu'il n'euſt le
Cœur & l'Advis de ſe ſauver ; car, il courut toute la Nuit, & penſant eſtre loing
du Camp, pour le moins dix Lieuës,
il s'en trouva près de deux. Il confeſſa tout ; & moy-meſme je parlay à
luy. Il advoua tousjours, Meſſieurs de
Soubize & Aubeterre l'avoir ſuſcité &
preſché. Pour quant à Monſieur l'Admiral, il varioit & tergiverſoit fort,
tant en ſes Interrogations qu'en ſon
Dire de la Geſne & de ſa Mort. Il
fut tiré à quatre Chevaux.

S i faut-il que ſur ce je faſſe ce petit Conte de moy, qu'un de ces Ans,

 moy

moy ayant quelque Différend & Querelle avec le Sieur d'Aubeterre, encore qu'il euſt eſpouſé ma Niepce,
Monſieur du Mayne le ſouſtint contre
moy, ſur un Sujet qui ſeroit long à
dire, & que cela ne vaut pas le Parler. J'en fis le Conte à Monſieur de
Guyſe, & luy dis, que je n'euſſe jamais penſé, que ſon Frere Monſieur
du Mayne euſt ſouſtenu Aubeterre (le
Pere duquel avoit fait tuer ſon Pere)
contre moy, qui n'avois eſté que ſon
Serviteur & de ſa Maiſon; & que,
lors qu'il fut tué, je portois les Armes pour luy, & pleuray & regrettay
fort ſa Mort. Monſieur de Guyſe trouva ce Trait fort eſtrange, & guéres
beau; & me dit, que ce Nom d'Aubeterre devoit eſtre pour jamais très-
odieux à la Maiſon de Guyſe. Encore
depuis, Monſieur du Mayne l'aſſocia
avec luy en la Ligue : mais, l'autre la
luy donna bonne; car, dans ſix Mois,
il le quitta à plat, & ſe mocqua de luy,
& bien employé.

VOILÀ la Vie & la Mort de ce
grand Prince, deſcrite le plus ſommai-
rement que j'ay pu : & ſi ſa Vie à
eſté très-admirable, ſa Mort a eſté autant regrettable pour toute la Chreſtienté; car, des plus grands juſques
aux

aux plus petits elle fut pleurée, regret-
tée, & célébrée de toutes fortes d'Honneurs, que l'on doit à un tel & fi grand
Prince Chreftien.

J'en defcrirois les fuperbes Obfe-
ques qui en furent faites en France,
que j'ay veu, & en d'autres Pays eftrangers, que j'ay ouy dire; mais, cela ne ferviroit de rien. En quoy faut
noter, que fi fa Mort fut fort regret-
tée ce Coup-là, elle fut après bien ven-
gée à la Saint-Barthelemy, & bien autrement que celle de Monfieur fon Fils
dernier, dont on n'en fçauroit dire une
Vengeance pour un feul Double, ny
fur les Autheurs, Confeillers, & Exé-
cuteurs, qui fe promenent par-tout la
Tefte levée, dont l'on s'en eftonne fort,
d'autant plus encore, qu'il n'y en a aucune Apparefcence de Vengeance : fi ce
n'eft qu'on fe veuille ayder de la Devife de leur grand Bifayeul, le bon &
brave Roy René de Sicile, qui avoit
pris pour Devife deux Bœufs labourants
la Terre, avec cès Mots, *Paffo à Paffo*,
comme voulant dire & inferer, que
Pas à Pas, & à Pas mornes & lents,
on parvenoit enfin à fon Oeuvre & Befoigne; ainfi que fit ce Coup Monfieur
de Guyfe, ce brave Fils, qui, fix

F 5

Ans

Ans après ou plus, se vengea comme il faloit, de tout à la Saint-Barthelemy.

AUCUNS Huguenots, les plus passionnez, ne regrettérent point ce bon Prince que je dis ; & d'autant plus grande estoit sa Gloire, grande envers Dieu & les Hommes Catholiques. Si en eut-il aucuns Huguenots d'Honneur, & mesmes plusieurs Gens de Guerre & de braves Soldats, qui le regrettérent fort, & en dirent grands Biens, comme j'ay veu.

PLUSIEURS compoférent plusieurs beaux Tombeaux à son Honneur ; & le prémier, qui en fit, fut ce grand Monsieur le Chancelier de l'Hospital, aussi grand Poëte que Sénateur. Je le vis aussi-tost qu'il fut fait. Il estoit donc tel en Mots fort briefs, mais pourtant de fort grande Substance estoient-ils pleins.

Quem non Bellorum Rabies , non hosti-
cus Ensis ,
Abstulit in mediis versantem sæpe Pe-
riclis ,
Hunc infirma Manus scelerato perdidit
Astu ,
Æternis justo redimitum Marte Co-
ronis.

Il

Il fut après ainsi traduit :

Celuy, que la Fureur des Guerres plus
  cruelles ,
Ny le Glaive ennemy aux Dangers n'a
  osté ,
Par la débile Main d'un Traistre est
  emporté ,
Couronné justement de Gloires immor-
  telles.

Le Latin emporte le François.

IL y eut aussi Monsieur Dorat, grand Poëte Latin & Grec, qui en fit un ; mais, pour sa Prolixité, je ne le mettray icy tout au long, si non les quatre prémiers Vers & derniers, qui font :

Fortia si Fas est sua Fortibus Acta re-
  ferre ,
  Inque suas Laudes Testibus esse sibi ;
Fas mihi Guisardæ, qui Bella tot inclita
  gessi ,
  Vero quæ feci fortiter ore loqui.

C'est - à - dire :

S'il est permis aux Vaillans raconter
aux Vaillans ses Vaillances , & en ses
propres Loüanges estre Tesmoing de soy-
mesme ; il m'est permis à moy, le Sei-
F 6
gneur

gneur de *Guyſe*, qui ay fait tant de *Guer-*
res & de Vaillances en mon Temps, les
proferer de ma *Bouche très-véritable.*

ET puis il va raconter tous les
beaux Faits en ſa Vie; &, venant ſur
ſa Mort, il dit : *Et lors que j'avois fait*
perdre à Orléans ſa Riviere & ſon Pont,
malheureuſement j'y fus perdu, non par
aucune Vertu, car de celle-là je n'en cede
à aucun, mais par derriere de trois Bal-
les l'on me donna la Mort; & puis il
conclud :

Fraude perit Virtus, quia non niſi
    Fraude perire
Vera poteſt Virtus, ſi tamen illa pe-
    rit.
Sed non illa perit, cujus Laus uſque
    ſuperſtes
Fraude vel invitâ vel manet Invi-
    diâ.

C'eſt-à-dire :

Voilà comment la Vertu ſe périt par la
Fraude, car autrement ne peut-elle périr,
ſi toutesfois elle perit. Mais, elle ne
peut jamais périr celle-là, de celuy du-
quel la Gloire demeure à jamais immor-
telle, en Deſpit de la Fraude & de l'Envie.

OR pour reprendre ces Mots de
Mon-

Monsieur Dorat, parlant des Vaillances de ce grand Prince, il ne faut dire autrement, qu'il n'en ayt esté remply autant que Prince du Monde, ainsi qu'il les a fait paroistre en tous les Combats où il a jamais esté, s'y hazardant tousjours plus que le moindre Gendarme & Soldat du Monde : car, naturellement il estoit fort ambitieux, tout jeune qu'il fut ; & là-où l'Ambition entre dans l'Ame d'un jeune Homme, il faut qu'il se hazarde partout pour la faire valoir : ainsi qu'il fit au Voyage & à la Conqueste de Luxembourg par Monsieur d'Orléans, là-où il fut blessé d'une grande Harquebuzade par trop se hazarder ; puis, à l'Assaut de Linars il en eut aussi une ; à la Guerre de Boulogne, il advança & s'enfonça si avant dans la Meslée du Combat, qu'il eut un grand Coup de Lance entre l'Oeil & le Nez ; & entra si avant qu'elle s'y rompit, & en rapporta un gros Tronçon, qui estoit si bien joint & attaché à la Teste, que j'ay ouy dire au Bon-Homme Maistre Nicolle Lavernan, très-expert Chirurgien, qui l'ayda à le panser, qu'il luy falut mettre le Pied contre la Teste pour en tirer de grande Force le Tronçon, dont il endura beaucoup de Douleur, & en

cuy-

cuyda mourir, comme de Fait on le tint mort long-temps : mais, avec son bon Courage, il en eschappa ; car, il laissoit faire aux Chirurgiens tout ce qu'ils vouloient : aussi le panserent-ils si bien, qu'il eut la Vie & la Veuë sauve ; qui fut un grand Cas, qu'il ne la perdit, & l'Oeil & tout, mais il l'avoit aussi beau & bon qu'auparavant, & jamais ne parut, ny en rien a esté jamais difforme : comme certes c'estoit un beau Prince, de belle Façon & Apparence, & qui sentoit bien son grand & vaillant Homme de Guerre, & qui eust tousjours fait Peur à son Homme qui l'eust voulu attaquer.

SUR-QUOY il me souvient, qu'à la Conjuration d'Amboise, il estoit escheu par Sort ou autrement, que le Capitaine Mazieres tueroit Monsieur de Guyse. Ce Capitaine-là avoit esté autresfois en Piedmont fort renommé & determiné Soldat, & si bizarre pourtant, qu'on le tenoit pour avoir de l'Humeur. Il avoit fort veu, & avoit esté avec Monsieur d'Aramont en Levant : outre il parloit fort bon Espagnol ; aussi en estoit-il de la Frontiere, & si en avoit-il la Façon. Sur cette mauvaise Détermination, il fut pris comme les autres, & fai-

saisy d'une fort longue Espée. Il con-
fessa tout : & , comme Monsieur de
Guyse luy eut dit , qu'il s'estonnoit fort de luy , qui avoit veu son
Monde , sçeu & pratiqué comme il
faloit tuer un Homme, dequoy il s'estoit ainsi accommodé d'une si longue
Espée, qui en telles Factions & Pres-
ses n'est si propre qu'une courte, qu'on
tire & demeine plus aysément sans
point d'Embaras, comme d'une grande, avec laquelle on ne se peut tourner & virer comme l'on veut , & que
l'on saisit plustost qu'une courte. Le
Capitaine Mazieres luy respondit : *Mon-*
sieur, je sçavois fort bien ce que vous
m'en dites, & l'avois fort en moy consi-
déré plus de quatre fois ; mais, pour en
parler au vray, quand je considérois
vostre Valeur & vostre brave Vaillance,
& furieuse Presence, je perdois aussi-tost
le Courage de vous attaquer de près, &
pour ce je me résolus d'avoir Affaire
avec vous de loing. Que si, au lieu de
cette Espée, j'eusse pu apporter une
Picque, je j'eusse fait, tant l'Image de
vostre Personne se monstroit à moy terri-
ble & formidable, & me faisoit de Peur.
Ce Capitaine avoit quelque Raison en
son Dire, ainsi que l'on peut bien discourir là - dessus.   E n

En cette mesme Conjuration fut pris le Seigneur de Castelnau de Bigorre, duquel j'ay parlé cy-devant; il fut exécuté comme les autres. Quelques trois Ans après, vint à la Cour, à la Suite de Monsieur le Prince, un sien Nepveu, qu'on nommoit le Capitaine Bonnegarde, que j'ay connu, gentil Soldat & brave. Il se vantoit en quelques Endroits, qu'il vengeroit la Mort de son Oncle Castelnau, & qu'il tueroit Monsieur de Guyse. Il le sçeut : &, sans autrement s'en effrayer, il se le fit monstrer pour le connoistre ; &, l'ayant bien veu & contemplé, il ne dit autre Chose si-non : *Il ne me tuera jamais.* Au bout de quelques Jours, il luy fait faire le Guet, quand il s'en yroit au Parc de Saint-Germain luy seul avec un autre se promener. Son Espion luy vint dire un Jour, comme il estoit luy seul entré dans le Parc & un autre Capitaine avec luy. Soudain, Monsieur de Guyse va après, & prend avec luy le jeune la Brosse, très-brave & vaillant Gentil-Homme, Fils du Bon-Homme Monsieur de la Brosse, vray Chevalier d'Honneur & sans Reproche. Tous deux ainsi s'en vont sans autre Compagnie

pagnie, non pas d'un seul Page ny Laquais, après leurs Hommes, & les trouvérent qu'ils avoient fait leur Tour
d'Allée, & s'en tournoient. Monsieur
de Guyse ne fit que dire : *Voicy nos*
Gens: ne bougez, que je ne bouge. Et
va droit à eux d'un Visage asseuré,
& qui monstroit qu'il vouloit tuer. Ce
fut Bonnegarde, & son Compagnon,
qui firent Place & donnérent Passage
à Monsieur de Guyse, & se mirent à
Costé, en ostant leurs Bonnets, le sa-
luant fort révérencieusement. Monsieur de Guyse, après avoir un peu
arresté, passe outre, & puis tourne son
petit Pas après les autres, sans autrement s'esmouvoir, ny dire autre Chose que : *Nous en avons prou fait, la*
Brosse, mon Homme ne me tuera
pas. Il est plus respectueux, bon, &
courtois, qu'on ne m'avoit rapporté.
Mais, je vous jure, s'il ne m'eust sa-
lué, je l'eusse tué tout roide, pendant
qu'eussiez tué le vostre. Pour ce Coup,
il faut estre un peu sage : ils n'empor-
tent rien du nostre, & ne nous tueront
jamais. Monsieur le Prince sçeut ce
Trait, qu'il trouva très-beau, & en
fit toutes les Excuses du Monde à
Monsieur de Guyse, & que c'estoit
de faux Rapports qu'on luy avoit faits.
Mon-

Monsieur de Guyse ne luy fit autre Response, si-non luy dire : *Quand ce Mauvais voudra, il me trouvera tousjours.* Aucuns s'estonnérent, que Monsieur de Guyse ne le tuast. Mais, il respondit, qu'il estoit plus vengé par si humble Satisfaction, que s'il l'eust tué, par laquelle l'autre monstroit, ou qu'il n'eust tenu tels Propos, ou bien qu'il s'en repentoit, ou bien n'osoit faire ce qu'il s'estoit vanté : aussi, qu'il valoit mieux songer & adviser à tuer un Homme qu'une Beste. Force autres Raisons put-il là-dessus alléguer ; car, c'estoit le Capitaine du Monde qui entendoit mieux les Querelles & leurs Pointilles, & qui sçavoit les mieux vuider & demesler, ainsi qu'il fit très-bien entre luy & le Prince de Condé, dont le Conte est tel.

Après la Mort du petit Roy François II, Monsieur le Prince sortit de Prison, & voulut quereller ce grand Monsieur de Guyse ; &, de Fait, luy en faisoit la Mine, pour le soupçonner d'avoir esté Cause de son Emprisonnement. Ce Bruit en couroit fort à la Cour ; mais, je ne vis jamais Monsieur de Guyse estonné pour cela, faisant tousjours bonne Mine,

mar-

marchant la Tefte haut eflevée, réfolu
de fe bien battre fi on l'attaquoit. La
Reyne - Mere, très - fage, & très - uni-
verfelle en tout, avec le Confeil, ad-
vifant que le tout fe pourroit tourner
en une grande Conféquence, & dangereux Accident, pourchaffa un Accord entre ces deux vaillants Princes,
par telles Conditions & Satisfactions,
que celle de Monfieur le Prince fut,
qu'il dit & propofa, que celuy, qui
avoit efté Caufe & Motif de fa Prifon, eftoit mefchant. Monfieur de Guyfe fit Refponfe, qu'il le croyoit; mais,
que cette Parole ne luy concernoit ny
touchoit en rien. Et, par ainfi, ces
deux Seigneurs s'embrafférent comme
reconciliez, Monfieur le Prince comme eftant fatisfait, & Monfieur de
Guyfe comme ne s'eftant préjudicié.
Sur ce, les uns à la Cour (comme je
vis) en parloient diverfement felon
leurs Paffions & Affections, & difoient que Monfieur de Guyfe luy a-
voit fait quelque Forme de Répara-
tion, parce qu'il le penfoit avoir efté
Caufe de fa Prifon : mais, les plus
clairvoyans, & les plus fubtils & poin-
tilleux Efprits en Matieres Chevale-
refques, difoient, que Monfieur de
Guyfe avoit très-fagement & fubti-
lement

lement refpondu, en Mode d'un Seigneur très-bien entendu en tels Affaires, ainfi qu'il l'eftoit, comme celuy qui vouloit dire, qu'il n'y avoit
nul autre, qui euft efté Caufe ny Motif
de cet Emprifonnement que luy-mefme, que l'on difoit avoir commis le
Péché & fait la Faute, pour avoir efté
mis en Prifon; &, par ainfi, il y eut
bien là du Bigu, ainfi que l'on en difoit à la Cour, & qu'il y alloit de l'un
plus que de l'autre : or, devinez-le.

J'AY veu ce Seigneur difcourir
quelquefois des Querelles, & des Satisfactions, mieux que j'ay jamais
veu faire à Seigneur ny à Capitaine;
fi-bien que fes Leçons euffent fervy
aux plus grands Capitaines. Il ne fe
plaifoit nullement d'offenfer Perfonne:
ou fi, fans penfer, il l'offenfoit, il le
contentoit ; car, il en fçavoit très-
bien la Maniere. A la Battaille de
Renty, il avoit pour fon Lieutenant
Monfieur de Saint-Fal, lequel, pour
s'eftre advancé & party pluftoft qu'il ne
faloit, Monfieur de Guyfe alla à luy
de Colere, & luy donna un grand
Coup d'Efpée fur fa Salade, pour le
faire arrefter. Cela luy fafcha fort,
& luy dit : *Comment Monfieur, vous
me frappez ! Vous me faites Tort.*
Mon-

Monsieur de Guyse ne s'y amusa pas
autrement, mais alla au plus pressé.
Et comme, après la Battaille, on luy
eut dit, que Saint-Fal se sentoit offensé de ce Coup, & le vouloit quitter, Monsieur de Guyse dit : *Laissez-
faire ; je le contenteray.* Et le trouvant en la Tente du Roy, il luy dit
devant tout le Monde : *Monsieur de
Saint-Fal, vous vous tenez offensé du
Coup d'Espée que je vous donnay hier,
parce que vous vous advanciez trop. Il
vaut bien mieux, que je vous l'aye
donné, pour vous faire arrester en un
Combat, où vous alliez trop hazardeusement, que si je le vous eusse donné,
pour vous y faire aller & advancer en
le refusant poltronnement. Si-bien que
ce Coup, à le bien prendre, vous porte
plus d'Honneur, que d'Offense. Et
voicy tous ces Messieurs les Capitaines,
qui m'en peuvent estre tesmoings,* qui
admirérent tous ces beaux Mots, &
cette belle Satisfaction. *Par-quoy,
vivons,* dit-il, *comme devant :* ce qui
fut fait. Monsieur de Guyse le dernier me fit ce Conte à la Cour. Lors
que Buffi, & Saint-Fal, eurent Querelle, son Bon-Homme de Pere Saint-
Fal y vint pour assister son Fils.

Maintenant, il est temps de
faire

faire une Fin à ce Difcours de ce grand
Duc de Guyfe, qui a vefcu, & eft
mort, (comme j'ay dit) chargé plus
de Gloire & de Debtes, qu'il laiffa
à Madame fa Femme, & à Meffieurs
fes Enfans, que de Finances; car, il
devoit plus de deux cens mille Efcus
quand il eft mort, & le Retranchement
de la Defpenfe, que Madame de Guyfe fit à fes Enfans, principalement aux
deux plus jeunes, Monfieur du Mayne
& Monfieur le Cardinal de Guyfe depuis, qu'il falut qu'elle les mift au
College de Navarre, où ils demeurérent quelques Années pour eftudier.
Monfieur de Guyfe encore jeune pour
fuivre fon Roy & fa Cour, il falut
qu'il tinft Train & Maifon, mais non
fi grande comme il a fait depuis, encore qu'il ne fe fuft acquitté de fes
Debtes; car, cinq Ans avant qu'il
mouruft, il me dit, qu'il devoit plus
de deux cens cinquante mille Efcus,
bien qu'il euft efpoufé Madame fa Femme de la Maifon de Nevers, fort riche & belle Héritiere, & euft recueilly
la Succeffion de Monfieur le Cardinal
de Lorraine, fon Oncle, qu'un chacun
penfoit très-belle & bonne. Mais,
mondit Seigneur de Guyfe me dit a-
près fa Mort, que je luy difois & fai-
fois

fois la Guerre, qu'il seroit à cette heure fort riche, & qu'il payeroit ses Debtes aux Despens de la Succession nouvelle, il me jura, qu'il luy avoit laissé autant de Debtes que Monsieur son Pere, & pour ce qu'il vouloit vendre du Bien pour s'en oster, car elles l'importunoient par trop. Voilà pourquoy il vendit la Comté de Nanteuil (l'une de ses bonnes Piéces) à Monsieur de Chomberg.

A ce Conte (1) donc ne faut croire, que Monsieur de Guyse, & Monsieur le Cardinal de Lorraine, son Frere, ayent tant desrobé les Finances des Roys Henry I (2), François II, & Charles IX, & sur-tout Monsieur de Guyse, comme l'on a tant cryé en France. Ne faut aussi ajouster Foy à ce Proverbe, qu'on est allé je ne sçay quellement trouver, que ce Roy François (3) disoit, que ceux de Guyse mettoient les Roys de France & leurs Enfans en Chemise. Je ne sçay si le Roy l'a jamais dit; mais, j'ay ouy dire à Madame de Dampierre, ma Tante, Dame d'Honneur de la Reyne Louyse, qui estoit une vraye Pancarte

des

(1) Compte (2) Henry II,
(3) Le Roy François I.

des Choses mémorables de la Cour, avoir ouy dire souvent audit feu Roy François ce Mot: *Voulez-vous que je vous die, Foy de Gentil-Homme? Je ne fais point tant de Bien à ces Princes Lorrains, que je devrois; car, quand je pense, que le Roy Louys XI les a expoliez des Duchez d'Anjou, & Comtez de Provence, & autres Terres leurs vrays Héritages, & qu'on leur retient, j'en ay Charge de Conscience.* Cela est bien vray. Voilà donc pourquoy il faut croire, que ce sont esté les Roys, qui les ont mis plustost en Chemise. Il y en a aussi plusieurs, comme je leur ay veu dire, & veu imprimé, quand ces Princes Lorrains vinrent servir nos Roys, qu'ils estoient fort pauvres, & aussi-tost ils s'accreurent de grands Biens; si ne firent-ils pas tant d'Acquests, ny si excessifs, comme l'on diroit bien; & nous en avons veu de petits Compagnons depuis en faire cent fois plus grands qu'eux. De plus, n'eurent-ils pas de beaux & bons Partages de leur Maison, que nous leur voyons encore, & qui est encore le principal Bien qu'ayent leurs petits Enfans: & leurs Acquests sont petits, si-non la Comté de Nanteuil & de Chevreuse.

Au

Au reste, quels Services ont-ils fait à nos Roys? De quelles Terres & Places les a-t-on recompensez pour Mets confervé, Calais conquis, (fi on ne l'a bien gardé qu'en peut-on mais?) Guynes, la Comté d'Oye, & Théonville ; & tant de fi fignalez Services que les Grands-Peres & Peres ont faits, comme j'ay dit, & les Enfans, comme j'efpere dire en leur Vie, où je traitteray amplement de ce Sujet? Voilà donc comme ces Meffieurs de Guyfe ont efté les grands Sangfuës des Monnoyes de la France. Davantage, quel Tort fait-on à Madame de Nemours, Fille de Madame de Ferrare, en partie Héritiere de la Duché de Bretagne? Vrayment, elle en a une belle Part! Pour tout Potage, elle eft Madame de Montargis. C'eft bien loing d'avoir la Moitié de Bretagne, qui vaut quinze cens mille Efcus & plus de Revenu. Et comment contenta-t-on cette madite Dame Renée de France, pour eftre Fille d'un grand Roy, que de quelque légere Somme d'Argent pour fon Mariage, qu'on a veu des Dames depuis en France en avoir eu bien deux fois davantage? Et fi ces Meffieurs ont un peu agrandy leurs Héritages, n'ont-ils pas eu de

Tome VIII.   G   bons

bons & gros Mariages des Dames Princesses, qui sont entrées en leur Maison, comme Madame Antoinette de
Bourbon, Madame Anne d'Est, &
Madame Catherine de Cleves ? S'ils
ont mis l'Argent de leur Mariage à Profit, n'ont-ils pas bien fait ? N'ont-ils
pas eu leurs Estats & Pensions, qu'ils
avoient très-bien méritez pour bien
servir leurs Roys ? Les Cardinaux aussi
ont eu des Biens d'Eglise beaucoup ;
& s'ils en ont aydé à leurs Proches,
quel Mal ? Bref, que les moins passionnez contre cette Maison pesent
toutes Choses, & comme il y a de la
Raison & de l'Apparence, ils jugeront
mon Dire très-vray ; car, je ne le
dis pas de ma Bouche seulement, mais
de celles de plus grands Personnages
que moy. Et Monsieur de Guyse le
dernier est mort aussi endebté, tellement que la Ville de Paris, après sa
Mort, ayant esgard à ses grands Services & Mérites, a promis de payer
partie de ses Debtes.

Je ne sçay ce qu'en sera : mais,
on dira que ses Debtes se sont faites
pour le Bastiment de la Ligue. C'est
assçavoir ; car, il y en avoit bien assez, avant qu'on en eust seulement fait
le Projet & le Plan. Et s'il en a fait
pour

pour la Ligue, & pourquoy la Ligue fut faite ? C'eſt une autre Paire de Manches, que je coudray en la Vie de ce grand Duc de Guyſe dernier, Fils de ce grand Duc de Guyſe dont je parle, & avec luy Meſſieurs du Mayne, le Cardinal de Guyſe, & deux autres qui moururent jeunes, & meſme un que la Ville de Paris baptiſa (1) : & l'Enfant fut appellé Paris, aux prémiers Troubles, de la grande Amitié qu'ils portoient au Pere ; & diſoit-on alors de ſon Bapteſme, (car j'y eſtois,) que, s'il euſt veſçu, ladite Ville luy euſt eſlargy de grandes Liberalitez & Entretiens, comme à ſon bon Filleul, voire le vouloit-elle tenir pour Fils. Monſieur de Guyſe, qui vit aujourd'huy, & Meſſieurs ſes Freres, promettent tant d'eux, que vous diriez que cette noble Race eſt fatalement deſtinée à toute Valeur, toute Vertu, & toute Généroſité, deſquels derniers j'eſpere en parler en la Vie de Monſieur leur Pere. Or, je fais Fin.

M o n d i t Sieur de Guyſe eut cinq Freres, qui furent ſix en tout, & furent ſi bien deſpartis, qu'il y en eut trois du Monde & trois de l'Egliſe :

les

____

(1) *On n'a point tout* cela.

les trois du Monde furent Meſſieurs de Guyſe , d'Aumale , & d'Elbœuf : les trois d'Egliſe , Meſſieurs les Cardinaux de Lorraine , de Guyſe , & le Grand - Prieur du bon & ſaint Ordre de Jéruſalem ; tous ſix fort dignes & excellents en leurs Profeſſions.

MONSIEUR le CARDINAL DE LORRAINE fut tenu depuis la Création des Cardinaux l'un des prémiers qui euſt eſté. Je ne dis pas qu'aucun d'eux , ou en Sainteté , ou en Sçavoir , ou en autre Vertu , & en autre Particularité , ne fuſt (1) que luy particuliérement excellent ; mais , cettuy - cy fut fort univerſel , & pour tout il avoit un Eſprit fort ſubtil, bon Jugement, & bonne Retentive. Il eſtoit de très-bonne Grace & belle Façon , & d'un très-bel Entregent , parlant très-bien & très - éloquemment de toutes Choſes, auſſi - bien des mondaines que des divines, très-bien entendant les Affaires d'Eſtat de la France , voire d'autres Pays eſtranges. Auſſi , comme m'a dit autrefois Monſieur de Guyſe, ſon Nepveu , c'eſtoit une des grandes Deſpenſes qu'il faiſoit, qu'à ſçavoir des Nouvelles de toutes les Parts de la Chreſtienté , voire d'ailleurs , & y

avoit

(1) plus

avoit des Gens fes penfionnaires &
gagés, qui l'en advertiffoient de toutes Parts. Il entendoit auffi très-bien
les Finances, & les fçavoit toutes fur
le Doigt, & où il en faloit prendre
& excogiter des Moyens pour les Affaires de fon Roy, & pour foy auffi,
ainfi qu'il le fit bien paroiftre en la Néceffité qui vint à fon Roy après la
Battaille de Saint-Quentin.

On le tenoit pour fort brouillon,
remuant, & très-ambitieux. Que s'il
fuft efté auffi vaillant que Monfieur
fon Frere (comme il le difoit bien
qu'il eftoit poltron de Nature) il euft
remué de grandes Affaires & grandes
Chofes. Il eftoit fort religieux, &,
pour ce, fort hay des Huguenots : mais,
pourtant, le tenoit-on pour fort caché & hypocrite en fa Religion, de
laquelle il s'aydoit pour fa Grandeur;
car, je l'ay veu fouvent difcourir de
la Confeffion d'Augsbourg, & l'approu-
ver à demy, voire la prefcher, plus
pour plaire à aucuns Meffieurs les Allemands, que pour autre Chofe, ainfi
qu'on difoit : comme je vis une fois à
Reims, pour une Semaine Sainte, &
devant Madame fa Mere, publiquement,
où il le faifoit beau ouyr; car, encore
qu'il fuft bien fçavant, il n'eftoit fi

pro-

profond en Science, comme remply
d'Eloquence.

APRÈS le Concile de Trente, il
vint à Fontainebleau; &, pour le prémier Dimanche de Carefme, prefcha
devant le Roy, la Reyne & toute la
Cour, là-où Monfieur le Prince de
Condé eftoit grandement accompagné
de Gentils-Hommes & autres de la
Religion. Certainement, il le fit beau
ouyr; car, jamais on ne vit mieux
dire, & fut fort admiré, & des Huguenots, & de tous, qui ne purent
trouver à dire fur luy fi-non que quand
ce vint fur la Tentation du Diable,
qu'il fit à noftre Seigneur Jefus-Chrift,
comme je le dis ailleurs (I). A ce
Concile de Trente, cedit Cardinal fe
rendit très-admirable à toute la noble & fainte Affemblée, qui eftoit là,
tant en fes Harangues, Difcours, Dif-
putes, que Refponfes & Arguties;
car, il eftoit fort prompt, argut, &
très-fubtil en fes Paroles & Devis.
(On difoit qu'il avoit un Efprit familier.) Auffi ce grand Perfonnage,
Monfieur de Beze, le loüa fort, autant

(I) *Dans le* Difcours fur les Sermens &
Juremens Efpagnols , *Tome XII* , *pages* 288 &
289.

tant pour cette belle Monſtre qu'il fit
là publiquement, que pour une particuliere Conference qu'ils firent. L'un
& l'autre ne ſe pouvoient exalter aſſez; comme deux beaux Chevaux qui
s'entregrattent l'un l'autre , & non
pas comme deux Aſnes, diſoit-on a-
lors; car, ils eſtoient hors de ce Pair
& de ce Rang, pour eſtre par trop
remplis de Science.

Je n'eſtois point alors à la Cour,
ny en ce Colloque ; car, j'eſtois allé
conduire la Reyne d'Eſcoſſe ; mais,
je ſçeus à mon Retour à la Cour, qu'on
le diſoit. Ainſi ce grand Cardinal fit
fort paroiſtre ſon digne Sçavoir & ſa
grande Eloquence , non-ſeulement en
ce Colloque , mais en pluſieurs Endroits & Ambaſſades , qu'il a faites
vers les Papes, les Potentats & Ré-
publiques d'Italie, vers le Roy d'Eſpagne , aux Congrégations de Prélats,
Colloque de Poiſſy , aux Mercuriales,
és Cours de Parlemens , aux grandes
Aſſemblées & Recueils d'Ambaſſadeurs.
Bref, en une infinité d'Occaſions, belles , grandes, & honorables, cet Homme
s'eſt rendu ſi excellent, qu'il s'eſt acquis
le Nom de la Perle de tous les Prélats
de la Chreſtienté en tout en ſon vivant.

Et s'il eſtoit ſaint, (qu'on ne trouvoit

pour-

pourtant trop confciencieux,) il eftoit
bien autant mondain en fes jeunes &
beaux Ans; auffi il a eu de très-bonnes Fortunes que je dirois bien. Parmy
la Mondanité, il avoit cela qu'en fa Prof-
fpérité il eftoit fort infolent & aveuglé,
ne regardant guéres les Perfonnes, &
n'en faifant Cas; mais, en fon Adverfité, le plus doux, courtois, & gracieux, qu'on euft fçeu voir. Si - bien
qu'il y avoit à la Cour l'une des Filles
de la Reyne, qui fe nommoit Madamoifelle de la Guyonniere, depuis
Madame de Ligneroles, qui luy en faifoit fouvent la Guerre: car, quand il
eftoit fur le haut Bout, il ne faifoit
Cas des Perfonnes, ny d'Hommes,
ny de Dames; &, quand il eftoit fur
le bas, il recherchoit & les uns & les
autres. Si - bien que c'eftoit la mefme Douceur & Humilité. Et fi - toft
que Madamoifelle de la Guyonniere le
voyoit venir, elle, qui eftoit très-
habile Fille, belle, honnefte, & qui
difoit bien le Mot, luy en faifoit bien
la Guerre, & luy difoit : *Monfieur,
dites le Vray. N'avez - vous pas eu annuit
un Revers de Fortune ? Dites - le nous.
Autrement, nous ne parlerons à vous ;
car, pour le feur, vous en avez eu.*

POUR faire Fin, ce Cardinal a efté
un

un très - grand Perſonnage en tout. Il mourut en Avignon, empoiſonné, ſi nous voulons croire la *Légende de Saint - Nicaiſe.*

QUANT au CARDINAL DE GUYSE, ayant employé ſa Jeuneſſe plus en Plaiſirs & Délices de la Cour, il ne put nullement approcher de Monſieur le Cardinal ſon Frere ; mais, ſur ſes vieux Jours, il ſe mit aux Affaires, & eſt mort en Reputation d'un très - habile Prélat, & qui avoit (contre toute l'Opinion vulgaire) auſſi bon Sens & Jugement ſolide, que ſon Frere, & qui avoit ſa Lentitude & ſongearde Façon. Il avoit d'auſſi bons Advis, & donnoit d'auſſi bons Conſeils, qu'aucun qui fuſt parmy les Affaires & Conſeil du Roy ; & ç'a eſté luy ſeul l'unique, & le Phœnix, ſur qui le Proverbe du feu Roy François I a eu pratique, qui diſoit, que les Princes Lorrains reſſembloient les Courſiers du Regne de Naples, qui eſtoient longs & tardifs à venir, mais, venant ſur l'Age, ils eſtoient très - bons (*a*). Celuy - là eſt le ſeul Prince, dont eſt fait ce Proverbe ; car, tous Meſſieurs ſes autres Freres

&

(*a*) Ce Proverbe a regardé originairement les Chevaux de Cappadoce.

G 5

& Nepveux, que j'ay veus, ont esté très-bons en leur Jeunesse, très-braves, très-courageux, & très-généreux; bref, tels en Jeunesse, que sur l'Age, & tels sur l'Age qu'en Jeunesse, comme j'ay veu Monsieur le grand-Prieur, dont j'ay cy devant parlé (1), & aussi Monsieur le Marquis d'ELBOEUF, lequel a suivy en toutes les Guerres Monsieur son Frere. Il ne faut point demander, si, ayant appris de telles belles Leçons d'un tel Maistre & Frere, s'il n'a esté un très-honneste, brave, & sage Prince, comme je l'ay veu. Aussi avoit-il bien un très-honneste Gouverneur, qui estoit le jeune Rance de Champagne, qu'on appelloit Contenant, qui le gouverna très-bien & très-sagement. Entr'autres Perfections qu'avoit ce Prince, il disoit fort bien, & estoit fort éloquent, & fort Homme-de-Bien : & peu a-t-il fait Desplaisir à Personne, fors au Chevalier de Tenance, très-brave & honneste Gentil-Homme, & vieux Serviteur de leur Maison, & sur-tout de feu Monsieur le Grand-Prieur son Frere, qu'il fit mettre sur un léger Sujet à la Chaisne, & aussi-tost la Barbe rase, lors que le Roy estoit à Marseille; ce qu'il ne trouva bon, & plusieurs de la Cour.

IL

(1) *Tome VII, Discours LXXVI, page 349.*

Il laissa un Fils, & une Fille, de Madame sa Femme, Héritiere de la Maison de Rieux. Le Fils est aujourd'huy Monsieur le Marquis d'Elbœuf, un très-bon Prince, & d'Honneur, & de Vertu. Il fut fait Prisonnier à Bloys, au Massacre de Monsieur de Guyse, & donné à Monsieur d'Espernon pour en tirer Rançon; ce qu'il fit. Et la Sœur est Madame d'Aumale, une très-belle & honneste Princesse.

L'autre sixiesme Frere de Messieurs de Guyse a esté Monsieur d'Aumale, faisant le troisiesme, qui a esté un bon Capitaine, mais pourtant le tenoit-on malheureux, sans avoir toutesfois donné, & n'a point donné pourtant, tant de Sujet de luy donner cette Qualité, comme la Défaite que fit sur luy le Marquis Albert de Brandebourg, (le grand Ennemy des Evesques & Prestres,) qui luy survint par trop de Courage & de Valeur: car, n'estant à demy si fort que ledit Marquis, qui avoit près de vingt mille Hommes, le chargea & le combattit bravement; mais, il fut défait, blessé, & pris prisonnier, & avec luy ce brave Seigneur Monsieur de Roüan (1) mort: dont certes fut fort

grand

(1) Rohan

G 6

grand Dommage ; car, il eſtoit un fort bon & vaillant Seigneur & Capitaine, & très-bon Serviteur du Roy. Auſſi avoit-il cet Honneur de luy appartenir ; car, le Comte Jean d'Angoulmois avoit eſpouſé une Fille de Roüan, qui fut Grand-Mere du Roy François. Ledit Monſieur de Roüan fut tué fort miſérablement par deux Soldats, leſquels, ayans tous deux Contention qui l'avoit pris, & à qui il ſeroit, tous deux de Deſpit le tuérent, pour n'eſtre n'y à l'un ny à l'autre, bien qu'il leur diſt & cryaſt qu'il y en avoit aſſez pour eux deux, & pour les faire riches à jamais de ſa Rançon. Cela arrive ſouvent en Guerre : en quoy ceux, qui la pratiquent, doivent bien avoir Eſgard & de la Prévoyance. Force autres grands Seigneurs & Gentils-Hommes de Marque furent tuez en cette Défaite, dont fut grande Perte pour le Roy.

VOILÀ qui donna le Tiltre prémier de malheureux à Monſieur d'Aumale ; car, en ſa Charge de Colonel-Général de la Cavalerie de France, & en tous les Combats qu'il y a faits, il y a eſté heureux. Il fut heureux auſſi en ſa Charge de Lieutenant de Roy en Piedmont, & meſmes en la Priſe de Vulpian. Il fut heureux auſſi au Retour du Voyage d'Italie de Mon-

Monsieur son Frere, dont il retourna
par les Grisons fort heureusement,
toutes les Trouppes saines & sauves,
sans y faire leur Cimetiere. Bref, en
plusieurs belles Factions a-t-il esté fort
heureux.

En nos Guerres civiles, il fut un
peu malheureux à Roüen, qu'il assié-
gea prémierement, & le falut desassié-
ger quelques Mois après, pour n'avoir
qu'un petit Camp pour entourner &
assiéger cette grande Place. Il fut aussi
malheureux à la Battaille de Dreux;
car, après avoir bien soustenu avec
Monsieur le Connestable, avec qui il
estoit à la Battaille, la Charge, & bien
combattu, il fut porté par terre, &
eut une Espaule rompue. Aussi Monsieur de Guyse le loüa fort-là.

Voilà comment il fut heureux &
malheureux. Voilà comment aussi, non
luy seul, mais les grands Capitaines,
sont favorisés du Bonheur, & assaillis
du Malheur. Autrement, ne sçauroient
estre bons Capitaines & grands, s'ils
se sentent tousjours de la Bonne-Fortune de Mars. Pour asseurer mondit
Seigneur d'Aumale grand Capitaine, il
ne faut que le seul Tesmoignage de
Monsieur de Guyse, son Frere, quand
à sa Mort il a dit à la Reyne de re-
medier à sa Place, & d'y mettre un

Chef

Chef digne pour y commander, & en
ſon Armée, & qu'il n'en ſçavoit point
un plus propre que Monſieur d'Aumale, ſon Frere, qui la ſerviroit très-
bien & le Roy ; car je l'ouys. Ce
qu'elle fit, & l'envoya auſſi-toſt querir en ſa Maiſon d'Anet, ou il eſtoit,
pas encore bien guéry de ſa Rupture
d'Eſpaule : & arriva à Orléans, & eut
la Charge abſolue de l'Armée, (bien
que Monſieur le Mareſchal de Briſſac
y fuſt,) & pourſuivit les Deſſeins,
pour ſi peu qu'il y fut, fort bien de
Monſieur ſon Frere ; mais, auſſi-toſt
la Trefve ſurvint, & puis après la
Paix.

Il vint quelques Années après mourir au Siége de la Rochelle, eſtant
donné à Monſieur, Frere du Roy, pour
Principal du Conſeil : car, il s'entendoit bien aux Siéges des Villes, &
à les bien reconnoiſtre, retrancher,
battre, & aſſaillir ; & y avoit l'Oeil
& le Jugement très-bon. Auſſi tout
le Monde luy déféroit en ſon Opinion, d'autant qu'il n'y avoit nul là
qui le ſurpaſſaſt, bien qu'il y euſt de
grands Princes & Capitaines : mais,
ils n'avoient pas veu ce qu'il avoit
veu ; car, il avoit veu nos Guerres,
& bien pratiquées, & celles d'Allemagne, qui ſe firent parmy les Princes

ces & Evefques de là, où le Marquis (1) le menoit tousjours avec luy comme fon Prifonnier, ne fçachant le mettre en plus feure Garde qu'en fa Compagnie, comme je luy ay ouy dire qu'il y avoit beaucoup veu & appris.

E S T A N T donc devant la Rochelle, il n'y demeura guéres, qu'il n'y fuft tué, & non fans l'avoir fouvent avant préfagé, comme je luy ay ouy dire : *Voicy le Lieu où je mourray.* Son Démon poffible le luy faifoit dire, ou qu'il fentit en fa Confcience je ne fçay quoy, pour avoir efté un peu cruel (difoit-on) au Maffacre de Paris fur les Huguenots, qu'il efpargna peu, à ce qu'aucuns difoient, encore qu'il fuft Homme-de-Bien & d'Honneur ; mais, ils luy avoient tué fon Frere. Tant y a, ainfi que fut tiré un Coup de la grande & longue Couleuvrine, qu'on appelloit la Vache, & venoit par flanc, ayant percé un Gabion, la Balle toute morte luy vint donner par le Corps, fans luy faire Bleffure, fi - non le meurtrir & l'eftouffer. Et ainfi mourut avec un grand Regret de tous les noftres,

&

(1) Albert de Brandebourg. *Voüez ci - deffus* *page* 155.

& une Joye extrême de tous les Huguenots, qui ne l'aymoient point,
pour la Raison que je viens de dire.

Le Jour qu'il mourut, devoient encore durer les Trefves, qui eſtoient
faites pour quatre Jours ; mais, le
Matin du quatrieſme Jour, Monſieur de
Bouillon, ſon Nepveu, les rompit par
quelques quatre ou cinq Volées de
Canon, dont ils en voyoient un beau
Coup & belle Mire. Aucuns diſoient,
que Monſieur d'Aumale, ſon Oncle, le
luy avoit fait faire ; & ce pouvoit
eſtre. D'autres, que Monſieur de Bouillon le fit de ſoy-meſme & de ſon propre Mouvement. Je ſçay ce qu'il m'en
dit ; car, il m'aymoit fort. Tant y a,
que les Trefves violées, (& mal à propos certes, puis qu'il n'y avoit qu'un
Jour à les garder ; car, enfin, il
faut tousjours garder ſa Foy & mettre tousjours le bon Droit de ſon Coſté,) nous nous tiraſmes ſi fort les
uns les autres, que, le Soir & la Nuit
s'approchant, Monſieur d'Aumale eut
le Coup de ſa Mort, qu'aucuns opi-
nérent pour vieille Revanche de la
Saint-Barthelemy, & pour la fraiſche
de la Trefve rompue. Ce ſont des
Secrets de Dieu.

Il laiſſa après luy trois braves &
gé-

généreux Enfans, Meffieurs d'Aumale,
de Saint-Valier, qui portoit le Nom
de fon Ayeul, monftrant de belles
Fleurs d'un Fruit à venir fans qu'il
mouruft jeune, & le Chevalier d'Aumale, defquels je parleray en la Guerre
de la Ligue, & en la Vie de noftre
Roy d'aujourd'huy (1).

DISCOURS SOIXANTE-DIX-NEUVIESME,

MONSIEUR L'ADMIRAL DE CHASTILLON.

MAINTENANT, il me faut parler d'un très-grand Capitaine
s'il en fut oncques, Monfieur L'Admiral de Chastillon, & l'op-
pofer à ce grand Duc de Guyfe, afin
qu'on en connoiffe mieux la Valeur
de l'un & de l'autre. Ny plus ny
moins qu'un bon Lapidaire oppofe
deux beaux Diamans l'un contre l'autre, pour mieux les apprécier ; de
mefme en fais-je de ces deux grands
Ca-

(1) *On n'a, ni cette Guerre, ni cette Vie.*

Capitaines. Non que l'Invention en vienne de moy seul, mais d'autres que j'ay veu en faire Comparaisons, qu'ils trouvoient assez approchantes : fors qu'ils disoient Monsieur de Guyse l'emporter au Poids ; & disoient aussi, que le plus beau, que Monsieur l'Admiral avoit fait en sa Vie, avoit esté contre son Dieu, sa Religion en laquelle il avoit esté baptisé, sa Patrie, & son Roy naturel ; les actions de Monsieur de Guyse toutes au rebours. Mais, pour cela, Monsieur l'Admiral n'en a laissé la Qualité & le Tiltre de Grand Capitaine; car, des Empereurs Romains, il en est sorty de plus grands Capitaines Payens, que Chrestiens, & rebelles sur leur Patrie, voire d'autres Nations, pour avoir fait telles Fautes.

Ils furent tous deux en leurs jeunes Ans, sur le Déclin du Regne du Roy François I, & assez avant dans celuy du Roy Henry II, si grands Compagnons, Amis, & Confédérez de Cour, que j'ay ouy dire à plusieurs qui les ont veus, s'habiller le plus souvent de mesmes Parures, mesmes Livrées, estre de mesme Partie en Tournois, Combats de Plaisir, Couremens de Bagues, Mascarades, & autres Passe-
Temps

Temps & Jeux de Cour : tous deux fort enjoüez , & faifans des Folies plus extravagantes que tous les autres ; & fur-tout ne faifoient nulle Folie qu'ils ne fiffent Mal , tant ils eftoient rudes Joüeurs & malheureux en leurs Jeux.

Si eurent-ils, durant le Regne du Roy François I, quelque petit Différend ; car , Monfieur de Guyfe fut mal-content de luy d'un Confeil qu'il luy demanda fur un Mariage que je ne diray point (*a*) que Monfieur l'Admiral luy diffuada , & luy dit n'eftre trop

(*a*) C'étoit celui du Duc d'Aumale avec Diane , Fille bârarde du Roi Henri II , & de la Ducheffe de Valentinois (1).

(1) Tout cela eft fort brouillé. Il ne s'agiffoit nullement là du Mariage de cette Diane, mais de celui de Louife de Brezé , feconde Fille de la Ducheffe de Valentinois ; non avec le Duc d'Aumale , n'y en aiant point encore alors , mais avec Claude , Marquis du Maine , fecond Frere de François , Comte d'Aumale , depuis Duc de Guife , & depuis lui-même Duc d'Aumale : & ce fut ce Mariage , dont Mr. de Châtillon tâcha de *diffuader* , le Comte d'Aumale , qui le trouva fort mauvais en fuite. L'Auteur de la derniére *Vie de l'Amiral de Coligny* s'eft imaginé à-peu-près de même , qu'il s'agiffoit là du Mariage du Comte d'Aumale , qu'il fait Prince de Joinville ; & , là-deffus , il forme. pages 103--109 , un Epifode Romanefque tout-à-fait digne du
refte

trop honorable pour luy , & qu'il *valoit mieux* (ufant de ces Mots) *avoir un Pouce d'Authorité & de Faveur avec Honneur , qu'une Braffée fans Honneur.* Monfieur de Guyfe difoit , qu'il ne luy avoit pas confeillé en Compagnon & Amy , mais en celuy qui eftoit envieux de fon Bien & de fa Bonne-Fortune , que ce Mariage luy euft pu apporter. Mais , ce Différend dura peu ; & , pour ce , furent Amis comme devant.

Mais , quel Changement vint-il après de cette grande Amitié ? Il s'en conçeut une Partie le Soir de la Bataille gagnée à Renty , dans la Chambre du Roy , & devant luy , qu'ainfi qu'ils en difcouroient devant le Roy , Monfieur l'Admiral (comme poffible envieux de la Gloire & de l'Honneur qu'il avoit ce Jour acquife) luy répugna fur un petit Point que dit Monfieur de Guyfe ; fi-bien que
Mon-

refte de fon Ouvrage , rempli d'ailleurs d'Anecdotes de pareille Efpéce. Diane , Bâtarde de Henri II , n'étoit point Fille de la Valentinois , mais d'une Demoifelle de Coni en Piémont : & , après avoir époufé en premiéres Nôces Horace Farneze Duc de Caftro , elle époufa en fecondes Françcis , Fils aîné du Connétable de Montmorency.

Monſieur de Guyſe luy dit : *Ah! Mort - Dieu ! ne me veuillez point oſter mon Honneur.* Monſieur l'Admiral luy reſpondit : *Je ne le veux point ;* & Monſieur de Guyſe repliqua : *Auſſi ne le ſçauriez - vous.* De ſorte que le Roy, voyant les Choſes pouvoir aller plus avant, leur commanda de leur taire, & d'eſtre bons Amis : ce qu'ils furent ; mais, non comme auparavant, & ſous quelque beau Semblant. Et puis, la Priſe & l'Empriſonnement de Monſieur d'Andelot, avec autres Envies ambitieuſes, alluma mieux le Feu de la Hayne, qui a duré juſques à leur Mort.

Monsieur l'Admiral a dit à un Homme, qui me l'a dit, qu'il ayda fort à Monſieur de Guyſe à le faire aymer à Monſieur le Dauphin, lequel avoit eu force Favoris, mais les principaux eſtoient Andouin, Dampierre, Saint - André , Chaſtaigneraye , Chaſtillon, & des Cars (1). Andouin fut tué devant Landrecy & fort regretté de ſon Maiſtre. Dampierre fut diſgracié, & chaſſé hors de la Cour, par la Menée de Monſieur de Chaſtillon, qui ſurprit & intercepta quelques Lettres

tres

(1) *ou* Deſcars.

tres qui faifoient contre son Maiftre
& Madame de Valentinois, que le Roy
aymoit; fi-bien qu'il fut chaffé de la
Cour, pour n'y tourner plus.

On trouva fort eftrange ce Trait
ingrat de Dampierre, (il faut que j'en
parle ainfi, bien qu'il fuft mon Oncle,) qu'on ne faifoit que venir de le
fortir des Efcoles de Paris, & n'avoit
rien veu encore de Guerres. Monfieur
le Dauphin le prit à luy, & en telle
Amitié, qu'il luy fit donner une Compagnie de cinquante Hommes d'Armes, & le fit fon prémier Gentil-
Homme de fa Chambre, non fans
grande Envie de plufieurs autres, qui
le méritoient mieux que luy. Ainfi
trahit-il fon Maiftre. Il avoit efpoufé
ma Tante; mais, s'il fit ce Coup, je
ne puis que je ne le blafme, & que
je n'en die le Vray. Le Seigneur des
Cars fe trouva auffi embaraffé avec
luy, lequel fut auffi difgracié.

Mon Oncle de la Chaftaigneraye ne
fit pas ainfi; car, il fut très-ferme &
loyal à fon Maiftre en la Querelle qu'il
prit & efpoufa pour luy contre Jarnac; parce que ledit Jarnac, s'eftant
vanté d'avoir couché avec une Dame,
fa Proche, & Belle-Mere, & l'ayant
dit à Monfieur le Dauphin, il le re-
dit

dit à d'autres. Jarnac le sçachant, dit que quiconque l'avoit dit, qu'il euſt dit, ou s'en fuſt vanté, qu'il avoit menty. Mon Oncle, curieux de l'Honneur de ſon Maiſtre, & le voyant en Peine, car il craignoit que le Roy l'intentaſt, d'autant que ledit Jarnac avoit eſpouſé la Sœur de Madame d'Eſtampes, Favorite du Roy, prit le Démenty pour ſon Maiſtre ſur luy, & dit qu'il l'avoit dit à luy-meſme, & qu'il le combattroit là-deſſus, comme il s'enſuivit, (j'en parle fort au long ailleurs (1),) & mourut ſur le Point & ſur le Regne que ſon Maiſtre l'euſt fait très-grands.

Messieurs de Chaſtillon & de Saint-André reſtérent ſeuls Favoris, leſquels pourtant, du Temps du Roy François, eurent quelque Picque qui ne dura guéres.

Monsieur de Guyſe, encore qu'il fuſt un jeune Prince, beau & de bonne Grace, très-adroit & très-bon Homme d'Armes, qui ſe faiſoit fort valoir aux Tournois de la Cour, il s'accoſta de Monſieur l'Admiral, jurérent enſemble Amitié telle que j'ay dite, qui dura bien quaſi cinq à ſix Ans : &, pour ce, dit-on, &

Mon-

(1) *Dans* le Diſcours ſur les Duels, *Tome XI.*

Monfieur l'Admiral l'a dit à Homme
qui me l'a dit, que mondit Sieur l'Admiral le fit aymer à Monfieur le Dauphin, de telle Façon qu'on l'a veu
depuis & après (comme j'ay dit) que
les Haynes fe femérent entre eux deux:
mais non tant que Monfieur l'Admiral
n'advertift, du Temps du Roy François II, Madame de Guyfe, qu'il y
avoit encore une Conjuration fecrette
contre Monfieur de Guyfe & fa Vie;
& qu'elle y prift garde & l'en advertift.

Monsieur l'Admiral ne voulut
donner tel Advis à Monfieur de Guyfe
luy-mefme, comme j'ay ouy dire,
afin qu'il ne penfaft, que, pour tel
Advis, il vouluft regagner fon Amitié, & faire du bon & officieux Compagnon; mais, il le voulut addreffer
à Madame fa Femme. Et cet Advis
fut donné après la Sédition & Conjuration d'Amboife, qui eftoit pour la
feconde; car, Monfieur l'Admiral ne
fçeut jamais ladite Conjuration d'Amboife, à ce que j'ay ouy dire à aucuns
des plus anciens de la Religion, & auffi
à la Vigne, Valet de la Renaudie,
qui en fçavoit tout le Secret. On ne
la luy voulut jamais conférer, d'autant que les Conjurateurs le tenoient
pour un Seigneur d'Honneur, Homme

me - de - Bien, sage, meur, advisé, politique, brave, censeur, pesant les Choses, & aymant l'Honneur & la Vertu, comme il avoit tousjours fait paroistre par ses belles Actions passées; &, pour ce, les eust bien renvoyéz loing, rabroüez, & reculé le tout, voire aydé à leur courir sus. Il n'estoit pas alors à Amboise, mais ouy bien Monsieur le Cardinal son Frere, lequel je vis fort animé & coleré contre ces Entrepreneurs, & aussi eschauffé à les faire pendre & faire leur Procès, que tout autre : voire luy - mesme je le vis sortir courageusement sur la Motte aux Connils, ce Jour qu'ils vinrent se présenter là auprès.

Il avoit Raison de s'en formaliser ainsi, & Monsieur l'Admiral de n'en avoir rien sçeu, ny s'en estre meslé le moins du Monde; car, c'estoit l'Acte le plus meschant, vilain, & detestable, qui fut jamais : car, quelque belle Palliation, Couverture, & Couleur, qu'ils luy purent donner, qu'ils n'en vouloient qu'à Messieurs de Guyse, (d'autres disoient qu'ils ne vouloient que présenter une Requeste au Roy,) s'ils fussent venus à bout de leur Dessein, & fussent esté les plus forts, il

ne faut point douter que le Roy euſt
paſſé comme les autres, ainſi que la
Vigne luy - meſme me l'a dit, & d'autres auſſi.

La prémiere Diſcorde, qui parut
entre Monſieur de Guyſe & Monſieur
l'Admiral pour la Religion, ce fut
à Fontainebleau, quand le Roy François II y fit aſſembler une petite Forme d'Eſtats, & que Monſieur l'Admiral préſenta Requeſte au Roy pour ceux
de la Religion, demandant Liberté de
Conſcience ; & qu'il parloit de la Part
de cinquante mille Hommes : que
Monſieur de Guyſe ne ſe put conte-
nir de Colere, qu'il ne diſt, qu'il en
meneroit contre eux cent mille bons
Catholiques, pour leur rompre la Teſte,
dont il ſeroit Chef. Le Roy François vint à mourir, là-où Monſieur l'Admiral commença à entrer en Vogue autant que jamais, par le Moyen du Roy
de Navarre, qui ſentoit de la Religion,
& qu'il poſſédoit fort, & Monſieur le
Prince auſſi, qui eſtoit ſon Nepveu,
ayant eſpouſé ſa Niepce, Fille de Madame de Roye, ſa Sœur.

Monsieur l'Admiral prend ce
grand Appuy, pour non pas ſeulement
appuyer ſa Religion, mais pour la hauſſer
bien haut, ainſi qu'il parut dès cette
Mort

Mort jufques à la prémiere Prife des Armes : & le Tout fut par les Menées artificieufes & le gentil Efprit de Monfieur l'Admiral, qui conduifoit & gouvernoit tout à la Cour, lors que l'Edict de Janvier fe fit, comme je vis moy-mefme.

VOILÀ donc la Religion fi hauffée, fi bien relevée & fortifiée, qu'à cette Prife des Armes prémieres, tout-à-coup quafi toutes les meilleures Villes de France furent furprifes par ceux de la Religion, qui fut un très-grand Cas : mefme Paris eftoit en Danger, fans les Venuës & Secours de Meffieurs le Conneftable, de Guyfe, & Marefchal de Saint-André.

TOULOUSE auffi, qui eft après Paris la plus ferme Catholique, & la plus remplie de Catholiques, qui foit en France, fut prife : &, fans Monfieur de Boyjourdan l'aifné (I), très-brave & vaillant Gentil-Homme, Nepveu

de

(I) Ou *Bazordan.* Il fut tué au Siége de Montauban le 22 Octobre 1562. Un Boisjourdan, Officier de la Garnifon de Treves, fut décapité en 1675 à Metz, pour Sédition contre le Maréchal de Crequi, enfermé dans Treves, & qu ne vouloit pas rendre cette Place, que les Allemands affiégeoient.

de Monſieur le Mareſchal de Termes, & autres vaillants & braves Gentils-Hommes Gaſcons, que Monſieur de Montluc raconte, elle eſtoit Huguenot tecomme les autres; car, elle fut priſe vingt Heures, & puis recouverte par les Armes & la Conduite belle dudit Boyjourdan, & autres braves & vaillants de la Ville.

De ſpécifier par Noms les Villes qui furent alors ſurpriſes, ce ſeroit Choſe ſuperflue : car, je me ſouviens, que, lors de cette grande Eſmeute & Sédition, quand on demandoit quelles Villes eſtoient priſes, & quelles Villes tenoient pour les Huguenots? On diſoit : *Mais, demandez qui ſont celles qui ne tiennent pour eux?* Et de toute cette grande, admirable, & incrédule (1) Entrepriſe fut le ſeul Autheur & Conducteur Monſieur l'Admiral. Par-là, on peut connoiſtre quel grand Capitaine ç'a eſté.

J'ay ouy conter, que le Prince de Parme derniérement, quand il eut entendu la grande Révolte que feu Monſieur de Guyſe fit de tout le Royaume de France, & meſme de la Ville de Paris, en ces Barricades, qui en moins d'un rien furent faites contre le Roy, qu'il dit & advoüa, que Monſieur de Guyſe

Guyſe eſtoit le plus grand Capitaine aujourd'huy de toute la Chreſtienté , par une ſi ſoudaine Revolte & Deſobéyſſance ainſi faite tout-à-coup contre ſon Roy. Je croy que dans ſon Ame il euſt bien voulu en pouvoir faire de meſme au Pays-Bas, pour s'en rendre le Maiſtre , & en deſpouiller le Roy d'Eſpagne, & puis après porter le Tiltre luy-meſme qu'il bailloit à autruy , bien qu'il le portaſt d'ailleurs.

VOILÀ donc pourquoy nous devons tenir Monſieur l'Admiral très-admirable & un très-parfait Capitaine , d'avoir bandé contre ſon propre Roy , ſon Royaume , & l'avoir luy-meſme ainſi ſouſtenu & maintenu par ſes Armes ſi bravement, & par ſon Eſprit, ſes Menées, & Conduites , ſi ſagement. J'ay ouy dire, qu'un Jour luy deviſant familierement avec Monſieur le Mareſchal de Strozze, ſur la Grandeur & Splendeur du Royaume de France, & que mal-ayſément ſe pourroit-elle ruyner ny eſteindre , & par quel Moyen pourtant cela ſe pourroit faire : Monſieur le Mareſchal luy reſpondit, qu'il n'y en avoit d'autre que de luy faire changer de Religion, & introduire une nouvelle; affirmant, que les Changemens de Religion font perdre les Royaumes plus

que

que tous autres Moyens & Inventions, Artifices, Ambitions, Dominations, nouvelles Libertez, ou Soulagement de Tailles, & Elevation de Peuples, sçauroient faire, ny nouveau Prince.

Et c'est ce que dit une fois un certain Ambassadeur du Pape au Roy François, qui, se plaignant & se mescontentant du Pape Clément pour quelque Chose, il luy dit, que s'il ne le contentoit, il permettroit la nouvelle Religion de Luther en son Royaume, aussi-bien qu'avoit fait le Roy d'Angleterre. Cet Ambassadeur luy respondit franchement : *Sire, vous en seriez marry le prémier, & vous en prendroit très-mal, & y perdriez plus que le Pape ; car, une nouvelle Religion, mise parmy un Peuple, ne demande après que Changement du Prince.* A quoy songeant incontinent le Roy, il embrassa ledit Nonce, & dit qu'il estoit vray, & l'en ayma tousjours depuis de ce bon Advis. Voilà pourquoy le Grand-Sultan Solyman défendit celle de Luther comme la Peste ; se fondant sur ces mesmes Raisons.

J'ay usé de ce Mot de Nonce, puis qu'il s'use aujourd'huy ; mais, j'ay veu à mon Advénement à la Cour, que l'on n'en usoit, si-non d'Ambassadeur du Pape : &, quand ce Nom de Nonce
fut

fut introduit, par Dérifion on difoit, *Voilà l'Once du Pape.* Et certes plufieurs ne gouftérent bien ce Mot du Commencement, comme autant vaudroit qu'on dift le *Meffager du Pape*, comme *Nonce*; çar, *Nuncius* en Latin, n'eft autre Chofe à dire que *Meffager*: &, par ainfi, ces beaux Pindarifeurs de Mots, penfant faillir, ou ne dire pas bien qu'*Ambaffadeur du Pape*, allérent trouver le *Nonce du Pape*, que (comme j'ay dit) au Commencement que ce Nom fut introduit parmy les Dames, Filles, & Cavaliers de la Cour, ils difoient fouvent par Dérifion, quand l'Ambaffadeur ou le Nonce du Pape arrivoit en la Chambre du Roy & de la Reyne: *Gare, l'Once du Pape qui arrive.* Surquoy, feu Monfieur de la Fayette, qui rencontroit des mieux, bien qu'il bégueyaft un peu, dit une fois: *Par Dieu,* (dit-il) *l'on changera tant ces Noms d'Ambaffadeurs, & de Nonce du Pape, qu'à la fin on viendra dire: Voilà l'Ange, ou l'Annonciateur, ou le Precurfeur, du Pape, qui vient parler au Roy & à la Reyne*

Or, pour revenir à Monfieur l'Admiral, il prit fi grand Gouft à cette Noix, que luy donna Monfieur le Marefchal de Strozze, qu'il ne s'en degoufta jamais,

H 4

juf-

juſques à ce qu'il en euſt fait & veu l'Expérience : &, pour ce, aucuns ont voulu dire, qu'il avoit plus d'Ambition,
que de Religion, & que ſes Actions
ont plus tendu à l'un qu'à l'autre. Or,
je ne ſçay ce qu'il en pouvoit avoir dans
l'Ame pour cela. Mais, le Zele & la
Dévotion qu'il a porté tousjours à ſa Religion, & comme il l'a bien embraſſée
& ſervie, font Foy de tout : &, qui
plus eſt, les Paix qu'il a faites. Car,
auſſi-toſt que le Roy luy accordoit,
& à ſes Partiſans, l'Exercice de leur
Religion, le voilà qu'il mettoit auſſi-
toſt les Armes bas, ſans retenir une
ſeule Ville pour ſa Seureté, & les rendoit auſſi-toſt toutes; ce que n'ont fait
les autres qui ont commandé après luy :
&, quand on luy diſoit pourquoy il n'en
retenoit aucunes pour ſoy & pour eux
tous, il reſpondoit, qu'ils ne ſçauroient
ſe rendre plus coupables que de cette
Façon de tenir les Villes ainſi du Roy;
& que, puis qu'il leur permettoit ainſi la Liberté de leurs Conſciences &
l'Exercice de leur Religion, que vou-
loient-ils davantage ?

Aux prémieres & ſecondes Guerres,
il rendit tout auſſi-toſt Orléans, qui
leur avoit eſté tant bonne Ville, & tant
propre Nourrice : & pluſieurs luy
cryoient,

cryoient , pourquoy au moins il ne re-
fervoit cette Ville pour fa Seureté ,
& qui eſtoit ſi proche de ſa Maiſon ?
Il rendit , aux troiſieſmes Troubles ,
Angouleſme de meſme , que les Huguenots de Poiƈtou, Angoulmois , &
Xaintonge , qui en ont eſté la Fourmil-
liere ou Pépiniere , tousjours cryérent
fort après luy , & le priérent inſtam-
ment de ne la rendre ; voire , qu'ils
voulurent Mal mortel à Monſieur de
Sainte-Meſme , ſage & bon Capitaine ,
qui l'avoit rendue ſi facilement , qu'il
ne l'euſt gardée pour eux.

MAIS , ce grand Admiral eſtoit ſi
grand , ſi craint , & ſi redouté , & avoit
pris telle Créance & Pouvoir ſur ſes
Partiſans , qu'ils n'euſſent jamais oſé le
moins du Monde contredire à ce qu'il
avoit une fois dit & arreſté ; & auſſi ,
qu'il ſe fondoit tousjours ſur ce grand
Point de la Religion : *Car* (diſoit-il),
*puis que nous avons noſtre Religion , que
nous faut-il davantage ?* Dont par-là con-
noit-on combien il eſtoit plus Homme-
de-Bien , & religieux , qu'on ne penſoit. Auſſi telle Bonté le fit perdre.

CAR , s'il ſe fuſt reſervé de bonnes
Villes , on euſt dix fois ſongé à le faire
mourir. Bien eſt-il vray , qu'il a eſté
fort ambitieux pour ſon Roy , & fort
ſon-

H 5

songeant & tendant à le faire grand.
Car, il me souvient, que, (lors qu'il
vint à la Cour, où il mourut, le Roy
estant à Saint-Clou, au mesme Logis
où la Conjuration fut faite contre luy,
& où depuis fut tué nostre Roy Henry III, le grand Autheur & Fau-
teur de la Conjuration, & la Reyne
y fut malade,) un Matin, qu'elle avoit
pris Médecine, Monsieur l'Admiral entra dans sa Sale, où il nous trouva,
Monsieur de Strozze & moy, tous deux
tous seuls : ainsi qu'il frappa à la Porte de la Chambre de la Reyne, pour
y entrer, une de ses Femmes de Chambre, qui estoient quasi toutes Huguenottes, au moins les principales, luy
dit que la Reyne n'avoit encore rendu
sa Médecine, & qu'il attendist un peu;
ce qu'il fit; & se mit à promener avec
nous, & nous discourir des Affaires de
Flandres, qui alloient bien, à cause
des Villes de Valanciennes & Mons
surprises, dont il en avoit une Joye extrême; & puis nous parla de nostre Em-
barquement que nous allions faire en
Broüage, & des Commandemens qu'il
avoit faits aux Ports de son Admirauté
de nous assister du tout. *Or, dit-il,
Dieu soit loüé, tout va bien. Avant
qu'il soit long-temps, nous aurons chassé*
l'Es-

l'Efpagnol du Pays-Bas , & en aurons fait noftre Roy Maiftre , ou nous y mourrons tous , & moy-mefme le pre-mier ; & n'y plaindray point ma Vie , fi je la perd pour ce bon Sujet. Et , pour ce , vouloit-il fort que Monfieur de Strozze rompift fon Deffein d'aller vers les Ifles du Pérou , & allaffions fondre par Mer en .Flandres , & luy viendroit par Terre : fi-bien que , fi nous nous entendions ainfi , tout iroit à Souhait : & de rechef nous envoya en Broüage un très-habile Gentil-Homme des fiens , pour nous prier encore de nous y acheminer , & luy qui commen-çoit à partir. A quoy nous fufmes es-branflez. Mais , nous nous donnafmes la Garde , qu'au plus beau de nos bel-les Réfolutions & déterminé Partement, la Mort malheureufe entrevint de ce grand Capitaine.

MORT malheureufe la puis-je bien appeller pour toute la France , veu les Maux qui depuis s'en font enfuivis , & s'enfuivront encore. Car , que pou-voit le Roy fouhaiter davantage & de meilleur , que de défaire de telle Façon un fi puiffant Ennemy , puis que , dans fon Ame il le tenoit tel , bien qu'il luy monftraft beau Semblant , & s'en alloit de fon Royaume , & luy emmenoit vingt

H 6

mille

mille Hommes de ses Partisans, & ,
Dieu sçait, des meilleurs, & luy alloit conquester tout un Pays aussi grand
qu'un Royaume, & le luy approprier.
Car, pour soy, il n'en vouloit point :
c'estoit Abus ; ny qu'il se voulust faire
Roy de France. Il en eut autant d'Envie & de Souhait, que moy. Mais,
bien desiroit-il avoir une grande Charge soubs son Roy, tenir près de luy
le Rang qu'il méritoit & avoit tenu autrefois près de son grand Roy Henry,
estre son Lieutenant-Général en ses
Conquestes, & en estre gratifié de
quelques Biens, comme de Raison :
& se fust-il ainsi mieux maintenu,
& agrandy, & se fait craindre, soubs
l'Authorité d'un tel Roy son Maistre, que s'il eust voulu le tout s'approprier à luy, & s'en faire Souverain :
il eust eu de la Peine grande & du Danger, pour longuement garder ce Tiltre,
& Prééminence. Et voilà ce qu'il
vouloit ; car, je le sçay d'un bon Lieu
& d'un Homme qui le sçavoit & tenoit de luy : & voilà ce que le Roy luy
devoit accorder & permettre de laisser
faire, & purger son Royaume de Gens
qu'il n'aymoit pas, sans se souiller les
mains d'un très-ord Massacre ; ainsi que
fit Bertrand du Guesclin, ce grand Capitaine,

pitaine, quand il purgea la France d
ces meschants Garnimens, & Faineans
de Guerre, & les emmena avec luy.
C'estoit un vray & pareil Moyen de se
défaire ainsi des Huguenots : & ce fut
ce que Monsieur l'Admiral sçeut bien re-
presenter au Roy, quand il luy remonstra, qu'il faloit faire la Guerre au Roy
d'Espagne, ou qu'il se résolust d'avoir
encore la Guerre en son Royaume; dont
aucuns du Conseil en furent si scanda-
lisez, qu'ils commencérent à cryer sour-
dement : *Tolle, tolle, crucifige, blas-*
phemavit (1), & en firent un grand
Bouclier & en levérent la Baniere.
Mais, ils ne le prirent pas du bon Biais
qu'il le faloit, pauvres Gens qu'ils estoient. Car, Monsieur l'Admiral voyoit bien le Naturel de ses Huguenots,
que, s'il ne les occupoit & amusoit au
Dehors, que, pour le seur, ils recom-
menceroient à brouiller au Dedans, tant
il les connoissoit brouillons, remuans,
fretillans, & Amateurs de la Picorée.
Je sçay ce qu'il m'en dit une fois à la
Rochelle, que je l'estois allé voir, &
mourut un An après : & me faisoit cet
Honneur de discourir avec moy, bien

que

______

(1) C'est-à-dire. *Otez-le, otez-le, & le Cruci-*
fiez, il a blasphémé.

H 7

que je ne fuſſe de ſon Party, & fuſſe encore jeune & fort incapable de ſes Secrets; mais, il m'aymoit, car, je luy eſtois fort proche à cauſe de Madame ſa Femme.

JE ſçay bien auſſi ce que m'en a dit Monſieur de la Noüe, lequel, tant qu'il a pu, reprit les Erres de Monſieur l'Admiral, pour jetter la Guerre de Dedans au Dehors, ainſi qu'il a fait paroiſtre par le long Séjour qu'il a fait en Flandres; car, il m'a juré cent fois, qu'il n'y avoit rien au Monde qu'il déteſtaſt tant que la Guerre civile, & que Monſieur l'Admiral la déteſtoit bien autant, & que jamais plus il n'y retourneroit que par Force.

LE Roy donc, ne ſe voulant ſervir de luy en ſi bonnes Affaires, fut, ou de luy-meſme, ou de pluſieurs de ſon Conſeil, perſuadé de le faire mourir: &, pour ce, fut attiré le Sieur de Montravel, qui avoit tué auparavant le Sieur de Moüy, ſon Maiſtre, qu'on appelloit *le Tueur du Roy*, ou le *Tueur aux Gages du Roy*; lequel, ainſi que Monſieur l'Admiral ſe retiroit en ſon Logis, & eſtant devant celuy du Chancelier, ledit Montravel, caché en une Feneſtre d'un meſchant petit Logis, qui eſtoit là-près, tira à mondit Sieur l'Admiral

ral une Harquebuzade au Bras , ainſi qu'il liſoit une Lettre en marchant.

Monsieur l'Admiral , ſe ſentant bleſſé , il ne dit autre Choſe , ſi-non que, *Le Coup vient de là :* & ſe retira en ſon Logis , & ſe fit ſoudainement panſer. Le Roy , & toute ſa Cour , tant des Catholiques que des Huguenots , fut fort troublée , mais plus les Huguenots , qui uſérent des Paroles & Menaces par trop inſolentes , qu'ils frapperoient , qu'ils tueroient ; ce qui cauſa la Mort de Monſieur l'Admiral : non qu'il fuſt mort de ſon Coup , car , ce ne fuſt rien eſté ; mais , qu'on la luy procura , veu les Menaces. Pour ce, le Maſſacre général de la Saint - Barthelemy fut arreſté & conjuré. Je m'en rapporte à ce qui en eſt. Il n'y en a aucun qui le ſçache mieux aujourd'huy , que le Mareſchal de Rays (1), le premier & principal Autheur & Conſeiller du Fait, lequel eſt encore vivant : car , tous les autres ſont morts par Permiſſion divine , puis que Dieu ne hayt (2) tant, que le Sang reſpandu de quelque Créature que ce ſoit ; car , elle eſt faite à ſa Semblance. Ledit Mareſchal n'eſt pas mort encore ; mais , il y a près de vingt

Ans

---

(1) Le Maréchal de Retz.
(2) rien

Ans qu'il eſt ſi mal-ſain, que ſa Vie ne s'appelle pas Vie, mais pluſtoſt Martyre.

Monsieur l'Admiral eſtant bleſſé fut fort bien ſecouru des Médecins & Chirurgiens du Roy, & meſme de ce grand Perſonnage Maiſtre Ambroiſe Paré, ſon prémier Chirurgien, qui eſtoit fort Huguenot ; & y furent tous envoyez du Roy. Il fut auſſi viſité du Roy, qui jura & renia, qu'il vengeroit ſa Bleſſure, & qu'il priſt Courage, & qu'il connoiſtroit combien cela luy touchoit. La Reyne auſſi le fut voir, & leur dit à part à tous deux de grandes Choſes, dit-on, & leur révéla de grands Secrets, qui tendoient tous à leur Grandeur : & ſon Diſcours dura fort long-temps, qui fut entendu fort attentivement de Leurs Majeſtez, & monſtrérent grande Apparence par l'Extérieur qu'elles le gouſtoient ; mais, tout ce beau Semblant tourna après à Mal, dont l'on s'eſtonna fort comme Leurs Majeſtez pouvoient joüer un tel Role ainſi emmaſqué, ſi auparavant elles avoient réſolu ce Maſſacre.

L'Heur donc de la Nuit, & des Matines de cette ſanglante Feſte, eſtant venue, Monſieur de Guyſe en eſtant adverty du Roy, & bien-ayſe de l'Occaſion

cafion de venger la Mort de Monfieur
fon Pere, s'en alla très-bien accompagné au Logis de Monfieur l'Admiral,
qui fut auffi-toft forcé. Il en ouyt le
Bruit, & fe douta foudain de fon Malheur, & fit fa Priere a Dieu.

S u r ce, Befme, Gentil-Homme
Allemand, le prémier bien fuivy monta en haut, & ayant fauffé la Porte de
la Chambre, vint à Monfieur l'Admiral,
avec un grand Efpieu large en la Main.
A qui Monfieur l'Admiral ayant dit :
Ah ! jeune Homme, ne fouille point tes
Mains dans le Sang d'un fi grand Cupi-
taine. L'autre, fans aucun Efgard, luy
fourre dans le Corps ce large Efpieu:
& puis luy & d'autres le prirent,
(Monfieur de Guyfe, qui eftoit en bas,
cryoit, *Eft-il mort ?*) & le jettérent par
la Feneftre dans la Cour : non fans Peine ; car, le Corps retenant encore de
cette Vigueur généreufe du paffé, re-
fifta un peu, s'empefchant des Jambes
contre la Muraille de la Feneftre, à cette Cheute. Mais, aydé par d'autres,
il fut précipité. Monfieur de Guyfe ne
le fit que regarder feulement, fans luy
faire Outrage tendant à la Mort. De
defcrire les Infolences & Opprobres,
que d'autres firent à fon Corps, cela
eft indigne de la Plume & Efcriture

d'un

d'un honneste Cavalier : mais, tant y a, que telles luy firent des Injures, des Vilainies, Insolences, & Opprobres, lesquels auparavant ne l'osoient regarder, & trembloient devant luy. Ainsi vit-on jadis devant Troye des Grecs les moins vaillants braver autour du Corps d'Hector mort. Ainsi voit-on souvent aux Deserts de Barbarie les Animaux les plus timides braver autour d'un grand Lyon mort, gisant dessus le Sable, qui souloit estre auparavant la Terreur de tout un Terroir & de toute une grande & spacieuse Forest. Ceux aussi, (& des plus grands,) qui craignoient ce grand Admiral, & qui à Teste basse s'inclinoient à luy auparavant, bravoient & triomphoient très-arrogants autour de ce pauvre Tronc. Sa Teste fut aussi-tost séparée de ce noble Corps, & portée au Pape, ce dit-on, mais (1) la plus saine Voix, au Roy d'Espagne, en Signe d'un Présent fort triomphant & très-agreable, qui fut accepté d'un Visage très-joyeux, & d'un Cœur de mesme. Tant y a, que ce fust ou l'un ou l'autre qui le reçeust, (2) eut grand Sujet de s'ésjouyr; car, ils perdirent un très-grand & très-dangereux Ennemy, qui leur eust bien fait

du

(1) selon (2) il

du Mal encore, si on l'eust laissé faire.

J'ay ouy conter à un galant Cavalier, qui estoit alors en Espagne, quand les Nouvelles du Massacre de la Saint-Barthelemy y arrivérent, lesquelles porta un Courrier du Roy d'Espagne des meilleurs qu'on pust voir, & s'appelloit Jean Bourachio, qui fit telle Diligence, qu'en trois Jours & trois Nuits il arriva de Paris à Madrid, & sans dormir; ce que le Roy son Maistre admira fort: aussi luy donna-t-il bien le Vin, tant pour la Diligence, que pour les bonnes Nouvelles qu'il luy porta.

Il ne faut point douter si le Roy d'Espagne en fut bien-ayse; car, au Monde n'avoit-il pires Ennemis que Monsieur l'Admiral & ses Partisans.

Du Commencement, il ne put croire que tous les principaux Chefs fussent esté ainsi attrappez, sans la Lettre, que le Roy son Frere luy escrivoit, ce disoit-il, qui en faisoit bonne Foy. Après que le Roy eut bien interrogé son Courrier, il l'envoya de ce Pas à l'Admiral de Castille, qui estoit alors à Madrid, ensemble la Lettre que le Roy luy escrivoit, pour luy faire Part des bonnes Nouvelles qu'il avoit reçeues.

Le Courrier estant arrivé, il commence à cryer dès la **Porte & Basse-Court**

Court du Logis de l'Admiral, *Nuevas,
Nuevas, buenas Nuevas* (1); &, mon-
tant en la Salle, que l'Admiral commençoit à fouper, cryoit encore ;
*Buenas Nuevas. Todos los Luteranos,
y de los mas principales, fon muertos, y
matados en Paris ay tres Dias* (2). Et,
s'approchant de l'Admiral, il luy donna la Lettre que le Roy luy envoyoit ;
&, l'ayant leue, il en fçeut tout le
Difcours, & par le Courrier auffi :
&, s'eftant tourné vers la Compagnie
qui eftoit à la Table, il dit : *No es
Cofa mas cierta, que todos los principales fon muertos, fino tres : & Vandomillo*
(il appelloit ainfi le Roy de Navarre,
comme difant, le petit Vendofme ;
mais, il leur a bien appris depuis à
l'appeller autrement.) *primiero, al-
qual perdono el Rey, por l'Amor de fu
Efpofa : al Principe de Condé perdone
tan bien, porque es Niño : por tercero,
el Conde de Montgomery, buy oyfe* (3)
falvo con una vega (4), *y bizo s'eften-*
ta

___

(1) C.-à-d. *Nouvelles, Nouvelles, bonnes
Nouvelles !*

(2) C.-à-d. *Bonnes Nouvelles ! Tous les Luthé-
riens, & même les Principaux, font morts, & maf-
facrez à Paris depuis trois Jours.*

(3) huyo y fe   (4) yega

ta (1) *Leguas s'imparar* (2)*, & affi fe*
falvo, per grand Miraglo de Diablo, no
de Dios (3).

POUR-LORS foupoit avec cet Admiral de Caftille le Duc de l'Infan-
tufque (4), fort jeune Prince, & peu
encore pratic, qui demanda fi ce Monfieur l'Admiral de France, & tous fes
Partifans, eftoient Chreftiens ? Qui
refpondit qu'ouy. Luy, après repliqua: *Como Diablo puede fer, que, pues*
que fon Francefes y affy Chriftianos, fe
matan como Beftias (5) ?

L'ADMIRAL luy refpondit : *Cal-*
la, Señor Ducque, que la Guerra dy
Francia, es la Pax d'Efpaña, y la Pax
d'Efpaña es la Guerra dy Francia con
nueftros Dublones (6). Voilà ce que
m'en

(1) feftanta   (2) fin parar,
(3) C.-à-d. *Il n'y a rien de fi certain que tous*
les Principaux font morts, exceptez trois : le pre-
mier, Vandomet, auquel le Roi a pardonné à caufe
de fa Femme : le fecond le Prince de Condé, parce
que ce n'eft qu'un Enfant : & le troifième, le
Comte de Mongommery, qui s'eft fauvé fur une Ju-
ment, par un Miracle, non de Dieu, mais du
Diable, aiant fait foixante-&-dix Lieues fans s'ar-
rêter.
(4) Infantade.
(5) C.-à-d. *Comment Diable fe peut-il, que,*
puis qu'ils font François & Chrétiens, ils s'affom-
ment ainfi comme des Betes?
(6) C.-à-d. *Deucement, Mr. le Duc. La uer-*
G^{re}

m'en cónta ce Cavalier, qui eſtoit alors à la Table de cet Admiral, qui ouyt tout ce Diſcours.

Touchant l'Allegreſſe & la Contenance qu'en fit le bon & ſaint Pape Pie V (on le peut appeller ainſi) de ce Maſſacre ſuſdit, j'ay ouy dire à Homme d'Honneur, qui pour lors eſtoit à Rome, & qui en ſçavoit des Secrets, que, quand on luy en porta des Nouvelles, il en jetta des Larmes; non pour Joye qu'il en euſt, comme force Gens font en Cas pareil, mais de Deuil: &, quand aucuns de Meſſieurs les Cardinaux, qui eſtoient près de luy, remonſtrérent pourquoy il pleuroit & s'attriſtoit ainſi d'une ſi belle Dépeſche de ces Gens malheureux, Ennemis de Dieu, & de ſa Sainteté? *Hélas, hélas!* (ce dit-il) *je pleure la Façon dont le Roy a uſé, par trop illicite & défendue de Dieu, pour faire une telle Punition; & que je crains, qu'il en tombera une ſur luy, & ne la fera guéres longue deſormais!* Comme ce ſaint Homme ſçeut très-bien prophétiſer par l'Eſprit de Dieu, que je croy qu'il avoit autant que
ja-

re de France eſt le Paix de l'Eſpagne, & la Paix de l'Eſpagne eſt la Guerre de la France, à l'aide de nos Doublons.

jamais eut Pape. *Je pleure aussi* (dit-il) *que, parmy tant de Gens morts, il n'en soit mort aussi-bien des innocens que des coupables.* Comme il fut vray, mesme de fort bons Catholiques, que leurs Ennemis faisoient accroire qu'ils estoient Huguenots. De plus, ajousta ce bon Saint-Pere : *Possible qu'à plusieurs de ces Morts Dieu eust fait la Grace de se repentir, & de retourner au bon Chemin, ainsi que l'on a veu arriver à force en Cas pareils.* Comme de vray, combien avons-nous veu depuis force Huguenots s'estre convertis, & faits bons Catholiques? Les Chemins en rompent. Voilà le beau Dire, & la belle Prophétie de ce Saint-Pere sur ce malheureux Massacre.

C'est un grand Cas, qu'un Seigneur simple, & non point Souverain, mais pourtant d'un très-haut & ancien Lignage de Coligny en Savoye, & autrefois Souverain & très-grand, ayt fait trembler toute la Chrestienté, & remplie de son Nom & de sa Renommée ; tellement que lors, de l'Admiral de France, en estoit-il plus parlé que du Roy de France. Et si son Nom estoit connu parmy les Chrestiens, il est allé jusques aux Turcs : de telle Façon, & n'y a rien si vray, que le Grand-
Sul-

Sultan Solyman, l'un des grands Perfonnages & Capitaines qui regna depuis
les Ottomans, un An avant qu'il mouruft, l'envoya rechercher d'Amitié &
Accointance, & luy demander Advis
comme d'un Oracle d'Apollo ; &, comme je tiens de bon Lieu, ils avoient
quelque Intelligence pour faire quelque
haute Entreprife, que je n'ay jamais
pu tirer ny fçavoir de Monfieur de
Theligny, mon grand Amy & Frere
d'Alliance, qui fut dépefché de Monfieur l'Admiral, avec le Seigneur de
Villeconnin, à Conftantinople, là-où
ils ne le trouvérent point, car il en
eftoit déja party pour fon Voyage de
Siguet, où il mourut. Voilà quel a
efté ce grand Admiral, parmy les Chreftiens, & parmy les Infideles.

Je parle de luy en mon Livre des
Colonels plus au long ; & fur ce beau
Renom il eft mort. Quel Dommage !
Il y eut quelqu'un, qui fit fon Epitaphe en Vers Grecs, où il introduit
un Paffant, qui s'enquiert & demande là-où eft le Tombeau de ce grand
Admiral tant renommé par le Monde,
qu'il demande par grande Admiration
vifiter. Un autre luy refpond : *Paffant, fans faire plus grand Chemin, tu
peux bien ne paffer plus outre, ou t'en
retour*

retourner en arriere : car , tu n'en trou-
veras aucun icy bas , d'autant que le Mon-
de , & le Ciel l'ont pris , & l'ont por-
té enfepvelir dans le Sein de l'Immortalité,
où maintenant il gift à fon Ayfe.

PARLONS un peu que devint ce
Befme qui le tua. On difoit pourtant ,
qu'alors Sarlabous , Gouverneur du
Havre , fe vanta de l'avoir tué. Si
c'eft la Vérité, ou qu'il s'en foit vanté à faux, c'eft une Recompenfe mau-
vaife d'un Capitaine envers fon Colonel , qui d'autresfois luy avoit commandé. Mais , pour le feur , ce fut
Befme : poffible que l'autre luy donna
quelque Coup. Et, pour en voir une
divine Vengeance, ce Befme eftoit un
Gentil-Homme Allemand , que j'avois
veu d'autresfois nourry Page du Cardinal de Guyfe. Il fe mit en telle
Grace & Amitié de Monfieur de Guyfe, qu'il le gouvernoit paifiblement ;
&, pour ce, luy fit efpoufer la Fille
baftarde du grand Cardinal de Lorraine. Je nommerois bien fa Mere , &
cette Fille, dite Arne, fort belle &
honnefte Damoifelle, & bien créée en
la Cour d'Efpagne, & nourrie de cette
noftre grande Reyne de là , à qui je
l'ay veuë ; &, après fa Mort, elle
s'en vint en France demeurer avec

Tome VIII.　　　　I　　　　　　　la

la Reyne-Mere, qui n'en refusa jamais.

Le Roy d'Espagne fut si libéral à l'endroit de toutes ces Filles nourries avec la Reyne sa Femme, qu'entr'autres beaux Présens il leur donna à chacune trois ou quatre mille Escus pour Mariage, s'il me souvient bien; mais, il me semble qu'il y en avoit plustost plus que moins: & ce Mariage n'estoit payé, ny délivré, si-non lors qu'elles estoit mariées.

Arne doncques estant mariée, son Homme se résout deux Ans après d'aller en Espagne, par le Moyen de Monsieur de Guyse, tant pour querir son Mariage, que pour braver & se monstrer en Piaffe devant le Roy & les Espagnols, & dire que c'estoit luy qui avoit fait le Coup de Monsieur l'Admiral; (& quel Coup à son Advantage, qu'un petit Enfant en eust fait autant?) Il y va, & sans Danger, & y fut très-bien venu & payé, dont la pluspart de son Argent il le mit en Pierreries, Bagues, Joyaux, & Babioles, pour mieux porter son Fait, & aussi qu'il sçavoit bien que Monsieur de Guyse l'en déchargeroit. Outre tout cela, le Roy d'Espagne le gratifia de quelque autre Présent, pour la Gratification

&

& Recompenſe du Meurtre, pour ſon
Retour. Il fut ſi imprudent & perdu d'Eſprit & d'Entendement , ou Dieu, juſte
Vengeur des Forfaits , poſſible l'aveugla de telle Façon, ou ſon Démon ma-
lin ou malheureux Deſtin l'y condui-
ſoit , qu'il vint paſſer le grand Chemin des Poſtes de la Guyenne , où
les Huguenots avoient bon Crédit , leſquels alors faiſoient quelque
petite Guerre pour les Fortereſſes petites qu'ils tenoient. Par-quoy, il fut pris
entre Barbezieux & Chaſteauneuf , &
mené Priſonnier au Chaſteau de Bou-
teville , où commandoit pour lors le
Sieur de Bertauville , qui commande
aujourd'huy à Ponts.

I L fut là gardé long-temps Priſonnier , dont fut remonſtré audit Bertauville ce qu'il vouloit faire de cet Homme ; & qu'il ne faloit qu'une Heure
qu'il ſe ſauvaſt, (comme de vray il la
faillit une fois,) & s'il ne ſçavoit pas
ce qu'il méritoit?

P A R-Q U O Y, un Jour, on luy fit accroire, qu'il vouloit rompre les Pri-
ſons & ſe ſauver, comme de vray il y
eut de l'Apparence ; ſi-bien qu'il fut
tué, & eut ce qu'il avoit preſté à Monſieur l'Admiral : & très-bien employé ;
car, il eſtoit venu trop hautain & trop

glo-

glorieux, de ce Coup, bien qu'il ne fuſt pas plus mauvais qu'un autre, comme je le vis au Siége de la Rochelle, ainſi que je le voyois fort eſchauffé de retirer Monſieur de Guyſe des Coups & Harquebuſades, & luy remonſtrer les Hazards qu'il couroit, & luy pour ſon Honneur avec ſon Maiſtre.

Que ſi Monſieur de Guyſe (diſoit-on) l'euſt voulu croire, il n'euſt acquis la Réputation d'eſtre ſi vaillant comme il a eſté : & croy que, dès-lors, ſa Conſcience l'avoit jugé pour l'advenir ; car, la Mort de ſi grand Perſonnages eſt tousjours fatale à ceux qui la donnent ou procurent. Pluſieurs (comme ceſtuy-cy) s'en ſont reſſentis, bien qu'ils fuſſent des plus grands, que je ne diray point. Et ſi diray encore plus, que, bien que le Roy d'Eſpagne, & le Duc d'Albe, alors ſon Lieutenant en Flandres & au Siége de Mons en Haynaut, quand cela vint, furent avec leurs Eſpagnols très-joyeux de cette Mort, & de pluſieurs de ſes Partiſans, ſi ne l'approuvérent-ils jamais de la Façon, & que cela ſentoit pluſtoſt ſon Carnage barbare & de Turc, que ſon Couſteau de Juſtice Chreſtienne.

Je

Je l'ay ainſi ouy dire à aucuns braves Soldats Eſpagnols , que le Duc d'Albe ne fit pas ainſi à ceux de la Ville de Harlem , qu'il fit tous punir par Forme de Juſtice. Car , auſſi, pourquoy Dieu l'a-t-il donnée aux Grands , ſi-non pour la bien exercer comme il faut , & non pour en abuſer.

J'ay ouy auſſi dire , que , lors de ſa Mort, ledit Duc d'Albe dit : *Muerto l'Admirante , perdido un gran Capitan por Francia , y gran Enemigo por Eſpaña* (1).

Or, il y en a eu aucuns, qui ont voulu dire mondit Seigneur l'Admiral n'avoir eſté ſi hardy & vaillant Capitaine comme il a eſté ſage , prudent, & très-ingenieux. N'appellez-vous point cela vaillant & hardy, qui a donné tant de Battailles en ſon Temps, & qui les a fait germer de la Façon qu'on les a veues?

Considérons un peu combien, en tant de Guerres que nous avons faites de de-là & de-çà les Monts , nous avons

(1) C.-à-d. *L'Admiral mort, c'eſt un grand Capitaine de perdu pour la France, & un grand Ennemi pour l'Eſpagne.*

avons veu de Battailles depuis celle de Ravenne, encore par si longs Intervalles des unes aux autres, que l'on tenoit pour un grand Cas de s'estre trouvé en une Battaille : & y couroit-on comme à un Jubilé, à l'un pour gagner le Salut de son Ame, & à l'autre pour gagner l'Honneur de Chevalerie, & faire appeller sa Femme Madame.

APRÈS Ravenne donc vint celle de Marignan contre les Suisses, celle de la Bicoque, celle de Pavie, celle de Cérizoles, celle de Renty, qu'aucuns ont voulu plustost dire Rencontre que Battaille : mais, pourtant, là-où l'Artillerie joüe, là-où les deux grands Chefs souverains y sont en Personne & en Armes, là-où l'on combat sibien, que l'une des Avantgardes est défaite, & en Route, cela se peut dire Battaille, comme je tiens de grands Capitaines. De mesmes en peut-on dire de celle du Mareschal Strozze, qu'aucuns ont tousjours plustost nommé la Défaite du Mareschal Strozze qu'autrement. Puis, les Battailles de Saint-Quentin & Gravelines. Voyez doncques, qu'en si longues Années, & parmy Gens si guerriers que les François, Espagnols, Suisses, & Italiens,

liens, fi peu de Battailles fe font enfuivies & ordonnées. Voyez auffi, de l'autre Cofté, combien Monfieur l'Admiral en cinq ou fix Ans en a donné. Celle de Dreux, que j'ay veu comparer aux vieux Capitaines à celle de Ravenne, pour avoir efté très-bien débattue & opiniaftrée. Voire celle des Suiffes. Celle de Saint-Denis, avec une Poignée de Gens, que les Huguenots avoient encontre nous, qui eftions quatre contre un. Celle de Jarnac, ou Baffac, où nous avions des Reyftres du Rhingrave & autres Eftrangers, & eux n'eftoient que François tous purs. Celle de Montcontour, où les uns & les autres François fe trouvérent fort entremeflez de grande Quantité d'Eftrangers. Et puis celle d'Arne-le-Duc, qu'on a dit pluftoft Rencontre que Battaille.

ET notez, qu'à toutes ces Battailles, Monfieur l'Admiral menoit les Avantgardes, & y eftoit des prémiers aux Hazards & aux Coups, dont il en rapportoit des aucunes de bonnes Marques & Bleffures. N'appellez-vous point donc celuy-là vaillant & hardy ? Je ne mets en conte les fois qu'il a prefenté fors Battailles, qui n'ont manqué pour luy à eftre

don-

données, comme à Talſy, à Pamprou, à Jazeneuil, à Lodun, qui faillirent pour les Accidens & Inconvéniens, que ceux qui eſtoient de ce Temps ont veu auſſi-bien que moy, & que l'on a eſcrit; entr'autres Monſieur de la Nouë, qui en a parlé, & d'autres Choſes auſſi véritables que jamais Homme qui ayt eſcrit, bien que quelquefois il favoriſe un peu les ſiens.

EN quel Rang mettrons-nous auſſi la Défaite de la Roche-la-Bélie, là-où le Colonel-Général de noſtre Infanterie fut pris, vingt-cinq Capitaines des ſiens morts, & quelque huit cens de ſes meilleurs Soldats. Je laiſſe à dire à ceux qui y eſtoient, à quoy il tint qu'à ce Coup la Battaille ne ſe donnaſt, ny meſmes au petit Limoges.

VOILÀ donc comment ce grand Capitaine engendroit les Battailles. Que ſi les unes venoient à leur Perfection & Maturité, & les autres non, il n'en pouvoit mais, non plus qu'un Pere qui engendre des Enfans, les uns qui naiſſent & viennent à Bien, les autres meurent auſſi-toſt, & ne viennent à Profit, ne laiſſe pour cela à avoir fait ſon Devoir en la Procréation.

TANT d'autres Endroits pareils conteterois-je, mais je n'aurois jamais fait, qu'on pourra bien voir dans les Mémoires de Monsieur de la Nouë, avec plusieurs autres belles Rencontres & Défaites, dont entr'autres, que Monsieur de la Nouë tait, en quoy m'en estonne, que j'ay veu fort loüer & renommer, quand il défit & brusla nos Poudres, lors que le Siége estoit devant Bourges , que nous fusmes contraints d'envoyer à la Picorée à Paris, dont l'on envoya six Canons, Poudres & Balles , pour tirer quatre mille Coups , avec tout le reste nécessaire, accompagné des Compagnies de Gendarmes de Monsieur d'Anville (1), s'il me souvient bien, & de Monsieur de Sipiere, à laquelle commandoit le Capitaine Bonnasse, bon & vaillant certes, avec quatre ou cinq Compagnies de Gens de Pied, tant du Capitaine la Chambre, bon Soldat & bon Mâtois, qui portoit ce Nom pour avoir esté Valet-de-Chambre de Monsieur le Prince, & d'autres Capitaines. Monsieur l'Admiral, en ayant eu Advis, partit d'Orléans avec cinq ou six cens Chevaux, & vous alla raffler tout cela en un Tourne-Main près

de

____

(1) Damville,

I 5

de Chasteaudun. Pendant que l'on s'amusoit à combattre, les Chartiers détellent leurs Chevaux, coupent Cordages, & avec leurs Chevaux sauve qui peut & s'enfuyent; si-bien que le Tout demeura là à la Mercy du Vainqueur. Monsieur l'Admiral, voyant luy estre impossible de mener & faire conduire tout cela à Orléans, afin que son Ennemy ne s'en prévalust, fit arranger ensemble toutes les Poudres, les Balles, les Canons, Bouche contre Bouche les uns contre les autres, & puis fit faire une longue & grande Traisnée de Poudre: &, s'estant retiré assez loing sur une petite Montagne avec sa Trouppe, s'amusérent tous à voir donner le Feu à la Traisnée, & voir joüer la grande Fougade, qu'on n'en vit jamais une telle ny faire un tel Bruit ny Tintamarre; & le Tout s'en alla à tous les Diables. Si ceux de Bourges ne se fussent rendus alors, ils nous mettoient en Peine pour les prendre, à faute de Poudres.

VOILÀ aucuns Tesmoignages, pour estre asseurez, si Monsieur l'Admiral estoit vaillant & hardy. Et certes il le pouvoit estre; car, il estoit issu de très-braves & vaillants Peres, Grands-Peres, & Ayeuls; si bien que luy les
en-

enfuivant en fes jeunes Guerres , il
fit tousjours paroiftre fon généreux
Courage qu'il avoit extrait d'eux , ainfi qu'il fit devant Landrecy , & à la
Battaille de Cérizoles , où il fut fort
bleffé , n'y eftant que pour fon Plaifir , & en d'autres Endroits où il fe
trouvoit ordinairement. Moy luy a-
yant ouy dire une fois , que , bien
bien qu'il fuft affez favorifé à la Cour ,
à caufe de fon Oncle Monfieur le
Conneftable , jamais il ne fe foucioit
guéres de s'y amufer , ny en fes Faveurs ; mais , s'alloit promener ordinairement là-où il y avoit des Coups
(& de l'Honneur) à donner.

A u s s i eut-il l'Eftat de Colonel
fort jeune , & tout pour fon Mérite.
En tel Eftat ne faut point qu'un Poltron y entre : & qui y entre , & le
fait bien fans Reproche , croyez har-
diment qu'il eft brave & vaillant , ainfi que mondit Sieur l'Admiral le fit
paroiftre-là , & depuis ; car , encore
en ces Guerres Huguenotes , il faifoit
l'Eftat de Colonel tousjours , & fur-
tout au Siége de Poictiers , qui eftoit
auffi fcabreux & dangereux que l'on en
en ait guéres veu , pour le grand Nombre de braves & vaillants Princes , Sei-

gneurs, & Gentils-Hommes qui eſtoient là.

ET ſi mondit Sieur l'Admiral ne fuſt eſté auſſi bon Homme de Pied que de Cheval, je ne ſçay que fuſt eſté de ſon Armée & de ſon Siége; mais, il ne s'y eſpargna, ny aux Dangers, ny aux Harquebuſades, non plus que le moindre Soldat de ſon Armée. Et ſi vous diray bien plus: car, il a eſté menacé cent fois d'eſtre aſſaſſiné, & qu'il y avoit Gens attitrez, & de toutes Parts appoſtez, pour cela, dont il en avoit des Advis certains, fuſt à la Cour, aux Armées, aux Villes, en ſes Maiſons, & ailleurs. Jamais il n'en monſtra aucun Semblant d'avoir Peur, ny ne s'en accompagna pas plus de Couſtrilleux (*a*) pour cela; mais, ſe monſtroit ſi aſſeuré, que bien ſouvent le trouvoit-on quelquefois qu'il n'avoit pas quatre Hommes avec luy, comme je l'ay veu: &, quand on le luy diſoit, il reſpondoit ſeulement: *Celuy qui m'attaquera, je luy feray auſſi belle Peur, comme il me ſçauroit faire.*

JE le vis une fois à Moulins, lors que

(*a*) Liſez *Couſtilleux*, ou plûtôt Coutilliers. De *Coutillarius*, Valet qui porte la *Lance* de l'Homme d'Armes.

que Leurs Majeftez les accordérent
Meffieurs de Guyfe & luy : je dis ceux
d'Eglife, qu'on difoit qu'ils faifoient
pour tous pourtant, mais non ceux de
l'Efpée. Il y eut un Gentil-Homme
Italien francifé, que je ne nommeray
point, le Seigneur Jean-Baptifte , qui
s'alla excufer à luy, qu'on luy avoit
rapporté qu'il le vouloit tuer. Il ne
s'en fit que rire , & luy dire feulement,
qu'il le penfoit moins de luy que d'Homme de la Cour pour faire ce Coup-là;
le taxant froidement par ce Mot, qu'il
n'eftoit pas affez courageux & affeuré
pour faire ce Coup.

Lors qu'il alla trouver le Roy à
Blois, on luy remonftra fort la Faute
qu'il faifoit d'y aller, & qu'on luy don-
neroit la Venuë. *Rien, rien (dit-il) :
je me fie en mon Roy & en fa Parole.
Autrement, ce ne feroit point vivre, que
de vivre en telles Allarmes. Il vaut mieux
mourir d'un brave Coup , que de vivre
cent Ans en Peur.*

On luy en dit tout de mefme, quand
il alla à Paris, & de-là trouver le Roy
à Saint-Clou, & qu'il tourna encore à
Paris. Il refpondit tousjours de mefme.

Telles Démonftrations & Appre-
henfions nulles de Danger monftroient
I 7 bien,

bien, qu'il estoit asseuré & hardy. J'en
ay veu après luy venus en telles Charges, qui en ont bien eu d'autres, ap-
prehendans & fuyans les Presences des
Roys comme Diables, & non cet
Admiral.

Aussy ay-je ouy dire à Monsieur
de la Brosse le Bon-Homme, l'un des
bons, sages, & vaillants Chevaliers de
son Temps, comme je dis ailleurs, qu'un
jeune Homme, qui est né courageux &
hardy, & qui a fait paroistre son Courage & sa Valeur en la Chaleur de sa
Jeunesse, il ne le perd jamais, quelque
vieil Age qu'il fasse, si ce n'est par une
grande Disgrace : mais, s'il ne l'a esté
en Jeunesse, qu'il ne pense pas que l'Age
luy apporte la Hardiesse, non pas mesme la Pratique des Armes, si ce n'est
par grand Hazard & Fortune.

Et, de Fait, un Jour j'estois en une
bonne Compagnie avec feu Monsieur
du Gua, où on vint à parler d'un Seigneur que je ne nommeray point, qu'on
le fit brave & vaillant. *Comment, Mort-
Dieu* ! (dit Monsieur du Gua) *voulez-
vous qu'il soit vaillant & hardy sur son A-
ge, que jamais il ne l'a esté en sa bouillante
Jeunesse, & qu'à cette heure le Commencement & l'Apprentissage n'en est nullement bon ?* De cas, il y avoit avec nous

uñ grand Philofophe Médecin, qui con-
firma fon Dire, & dit que la Raifon
naturelle y eftoit toute peremptoire,
d'autant que le Sang bouillant & chaud,
qui eftoit en un jeune Homme, le rend
hardy, prompt, actif, & tout ardent
de Valeur; &, ayant appris dès la
Jeuneffe, & de bonne heure, de fe
remuer, tourner, virer, & exercer,
& le continuer, il ne fe peut arrefter
en fon Lieu; mais, celuy, qui eft fur
l'Age, & n'a point encore remué fon
Sang, mais laiffé en fon Eftre premier,
il eft bien mal-ayfé, eftant ainfi arrefté
& pris fa Place fixe, qu'il l'en puiffe
ofter, ou faire un nouveau. D'autres
Raifons Philofophales apporta-t-il, que
je ne veux de me defférer en cet Art.

VOILÀ donc comme Monfieur l'Admiral a pu eftre tousjours courageux,
& en toutes Saifons de fon Age, puis
que de bonne heure il commença & continua à efmouvoir fon Sang & fon Courage. Si faut-il pourtant advoüer que,
s'il n'euft conjoint avec fa Valeur des
Artifices, Aftuces, & Rufes de fon
grand Efprit & Jugement, qu'il n'euft
fait & parfait les grandes Chofes qu'il
a faites; tefmoin les grandes Entreprifes
qu'il a faites & conduites par fon Bon-
Sens: &, là-où il ne pouvoit faire venir

nir la Peau du Lyon, il y appliquoit très-bien celle du Renard, & ſur-tout en ſes Pertes de Battailles; car, tant qu'il en a donné, il les a tousjours per-dues: mais, c'eſtoit le Capitaine du Monde, qui ſe ſçavoit auſſi-bien re-lever de ſes Cheutes & Pertes, & pour leſquelles jamais ne perdit Cœur ny s'en ravaloit, que pour une perdue il ne tournaſt aux autres.

Je luy ay ouy dire, que les plus grandes Peines qu'il a eu jamais en ſes Armées, & qui peuvent eſtre à un Chef dénué de Moyens, c'eſtoit à con-tenter les Reyſtres : & à la derniere Paix qu'il fit, il jura, & me le dit à moy une fois à part, que le plus tard qu'il pourroit, voire que bien forcé, il ne tourneroit jamais plus en ces Guer-res civiles; & s'il eſtoit ſi malheureux qu'il y retournaſt, qu'il feroit la Guerre d'autre Façon qu'il n'avoit fait, qui eſtoit de ne tenir plus ces grandes Ar-mées en Campagne, & ſur-tout ne ſe chargeroit jamais d'une ſi grande Troup-pe de Reyſtres, qui pluſtoſt donnoit la Loy, qu'elle ne la recevoit.

Si eut-il pourtant ce Jugement ſub-til, qu'il les ſçeut avoir & traitter mieux qu'Homme du Monde, ny que Capi-taine ait fait, ny fera, ſans Moyens.

Aprés

Après la Battaille de Dreux, l'on voulut pratiquer les siens, je le sçay : il les retourna à Orléans, & là leur donna tant du Bec & de l'Aisle (comme l'on dit,) qu'il leur fit laisser la pluspart de leurs Chariots dans Orléans, & les traisna en Normandie, lesquels pourtant en ayant perdu une grande Part dans le Portereau, & en ayant sçeu Nouvelles, & pour ce desesperez, il les amadoüa, les contenta, & les plastra si bien & beau, qu'ils ne l'abandonnérent jamais, & le servirent tousjours jusques à la Paix faite.

A P R È s la Battaille de Montcontour, ainsi qu'il vit qu'on les avoit à demy gagnez, & que desjà Marillac, Intendant des Finances, estoit arrivé à Limoges, à Périgueux, avec force Finances, comment il les destourna de cette Proye subtilement, & les délogea de la Xaintonge ? Car, leur faisant accroire force belles Choses, il leur fit faire en trois Jours trente Lieuës fort grandes. La prémiere Journée leur fut de Barbezieux à Brantome, & à l'entour, là-où il y a douze à treize bonnes Lieuës : le Lendemain à Montignac, où il y en a huit grandes Lieuës, & le Lendemain en fit autant par de-là la Dourdoigne. Si-bien qu'en trois Jours

il leur fit faire ces trente Lieuës, &
leur fit paffer les Rivieres de la Drone,
de l'Ifle, de la Vezere, & de la Dourdoigne, & groffes Rivieres, tant de
leur Naturel, que pour les Pluyes de
l'Hyver, defquelles elles s'eftoient en-
flées beaucoup. Telles Traites les ha-
rafférent de telle Façon, qu'on les
fuivoit par les Piftes de leurs Chevaux
las & boiteux, qu'on trouvoit par les
Chemins fi très-tant abattus, que la
plufpart, & eux, & les Payfans mefmes, les laiffoient à l'Abandon, pour les
voir en tel Eftat.

QUI aura veu ce Marcher, trouvera un grand Miracle, que Monfieur l'Admiral put réduire ces Meffieurs les
Reyftres à un tel, voire extravagant,
Devoir de Guerre. Auffi, les ayant
par de-là, il les en fçeut très-bien re-
mercier & recompenfer de mefmes.
Car, après avoir joint les Forces des
Vifcomtez, & de Monfieur le Comte de
Montgommery, tournant victorieux de
Navarrains & d'Ortez, il les vous promena à ce bon Pays d'Agenois, fe don-
nans des Ayfes & des Moyens jufques à la Gorge.

QUI eut jamais cru, qu'après une
telle Battaille de Montcontour perdue,
& fi grande Déroute, ce Capitaine euft
pu

pu si bien se remettre ? Il me semble, que je vois Brute & Caßie, qui sortirent de Rome, qui l'un par une Porte, qui par l'autre, comme Gens perdus & vagabonds, & en moins d'un An mirent une Armée de cent mille Hommes sur pied, & livrérent la Battaille de Philippes.

Ce ne fut pas tout ; car, il alla devant Tholoze faire de beaux Feux, & apprendre à Messieurs de la Ville, & sur-tout à Messieurs de la Cour, de mettre de l'Eau dans leur Vin, & n'aller si viste en Besoigne, où leur Colere & Animosité par trop déréglée les conduisoit sans aucune Consideration. Car, quiconque portoit le Nom d'Huguenot, aussi-tost pris, aussi-tost pendu, jusques à un fort honneste Gentil-Homme de la Religion, nommé Rapin, qui estoit allé de la Part du Roy & du Prince de Condé, pour porter l'Edict de la Paix de Chartres, ils le firent, aussi-tost venu, aussi-tost exécuté. Ce qui fut un Acte fort vilain, puis qu'il venoit de la Part du Roy & chargé de ses Lettres, de violer ainsi un Droit de Paix. Cela n'estoit pas beau ; mais, asseurez-vous qu'ils en payérent bien la Menestre & Penderie ; car, il n'y eut Maison de tous ces Messieurs, qui ne
fust

fuſt expoſée au Feu. Ainſi Monſieur l'Admiral les poliça ; car, comme je luy ay ouy dire, il faut auſſi-bien eſtablir la Police par le Mal , commepar le Bien.

APRÈS donc s'eſtre bien chauffé le long de ces beaux Feux, il mena ſon Armée en Languedoc, & de-là envoya quelques-unes de ſes Trouppes ſaluer un peu la Plaine & belle Vallée de la Comté de Roſſillon, ſi qu'aucuns Gentils-Hommes s'approchérent près de Perpignan : mais , ils ne le firent qu'advifer & gagner (1) de loing, comme fit jadis ce Roy d'Angleterre Jeruſalem ; ce que les Eſpagnols n'euſſent jamais pu croire , que Huguenot fuſt allé plumer la Poule en leur Pays.

CELA fait, allérent en Dauphiné, Vivarès, & s'y promenérent, ayant plus ſouvent la Baguette en la Main que l'Eſpée , le Piſtolet, & l'Harquebuſe, fors qu'à Arne-le-Duc , où ſe fit cette Rencontre qu'on nommera Battaille ſi l'on veut , puis que je l'ay veu à aucuns ainſi appeller.

CEPENDANT, la Paix ſe fit, par laquelle Meſſieurs les Reyſtres furent très-bien payez aux Deſpens du Roy,

&

______

(1) guigner

& fort contents de Monſieur l'Admiral,
& luy promettans un autre Retour pour
ce meſme Prix quand il les employeroit:
& s'en retournérent, portans un tel
Renom de Monſieur l'Admiral par toute
l'Allemagne, qu'il en reſonnoit bien autant qu'en France.

VOILÀ comme ſagement ce grand
Admiral gouverna & ferra fort doucement ces Meſſieurs les Reyſtres, ſi mal-
ayſez à ferrer. Et notez, qu'avec leur
rude & barbare Bizarrerie, ils luy portoient tousjours ſi grand Reſpect, qu'ils
ne faiſoient jamais Choſe inſolente &
hors de Devoir, que, quand il leur re-
monſtroit, ils s'en corrigeoient, & luy
obéyſſoient, voire le craignoient-ils.

QUANT aux François, parmy eux
il ſe ſçavoit ſi bien faire craindre, que
vous euſſiez dit que c'eſtoit un Roy,
juſques aux Grands.

J'AY ouy faire un Conte, qu'après
le Siége de Poictiers, pluſieurs Gentils-Hommes, qui s'eſtoient retirez de
l'Armée, & s'eſtoient allez rafraiſchir
en leurs Maiſons, ou aux Villes, quand
ils le vinrent retrouver après la Battaille de Montcontour, il parla à eux, ne
faut point dire comment, & les taxa
& tança comme s'ils fuſſent eſté à ſes
Gages.

I l

IL y eut le Sieur de Genlys le Jeune, qu'on appelloit Yvoy, qui avoit la Teste près du Bonnet, qui voulut parler pour tous : *Eh ! Mort-Dieu,* (dit-il) *Monsieur, qui eust jamais pensé aussi, que vous eussiez donné la Bataille si legerement ? Comment,* (dit Monsieur l'Admiral) *& petit Capitaine de Merde, osez-vous controller mes Actions ?* Et sur ce, luy voulut donner de l'Espée : mais, il en fut empesché, & prié de luy pardonner ; ce qu'il fit, après qu'il luy eut fait toutes les humbles Excuses & Satisfactions qu'il put : & si estoit grand & de bon Lieu, & si avoit commandé à l'Artillerie devant Poictiers, & si depuis ne cessa de le rechercher & honorer comme son Roy. Aussi luy donna-t-il la Charge de mener ses Trouppes en Flandres, qui furent défaites, & luy pris.

VOILÀ comment cet Admiral sçavoit régir ses Gens, qui ne luy devoient, ny Cens ny Rentes, & rien qu'une Salutation ; car, ils n'estoient, ny ses Subjects ou Vassaux, ny ses Stipendiez, ny ses Mercenaires. Et toutesfois, quand ils estoient en sa Présence, un seul petit Mot de Couroux les estonnoit, & en absence son seul

Signet

Signet leur faisoit faire ce qu'il vouloit, tant il avoit pris une Habitude
de leur impérier, qu'il sembloit qu'elle
luy fust née, & que ses Partisans la luy
deussent.

QUANT aux Soldats & autre menu
Peuple des siens, s'ils délinquoient par
trop, il les sçavoit bien chastier : car,
il avoit esté toute sa Vie si grand Politique de Guerre, qu'encore qu'il eust
Affaire de Gens, il ne leur pouvoit
permettre le Vice ; & de tous tant
qu'ils estoient, il estoit très-aymé &
honnoré, que quand ils avoient une
Parole de Privauté de luy, ils s'en
tenoient aussi contents, comme s'ils
l'eussent eue du Roy.

AUSSI, quand une telle Accordan-
ce regne entre le Chef & les Membres,
ils sont invincibles, comme tant qu'il
a vescu, ses Gens ont fait de plus
beaux Exploits de Guerre qu'ils n'ont
fait jamais après. Et, quand il mourut,
ils demeurérent si esperdus & estonnez,
que les plus obstinez en leur Religion
la changérent soudain, si-non de Cœur,
pour le moins par Apparence ; & la
plufpart des plus Galands d'eux d'alors
vinrent à la Rochelle rendre l'Humilia-
tion à Monsieur, Frere du Roy, comme
j'ay

j'ay dit : &, nonobſtant qu'ils ayent depuis eſlevé la Teſte, ſi regrettent-ils tousjours ce grand Admiral, & le trouvent à dire.

Il faut que je die ce Mot, & puis plus. Lors que le Roy de Pologne s'en alla en ſon Royaume, traverſant l'Allemagne, il commença par les Terres de ce grand Comte Palatin, (Grand l'appelle-je, car, il eſtoit très-grand en tout,) qui le reçeut très-honorablement comme à luy appartient. Un Jour entr'autres, il le mena, avec deux ou trois des ſiens, (je croy que le gros Villeclair en eſtoit un, & Monſieur du Gua,) dans ſon Cabinet, là-où, de prime Aſpeƈt, il vit le Portrait de feu Monſieur l'Admiral, tout de ſon haut & fort au naturel. Le Comte luy dit : *Vous connoiſſez bien cet Homme, Monſieur. Vous avez fait mourir en luy le plus grand Capitaine de la Chreſtienté : & ne le deviez pas ; car, il vous a fait, & au Roy, de très-grands Services.* Alors, le Roy luy alla pallier le Meurtre le mieux qu'il put & le plus doucement, & que c'eſtoit luy qui les vouloit faire tous mourir, & qu'ils l'avoient prevenu. Monſieur le Comte reſpondit ſeulement. *Nous*
en

en sçavons toute l'*Histoire* , *Monsieur* : &
puis sortirent du Cabinet. Mais , je
tiens de très-bon Lieu , que le Roy fut
estonné , quand il vit ce Portrait , &
ouyt les Paroles de l'autre , & entra
en Appréhension que ce Jeu fust esté
fait à poste pour luy donner quelque Es-
trette.

VOILÀ la Réputation que donna ce
Comte Palatin à Monsieur l'Admiral.
Et certes , il estoit tel , quand on considérera tous ses nobles Faits , que si ,
comme j'ay dit cy-devant , Monsieur
de Guyse ayt esté un fort universel Capitaine , cettuy-cy l'a esté aussi ; & pour
Cheval , & pour Pied , ainsi qu'il le
monstra (comme j'ay dit sur la Fin)
encore au Siége de Poictiers , où il
monstra encore des vieux Coups d'Es-
crime du Temps qu'il estoit Colonel
& pour Cheval , & pour Vivres , &
pour Finances , & pour Artilleries.

ENFIN (pourtant je laisseray à de
plus spirituels que moy à parfaire la
Comparaison d'eux deux ,) Monsieur
de Guyse eut une Chose plus que luy
que je ne diray point.

SI Monsieur de Guyse fut fort éloquent , Monsieur l'Admiral l'estoit aussi.
Mais , il estoit plus sçavant que luy :
car , il entendoit & parloit fort bien La-

Tome VIII. K tin ,

tin, comme je l'ay veu ; car, il avoit estudié, & lisoit & estudioit tousjours, quand il pouvoit, & estoit hors d'Affaires : & fut trouvé après sa Mort un très-beau Livre, qu'il avoit luy-mesme composé, des Choses plus mémorables de son Temps, & mesme des Guerres civiles. Il fut apporté au Roy Charles, qu'aucuns trouvérent très-bien fait, & digne d'estre imprimé. Mais, le Mareschal de Rets en destourna le Roy, & le jetta dans le Feu, & le fit brusler, envieux du Profit & de la Recréation que le Livre eust pu apporter au Monde, ou envieux de la Mémoire & de la Gloire de ce grand Personnage. Ce qu'il ne devoit : puis que l'Envie ne regne, que parmy les Pareils ; & qu'autant de Semblance (disoit-on) y avoit-il, comme d'un Asne à un noble Cheval d'Espagne.

OR c'est assez parlé de ce grand Capitaine. J'en parle ailleurs au *Livre des Colonels* (1), comme je fais de Monsieur d'Andelot, son Frere, & en parleray en plusieurs autres Endroits où l'Occasion se présentera.

SI faut-il, qu'avant que je finisse ce long Discours, je fasse encore ce petit,
sur

_____

(1) *Ci-dessous Tome X.*

fur la Calomnie & Coulpe grande qu'on
a tant donnée à ce grand Monfieur l'Admiral, d'avoir efté Caufe, par fa Guerre civile, de la Ruyne & Pauvreté de
la France. Ce que trouvérent une fois
tout au contraire deux grands Perfonnages, l'un de Guerre, & l'autre d'Eftat, & très-bons Catholiques, que j'ouys
un Jour difcourir à la Cour dans la
Chambre de la Reyne-Mere, que, tant
s'en faut que cette Guerre euft appauvry la France, qu'elle l'avoit du tout
enrichie, d'autant qu'elle defcouvrit,
& mit en Evidence, une infinité de
Thréfors cachez fous Terre, qui ne fer-
voient de rien, & dans les Eglifes, &
les mirent fi bien au Soleil, & les
convertirent en bonnes & belles Monnoyes à fi grande Quantité, qu'on vit
en France reluire plus de Millions d'Or,
qu'auparavant de Millions de Livres
d'Argent, & paroiftre plus de Teftons
neufs, beaux, & bons, & fins, forgez
de ces beaux Thréfors cachez, qu'auparavant n'y avoit de Douzains. Tefmoing un Seigneur de par le Monde,
qui, des Reliques de Saint Martin de
Tours, & des Barres d'Argent, données par le bon Roy Louys XI, en
fit une grande Barrique de Teftons :
& tant d'autres Seigneurs & Princes

K 2

en

en firent de mefme d'autres Thréfors &
Reliques , le tout forgé pourtant au
Coin & à l'Effigie de noftre petit Roy
Charles IX , qui pour lors regnoit.
Il en paroift encore force beaux &
bons. Je ne veux pas dire pourtant,
que ce fuft beau & licite de defpouiller
ainfi les Eglifes , pour en veftir & en-
richir les Particuliers. Toutesfois , au
Roy Charles ou Louys d'Anjou premier , il fut accordé pour lors , par
le Pape , de prendre les Reliques de
fon Royaume, pour en faire fon Profit , & pour les Fraix de la Guerre.
Voyez l'*Hiftoire de Naples.*

Ce n'eft pas tout , les riches Marchands, les Ufuriers, les Banquiers,
& autres Raquedeniers , jufques aux
Preftres , qui tenoient leurs Efcus cachez & enfermez dans leurs Coffres ,
n'en euffent pas fait plaifir, ny prefté
pour un Double , fans de gros Intérefts
& Ufures exceffives , ou par Achapts
& Engagemens de Terres , Biens , &
Maifons , à vil Prix. De forte que
le Gentil-Homme , qui , durant les
Guerres eftrangeres s'eftoit appauvry,
& avoit engagé fon Bien, ou vendu ,
n'en pouvoit plus , & ne fçavoit plus
de quel Bois fe chauffer ; car, ces
Marauts Ufuriers avoient tout rafflé :
mais,

mais, cette bonne Guerre civile (ainsi l'appelloient-ils) les restaura , & mit au Monde. Si-bien que j'ay veu tel Gentil-Homme , & de bon Lieu , qui auparavant marchant par Pays avec deux Chevaux , & le petit Laquais , il se remonta si bien, qu'on le vit durant & après la Guerre civile , marcher par Pays avec les six & sept bons Chevaux , & brave comme le Bastard de Lupé , & ainsi les autres , tant d'un Party que d'autre ; & avoir ainsi continué & rachette leurs Biens , voire acquesté & augmenté les Rançonnemens que l'on faisoit de ces gras Usuriers Milorts , quand on les tenoit une fois, leur faisoient bien sortir de par le Diable leurs beaux Escus de leurs Bourses, en Despit d'eux , & fussent-ils enferrez dans les Os de leurs Jambes.

ET voilà comme la brave Noblesse de France se restaura , par la Grace (ou la Graisse pour mieux dire ,) de cette bonne Guerre civile. Force honnestes Gens anciens , qui estoient de ce Temps comme moy, en sçauront bien que dire , s'ils en veulent bien faire la Recherche & la Reveuë, & en toucher la Vérité sans Passion.

CE n'est pas tout ; car, nostre Roy Charles, qui avoit tant de Debtes sur

les

les Bras , & qui devoit à Dieu & au Monde , à cauſe de celles grandes des Roys ſon Grand-Pere & Pere , eſtoit au Tapis & au Saffran , ſans cette bonne Guerre , qui luy en rapporta de bons Profits & Emolumens , à cauſe de ces Deſcouvertes de Thréſors , & de Venditions & Aliénations des Reliques , Joyaux , & Biens temporels de l'Egliſe ; le tout , pourtant , par la Permiſſion du Saint-Pere , dont il en tira de grands Deniers , deſquels toute la France s'en reſſentit. Et principalement les Gentils-Hommes , dont je viens de parler , & les Gens de Guerre , tant des Ordonnances , que de Gens de Pied , qui , point avares , mais nobles Deſpenſiers , prodiguoient l'Argent , qui çà qui là , en belles Deſpenſes & Braveries , ſans l'embourſer.

Et qu'ainſi ne ſoit , nous voyons aujourd'huy en la France plus de Doublons , qu'il n'y avoit , il y a cinquante Ans , de petits Piſtolets , comme j'ay veu ; & pareillement , plus de Teſtons , que de Douzains , comme j'ay dit.

De-plus , qui eſt un Cas eſtrange , que l'on conſidére , & que l'on le recherche , on trouvera , que quaſi

tou-

toutes les bonnes Villes de la France,
qui se sont ressenties par ces Guerres
de Pillages, de Sacs, & de Rançonnemens, sont aujourd'huy plus opu-
lentes & riches que les autres, bien
qu'il n'y en ayt gueres de Pucelles:
jusques à la bonne Ville de Paris, qui
n'agueres estoit si pauvre & abattue
qu'elle n'en pouvoit plus, jusques aux
plus belles Femmes, qui en donnoient
à F. pour du Pain. On la trouvera
aujourd'huy plus superbe, plus riche,
& plus magnifique, que jamais; & n'y
trouve-t-on rien à dire de toutes
Choses qui affluent & abondent jusques à estre saoule, si elle ne veut
estre insatiable, comme je croy qu'on
ne la sçauroit pas saouler.

Je me souviens, qu'aux prémieres
Guerres quand nous prismes Roüen
d'Assaut, elle fut pillée l'Espace de
deux à trois Jours à Discrétion: &, que
quand le Roy alla, quelque quinze
à seize Mois après pour reprendre le
Havre, & y passa dedans, avec toute sa
Cour & aucunes Trouppes de son Armée, l'on n'y trouva rien à redire
pour le Sac; & vis la Reyne-Mere
s'en estonner, tant elle s'estoit bien
remise, & autant ample & opulente

K 4

que

que devant, si-bien qu'il ne nous y manqua rien.

J'ay veu la Ville d'Angoulesme pillée & repillée par deux fois, à la prémiere & troisiesme Guerre, moitié par Sac, moitié par les grandes & grosses Garnisons qui logérent dedans des Huguenots & d'autres, aussi de celles des Catholiques par après de mesme : bref, je l'ay veue fort abattue & appauvrie. Elle est aujourd'huy, à ce qu'on dit, la plus pécunieuse Ville de nostre Guyenne après Bourdeaux, & la Rochelle ; ce qu'on ne croiroit pas.

Et la Ville de Périgueux, quoyqu'elle a esté pillée des Huguenots, l'Espace de cinq à six Ans, aujourd'huy on n'y trouve rien à redire qu'elle ne soit aussi riche, voire plus que jamais. Tant d'autres Villes en compterois-je ; mais, j'en laisse la Curiosité à de plus entendus que moy.

Bref, il faut dire de la France ce que disoit ce grand Capitaine Prospero Colonne de la Duché de Milan, qui ressembloit une Oye bien grasse, que, tant plus on la plumoit, tant plus la Plume luy revenoit. La Cause donc est deue à cette bonne Guerre civile, tant bien inventée & introduite

duite de ce grand Monfieur l'Admiral.

Ce n'eft pas tout, les Gens d'E-
glife, lefquels cryoient le plus après les
Huguenots & leur Guerre, y ont gagné autant que les autres ; tefmoing les
Thréfors, Richeffes, & Reliques, qu'ils
ont vendu fous main, en faifant accroire, que les Huguenots les avoient
pris par Force, aucuns autres fouillez
en Terre, qu'ils avoient cachez, &
donnoient à entendre qu'ils avoient
tant dérobé, & non tant certes qu'eux-
mefmes s'en eftoient fecrettement ac-
commodez.

Et fi par la Difpenfe du Pape, &
par la Volonté du Roy, en ont vendu, s'ils en vendoient pour cinq cens
Efcus, ils en vendoient pour mille ;
faifant accroire, qu'ils n'en avoient
pu tirer davantage des Orfevres,
Changeurs, Marchands, & Reven-
deurs, qui poffible eftoient faits à la
pofte des Vendeurs.

Le Thréfor de Saint-Denis en fait
Foy, qui fut eftimé de l'Empereur
Charles, quand il le vit fi beau, fi
riche & grand, en fi grande Admiration, qu'il le dit eftre baftant pour
payer deux Rançons de Roy, y ad-
jouftant le Crucifix d'Or. Du depuis,

on vit tout cela défiguré & dissembla-
ble au passé.

Davantage, comment ont-ils
fait leurs Orgues (1), ces Messieurs
du Clergé de France, en l'Aliénation
des Biens temporels, que pour cinq
cens Escus de Taxe, ils en vendoient
pour mille, allant en augmentant tousjours au plus haut sans abaisser. Et
pour le Despartement des Décimes,
comment s'en sont-ils déportez & enrichis, les haussant si haut, soubs Ex-
cuse, Prétexte, & Licence de la Guerre & de ses Fraix, que le Profit leur
en redondoit plus grand qu'à celuy
du Roy & de ses Finances. Et jamais
Décimes ne montérent si haut, non
pas du Regne du Roy Henry, qui les
mit pour une fois, à sa grande Néces-
sité, à cinq & six Décimes, que l'on
a veu depuis taxez si excessivement,
que les pauvres petites Abbayes, petits Prieurez, & Cures, sont si pau-
vrement detenués, que les Possesseurs
d'auparavant ont esté contraints de faire *Cedo Bonis* (1), & quitter tout-à-
plat ; & le tout, par l'Avarice & l'En-
richissement de Messieurs les gros &
gras,

(1) Orges
(2) C'est-à-d. *Cession de Biens.*

gras, pourveus des grandes Dignitez, Grades, & Préeminences : jusques à leurs Facteurs, Collecteurs, Ramasseurs, & Receveurs des Décimes, qui s'y font estrangement enrichis, comme un nommé Castille (*a*), que j'ay veu n'a pas quarante Ans, n'avoir vaillant que ce qu'il portoit de ses Habillemens, & ce qu'il déroboit à tastons. Il fit si bien, que luy, ou ses Héritiers, ont vaillant aujourd'huy plus de quarante mille Livres de revenu.

C'est gratté cela, mieux que ne sçauroit faire un Frippier sur le Drap. Que pouvoient donc faire les grands Surintendans ? Avoient-ils Raison, ces Messieurs, de cryer tant après les Guerres civiles, leurs Meres nourrices ?

Que peut-on dire de Messieurs de la Justice, si-non qu'ils ne s'y font pas trop appauvris. Comment appauvris ? Mais, très-enrichis & accreus en très-grands Biens & Acquests. Je m'en rapporte aux pauvres Plaidoyans, qui ont passé par leurs Mains. Et ce qu'on a trouvé en eux de mauvais, c'est qu'ils ont esté fort peu doux & gracieux (au moins aucuns) à l'endroit

______
(*a*) Jeannin de Castille, Financier.

K 6

droit des pauvres Huguenots, leurs Demy - Peres nourriciers : car, ils en ont fait mourir (au moins aucuns) une Infinité, par leurs Sentences, Arrests, & Cousteaux de leur Exécution, plus pour porter seulement le Nom d'Huguenots, que pour autres grands Sujets. Grande Rigueur, pourtant, de faire mourir leurs Bienfaiteurs.

Que dira - t - on aussi d'un tiers Estat, qui, avec les autres, en disoit sa Rattellée, & débagouloit pis que pendre après Monsieur l'Admiral & sa Guerre ? Y ont - ils beaucoup perdu ? Non certes, mais beaucoup gagné, & enrichis. Car, Marchands, Artisans, Gens de Mestier, & autres de ce tiers Estat, se font si bien accreus, que ce qui se vendoit auparavant un Teston, aujourd'huy se vend l'Escu pour le moins. Aussi, comme dit Cornelius Tacitus, parlant de l'Empire de Tibere lors florissant, que l'Empire Romain s'estant accreu en une très-haute Grandeur & Magnificence, les Biens des Particuliers s'en accreurent aussi : de mesme en accreut la France ses Enfans & Nourrissons.

De - sorte que, si tant d'Estrangers, Gens de Guerre, par trop mercenaires, n'en eussent emporté tant
d'Or

d'Or & d'Argent au dehors, il ne faut
douter, que la France eftoit pleine
comme un Oeuf, & ne l'euft-on fçeu
jamais efpuifer.

MAIS, difent aucuns, qui les a fait
venir ces Meffieurs les Eftrangers,
plus prompts aux Trompettes & Tabourins d'Argent, que de Cuivre? Il
faut fçavoir cela, & eft fort ayfé. Aux
prémieres, nous en eufmes prémiers
des Suiffes, & des Lanfquenets, du
Comte de Rhingrave. Monfieur d'Andelot partit, pour avoir des Reyftres,
& les amena fort bien.

NOUS eufmes des Efpagnols en
Guyenne, & puis en France : ceux-là
ne nous couftérent rien, par le bon
Secours, & par la grande Libéralité,
de ce grand & augufte Roy d'Efpagne. Les Huguenots eurent quelques
Anglois dans Roüen & le Havre, par
le bon Secours auffi, & par la Libéralité, de la Reyne d'Angleterre.

MAIS, tant y a, j'ay veu les Huguenots nous donner deux Battailles
fans aucuns Eftrangers, affçavoir, celle
de Saint-Denis, où nous avions des
Suiffes fix mille. A celle de Jarnac,
ils n'en avoient non plus : nous avions
des Suiffes, & mefme des Reyftres,
fort peu pourtant, que le jeune Comte
K 7

Rhin-

Rhingrave avoit. Les Huguenots, puis après, en ont eu prou, & trop pour avoir nuy à la France beaucoup pour lors, & peu depuis, selon ce que j'en ay dit. Je laisse cela du surplus à en parfaire le Discours plus grand à de Gens plus curieux. Et, quand tout est dit, puis que c'estoit une Guerre intestine de Nation à la mesme Nation, nous la devions demesler entre nous autres ensemble, sans y appeller la Nation estrangere, comme l'on fait d'Estranger contre Estranger.

Certes la Guerre en fust esté plus noble, voir en mesme Compagnie mesmes Enseignes, pareilles & mesmes Armes, mesmes Sonneries de Tabourins & Trompettes, & mesmes Façons & Ordres de Guerre : ainsi qu'on vit, aux Plaines de Pharsale, mesmes Romains (dit Lucian (1),) mesmes Aigles, mesmes Armes, & pareilles Ordonnances de Gens & Formes de Guerre ; si que Pompée eust force Estrangers ramassez, & vraye Racaille. César en avoit aussi, mais plus disciplinez & aguerris pourtant à la Milice Romaine.

Pour moy, & pour en faire Fin, je

(1) Lucain.

je sçay bien ce que j'en ay ouy dire &
jurer à Monsieur l'Admiral, (ainsi que
j'ay dit cy - devant) combien cela le
fascha d'avoir esté contraint de s'estre
jamais aydé de ces Reystres, & dequoy
ils estoient jamais venus en France ; &
que, s'il estoit à refaire, ou que la
Guerre recommençast jamais, (que
Dieu l'en engardast,) il n'appelleroit
plus de telles Gens pour s'en servir ;
ils estoient trop fascheux, avares, im-
portuns, & trop mal - aysés à contenter. Nostre grand & brave Roy d'aujourd'huy en a pris l'Instruction, qui
a fait & parfait ses Guerres, & acquis
son Royaume, sans ces Gens - là ; fors
quelques Trouppes, que Monsieur de
Turenne luy amena, qui ne servirent
gueres : aussi il s'en défit bien - tost.

E n quoy il monstra son grand Cœur,
& sa grande Sagesse, de se passer de
telles Gens , & demesler sa Guerre
par les siens propres.

J'e n ay parlé ailleurs, où je les
loüe pourtant, ne voulant mal dire
nullement de la Valeur qu'ils ont, ny
de leur belliqueuse Nation : car, on
ne leur sçauroit rien reprocher, qu'un
peu trop grande Avarice ; car, en
tout, ils sont braves & vaillants Gens
de Guerre.

DIS-

✳✳✳✳✳✳✳✳✳✳✳✳✳✳✳✳✳✳✳✳✳

DISCOURS QUATRE-VINGTIESME.

ARTICLE I.

MONSIEUR LE PRINCE DE CONDE'.

PARLONS à cette heure de Monſieur le Prince de Condé, LOUYS DE BOURBON, que pluſieurs de noſtre Temps diſoient avoir eſté dreſſé au Commencement de ces Guerres civiles de la Main de ce grand Monſieur l'Admiral, duquel je viens de parler, bien qu'il euſt fait auparavant un très-beau Commencement d'un très-brave Prince, & tout remply d'Eſprit & fort belle Monſtre, & de l'un & de l'autre, aux Guerres eſtrangeres, tant aux Charges de Cheval qu'il eut, & de Chevaux-légers & de Gendarmes, que de pied; car, il fut Colonel de l'Infanterie en Piedmont, comme j'ay dit ailleurs.

SUR-QUOY je me ſouviens d'un Conte, que, quand la Reyne-Mere eut

eut fait Madame la Princeffe de la
Roche-fur-Yon fa Dame d'Honneur,
Monfieur le Prince de Condé luy voulut remonftrer (voire s'en mocquer,
car il s'en aydoit,) le Tort qu'elle
s'eftoit faite, & à fes Parens, en cela, elle, qui avoit efpoufé un Prince
de Sang, d'avoir accepté cette Charge
pour quafi fervir de Servante. A qui
elle refpondit, qu'elle ne fe penfoit
pas plus faire Tort en cela, ny aux
fiens, que luy en la Charge qu'il avoit
autrefois prife de Colonel de fa belle
Infanterie, & Pieds puants de Gens
de Pied, par la Succeffion encore de
deux Gentils-Hommes, qui eftoient
moindres que luy, comme feu Bon-
nivet, & le Vidafme de Chartres.
Par-quoy, qu'il advifaft à fes Fautes,
& non aux fiennes, s'il y en avoit en
cela pour elle: mais, n'y en fentoit
aucune; puis que ce n'eftoit fe faire
Tort, de fervir fa Reyne, & fa Dame fouveraine, en une Charge fi honorable. Ce fut à Monfieur le Prince
à fe taire, combien qu'il parlaft très-
bien, & auffi-bien & à propos, je ne
diray pas que Prince, mais qu'Homme du Monde, & fur-tout qui difoit
bien le Mot, & fe mocquoit bien, &
aymoit fort à rire.

AUSSI

Aussi de luy fut faite une Chanson en France, à Mode d'un Vaudeville, qui disoit :

Ce petit Homme tant joly
Tousjours cause & tousjours rit,
Et tousjours baise sa Mignonne :
Dieu garde de Mal le petit Homme.

Car, il estoit de fort basse & petite Taille, non que pour cela il ne fust aussi fort, aussi verd, vigoureux, & adroit aux Armes, & à Pied & à Cheval, autant qu'Homme de France, comme je l'ay veu en Affaires.

Au-reste, il estoit fort agréable, accostable, & aymable. Aussi l'Italien disoit, *Dio mi guarda del bel Gigneto del Principe di Condé, & de l'Animo & Stecco del Admiraglio.* C.-à-d. *Dieu me garde de la douce Façon & gentile du Prince de Condé, & de l'Esprit & Curedent de l'Admiral,* parce qu'il en portoit tousjours un, fust à la Bouche, ou sur l'Oreille, ou en la Barbe.

On tenoit ce Prince de son Temps plus ambitieux que religieux ; car, le bon Prince estoit bien aussi mondain qu'un autre, & aymoit autant la Femme me d'autruy que la fienne ; tenant fort du Naturel de ceux de la Race de Bourbon, qui ont efté fort d'amoureu-fe Complexion.

Il fut efleu de ceux de la Religion & de la Conjuration d'Amboife, leur Chef. Non qu'il le fçeuft autrement (difoit-on), mais fans luy fonner Mot, & fourdement, l'efleurent ; ufant en cela de la Façon d'Allemagne : & tel appelle-t-on *le Capitaine muet.* Et fi leur Entreprife euft bien réuffi à Souhait alors, on la luy euft fait fçavoir.

Aucuns difoient pourtant, qu'il la fçavoit, & mefmes que le Sieur de Malligny, brave & vaillant Gentil-Homme, & de fort bonne Maifon, qui luy eftoit fort Familier, Favory, & Parent, fe trouvant avec luy à Amboife, quand il vit le tout defcouvert, s'en alla auffi-toft fans s'eftonner à l'Efcurie dudit Prince, & y prit le meilleur Courtaut qu'il avoit, & fe fauva vifte, dont bien luy en prit, & s'en alla à Geneve, dont plus n'en revint. Car, en fe baignant dans le Lac, il fe noya parmy un Sable mouvant. L'on courut après luy ; mais il s'en alla grande Erre : & difoit-on alors à la Cour, comme je l'ouys, que s'il

euft

euft efté pris, il euft mis mondit Sieur le Prince en grande Peine.

Toutesfois, le Dimanche matin, quand les Conjurateurs fe préfentérent à la Porte des Bons-Hommes, pour entrer dans la Ville, à Monfieur d'Aumale, qui eftoit conftitué pour la Garde de la Porte, Monfieur le Prince s'y rendit, & ayda à les chaffer, & y fit bonne Mine. Mais, depuis on connut la Faute, & en fut foupçonnĕ. Sur-quoy il en fit quelque Rodomontade de quelque certain Démenty en l'Air, mais non en Prefence, comme s'eft dit & efcrit, car alors il n'ofoit parler fi haut, bien que d'ailleurs il euft la Parole belle, bonne, haute, & hardie : mais, pourtant, connoiffant qu'il n'y faifoit pas bon pour luy, & que l'on commençoit à defcouvrir le Pot-aux-Rofes, il partit de la Cour, & s'en alla trouver le Roy de Navarre, fon Frere ; dont pourtant l'on fe repentit bien (car je le fçay) dequoy on l'avoit laiffé aller.

Mais, pour avoir ce Coup efchappé, il n'efchappa pas fa Prifon ; car, il vint à Orléans, là-où il fut attrappé à bon efcient : & croyoit-on, que, fans la Mort du Roy François, fon Procès fuft efté fait, & luy fentencié.　　　　　Lors

Lors qu'il entra dans le Logis du Roy, non à Cheval comme le Roy fon Frere, comme aucuns ont dit, car je le vis, mais ayant mis pied à terre, jamais je ne vis Prince faire meilleure Mine. Mais, au fortir de la Chambre du Roy, qu'il fut conduit en Prifon par Monfieur d'O, & de Chavigny, il eftoit bien autant eftonné : & le Roy de Navarre auffi, lequel penfoit, à fon Arrivée, comme prémier Prince du Sang, parler haut, braver & eftonner toute la Cour.

Ce fut à luy à caler, & faire, non du Prince, mais du fimple Gentil-Homme : car, je le vis deux fois venir trouver Monfieur le Cardinal de Lorraine, en fon Jardin une fois, & l'autre en fa Chambre, pour le prier d'intercéder pour fon Frere ; mais, il parloit à luy plus fouvent defcouvert que couvert (*a*) : & l'autre fe mettoit

(*a*) Si M. de Voltaire avoit vû cet Endroit de Brantome, il n'auroit pas dit, p. m. 181 de fon Poëme de *la Ligue*, où il rapporte quelque chofe d'approchant, que M. Jurieu a avancé, qu'il ignore, où ce Miniftre a pu déterrer ce Fait, qui, comme on voit, n'eft que le Recit de Brantome un peu brodé.

toit très-bien à son Ayse ; car, il faisoit grand Froid. Mais deux Mois après, on vit bien un autre Revire-Marion de Fortune (a).

Cette Conjuration d'Amboise fut le principal Sujet de sa Prison : car, le Roy s'estoit imprimé si bien cette Opinion, que si elle eust pris Fin, qu'il eust passé le Pas, comme Messieurs ses Freres, & de Guyse, & autres, & qu'il se fust fort bien mis en son Siége Royal, ce disoit-on ; car, il estoit de Cœur haut, & ambitieux, & qui aymoit plus une Royauté, qu'une Principauté. Et pour ce, dès-lors ne le tint-on jamais pourtant plus religieux qu'ambitieux.

Et ce qui l'aveugla plus en son Ambition, ce fut aux prémieres Guerres civiles, quand il se vit quasi commander à la Moitié de la France, Morceau très-friand, que Monsieur l'Admira, son Oncle, luy avoit très-bien préparé. Et ce fut ce que dit un Seigneur de par le Monde : *Le Diable y ayt*

(a) Revers de Fortune. Cette Expression vient apparemment de quelque Dame Villageoise, où *Marion*, qui d'abord *viroit* son Danseur, & étoit par luy *revirée* à son Tour. Brantome s'en est servi plus d'une fois.

ayt *Part , qu'un tel en eſt le Chef. Car je
connois ſon Humeur. S'il a mis une
fois le Nez dans cette petite forme d'Empire , jamais il ne s'en deſpartira , &
troublera tousjours la France , pour entretenir ſa Grandeur. Il nous ſeroit
meilleur , que le ſeul Monſieur l'Admiral s'en meſlaſt ; car , il a l'Ame
plus douce , plus capable en tout que
l'autre.*

Il devint en telle Gloire, qu'il fit
battre Monnoye d'Argent (*a*), avec
cette Inſcription à l'entour comme un
Souverain : Louys treiziesme,
Roy de France. Laquelle Monnoye Monſieur le Conneſtable, retenant tousjours de cette bonne Paſte
ancienne, tout en Colere, repréſenta
à une Aſſemblée générale, qui fut faite, au Conſeil du Roy, l'An 1567,
le 7 Jour d'Octobre, après Midy, au
Louvre. On en deteſta fort, & la
Monnoye, & la Subſcription. Je ne
ſçay

(*a*) D'autres diſent des Ecus-d'Or. Auſſi vrai
l'un que l'autre , & vraye Calomnie inventée
par les Jéſuiſes. Voïez le *Plaidoïer de M. Antoine Arnaud* contre eux en 1594. T. 6. p m. 164
des *Mem de la Ligue* M. le Blanc , dans ſon
Traité des Monnoies , dit avoir vû à Londres un
de ces prétendus Ecus-d'Or

sçay s'il eft vray; mais; il s'en difoit prou en la Chambre du Roy &
de la Reyne, voire en la Baffe-Court.

UNE autre Ambition le faifit, lors
que le Duc d'Albe paffa vers Flandres, Monfieur le Prince, avec d'autres, remonftrérent au Roy, que, puis
que l'Efpagnol s'armoit, il faloit auffi
s'armer, & border la Frontiere de
Gens de Guerre, comme portoit l'ancienne Couftume : & ce fut lors, qu'on
envoya faire la Levée de fix mille
Suiffes, qui vinrent après. Et quoy
qu'on die, & le trouve-t-on en efcrit, ce fut Monfieur le Prince, &
les Huguenots, qui prémiers cryérent
après cela, car j'eftois alors à la Cour;
& ceux, qui l'ont efcrit, poffible ne
le fçavoient-ils pas mieux que moy.

ET, fur cet Arrivement, Monfieur
le Prince ne chauma pas de baftir
pour foy; car, il gagna fi bien Monfieur le Conneftable, fon grand Oncle de par fa Femme, qu'il luy con-
fentit la Lieutenance-Générale en
France, fi le Roy la luy vouloit donner : & bien à propos la demandoit-
il au Roy, pour eftre Général de
cette Armée qu'on vouloit nouvellement faire dreffer vers le Duc d'Albe.

LA Reyne-Mere du Roy, point
con-

contente de cette Ambition nouvelle
d'icelle Lieutenance - Générale, elle,
qui aymoit fort Monfieur, Frere du
Roy, depuis noftre Roy Henry III,
& qui vouloit & defiroit qu'à luy cette Charge appartenoit, & à luy feul
devoit efcheoir, bien qu'il fuft encore
jeune, mais il ne demeura pas fept
Mois après de l'avoir, en donna Advis à Monfieur fon Fils, & l'emboucha & l'inftruifit fi bien, (& **Dieu**
fçait de quelle Main & Bouche de
bonne Maiftreffe !) qu'un Soir en la
Salle que ladite Reyne foupoit à Saint-
Germain des Prez, il me fouvient
fort bien, que Monfieur le Prince y
eftant venu, Monfieur le prit & le mena en un Coin, où il parla bien à luy,
& des groffes Dents, (comme on
dit,) & le reprit de fon Outrecuydan-
ce, d'ofer & vouloir pretendre fur la
Charge qui luy eftoit deue; & que,
s'il s'en mefloit jamais, qu'il l'en feroit repentir, & le rendroit auffi petit
Compagnon, comme il vouloit faire
du grand.

T A N T d'autres Propos luy dit -il,
(car il le tint long - temps,) que nous
n'oyions point; car, nous autres, qui
eftions à luy, nous nous en tenions
de loing : mais, nous voyions bien,

qu'il luy parloit de hautes Paroles &
de grande Braveté, ores tenant son
Espée sur le Pomeau fort haute, ores
faisant semblant de taster à sa Dague,
ores enfonçant & ores haussant son
Bonnet; & bref, nous connusmes en
luy une Contenance fort bravasche &
altiere, & telle que depuis, bien
qu'ayons veu en mille Endroits une
très - bonne Façon en luy, jamais aucuns qui estions-là, ne la reconnusmes
si belle & asseurée. Nous vismes bien
aussi Monsieur le Prince tousjours descouvert & parler doux à son Geste. Et
la Reyne ayant achevé de souper, ce
Jeu se demesla, qu'elle sçeut bien au
long par Monsieur son Fils, qu'elle en
ayma davantage: & puis de Monsieur
le Prince, qui en fit quelque Plainte;
mais, elle ne s'en soucia. Et Monsieur le Prince aussi ne la fit guéres
longue à la Cour & s'en alla, & non
sans la garder bonne à mondit Seigneur;
car, au bout de trois Mois & demy,
la Journée de Meaux fut dressée: &
voilà d'où en fut la prémiere Source,
que beaucoup ne sçavent pas, & la
couvrent sur la Religion, comme fait
Monsieur de la Nouë; car, possible
ne sçavoit-il pas ce que je vis.

MONSIEUR aussi, ayant sçeu que
cette

cette Partie avoit esté autant faite pour luy, voire plus que pour le Roy, la luy garda aussi meilleure : car, ayant esté fait Lieutenant - Général du Roy, après la Mort de Monsieur le Connestable, il ne cessa jamais qu'il n'eust Raison dudit Prince, qu'il hayssoit à Male - Mort, & plus que tous les Huguenots ; car, il ne tint pas à luy que la Battaille ne se donnast à Nostre-Dame de l'Espine. Il ne voulut point aussi la Paix, si - non pour attrapper ledit Prince en sa Maison de Noyers en Bourgogne, comme il la faillit belle.

Aux troisiesmes Troubles, il l'agaça & pressa de tant de petits Combats & Escarmouches, qu'enfin il le mena à la Battaille qui fut donnée vers Jarnac & Bassac, où ce Prince vint fort résolu & en très - brave & vaillant Combattant, mais pourtant fasché d'y venir, soit qu'il connust son Heur, ou son Desavantage : &, pour ce, en y allant il dit, que, puis qu'on avoit fait un Pas de Clerc, il le faloit franchir, & qu'aussi un peu avant qu'aller à la Charge, il avoit eu contre la Jambe un Coup de Pied de Cheval du Comte de la Rochefoucaut, qui, comme desespéré du Mal, accompagné de

L 2

son

son brave Cœur, combattit très-furieusement. Mais, cela ne dura guéres ; car, il fut porté par terre. Et le prémier qui descendit pour le prendre Prisonnier, ce fut un honneste Gentil-Homme de Monsieur de la Vauguion, qui s'appelloit le Rozier : &, ainsi que Monsieur d'Argence vint à passer Monsieur le Prince, il le reconnut & se rendit à luy ; mais, sur cette Entrefaite, arriva le Baron de Montesquiou, brave & vaillant Gentil-Homme, qui estoit Capitaine des Gardes des Suisses de Monsieur, Frere du Roy, qui, ayant demandé qui c'estoit, on luy dit que c'estoit Monsieur le Prince. *Tuez, tuez, Mort-Dieu* ! (dit-il ;) &, s'approchant de luy, deschargea son Pistolet dans sa Teste, & mourut aussi-tost.

IL n'avoit garde de la faillir autrement : car il avoit esté fort recommandé à plusieurs des Favoris dudit Monsieur, que je sçay bien, pour la Hayne qu'il luy portoit dès le Jour que j'ay dit ; & aussi, qu'il n'y a rien qu'un Grand haysse tant qu'un autre Grand son pareil, mais plus encore celuy qui ne l'est pas, & se veut esgaler à luy. Il n'y avoit pas huit Mois, que j'avois sauvé

la Vie audit Baron de Montefquiou,
que j'aymois fort depuis le Voyage de
Malthe : qui, au partir de là, fut la
prémiere fois qu'il vint & fe produifit
à la Cour, par le Moyen du Comte de Briffac, qui le prit en Amitié, pour eftre brave & vaillant Gentil-Homme, & qui eftoit bon Homme avec cela ; & ledit Comte le fit aymer à Monfieur, & luy fit donner cette Charge.

L e Roy Charles donc, ayant en-
trepris de faire un Combat fur l'Eau à
Paris, devant le Louvre, il fe mit
dans fon grand Batteau couvert, qu'on
a veu long-temps devant le Logis du
Controlleur du Mas. Le Roy tenoit & gardoit fon Batteau avec les
fiens, contre Monfieur & les fiens,
qui le vinfmes affaillir. Ainfi que nous
voulions monter, & que le Baron eftoit à demy monté, voicy Fervaques,
qui a efté tousjours rude Joüeur, qui
pouffa du haut en bas ledit Baron
dans l'Eau, qui s'alloit noyer fans moy,
qui courus du Bout du Batteau, &
le pris par le Collet & le jette dans
noftre Batteau, lequel n'en pouvoit
plus : mais, il fe remit tellement quellement, & auffi-toft fe mit à genoux, &

me remercia, & qu'il me devoit la Vie, & depuis m'appella tousjours son Pere, bien que je fusse plus jeune que luy. Il fut tué par après au Siége de Saint Jean, d'une grande Harquebusade. Les Huguenots disoient, que c'estoit par Permission ou Punition divine.

Pour tourner à Monsieur le Prince, estant mort, Monsieur n'en fut nullement marry, mais tres-joyeux; car, il avoit Opinion, qu'il luy en eust fait faire de mesme: car, d'Ennemy à grand Ennemy, il n'y a que se garder. Monsieur le voulut voir après la Battaille achevée: & son Corps fut chargé sur une vieille Asnesse, qui se trouva-là à propos, plus par Dérision que pour autre Sujet; & fut porté ainsi Bras & Jambes pendantes à Jarnac, en une Salle basse sous celle de Monsieur & sa Chambre, où ledit Prince le Jour avant avoit logé. Quel Changement! Comme à Coutras le Roy de Navarre logea en la Chambre de Monsieur de Joyeuse, où il avoit couché le Soir auparavant, & l'autre estoit estendu mort dessous. Si on leur eust dit à tous tels Revers de Fortune, ils ne l'eussent pas cru.

Le-

LEDIT Prince demeura affez en Spectacle à tous ceux du Camp qui le voulurent aller voir. Puis, Monfieur de Longueville, fon Beau-Frére, en demanda le Corps à Monfieur, pour le faire enfepvelir, qui luy fut octroyé librement. Il fut fait de luy cet É-pitaphe.

L'An mil cinq cens foixante-neuf,
Entre Jarnac & Chafteauneuf,
Fut porté fur une Afneffe
Cil qui vouloit ofter la Meffe.

IL y eut quelques-uns des fiens pris, comme Clermont d'Amboife, & Corbozon, qui ne voulurent jamais croire fa Mort : mais, Monfieur le fit à eux voir leur Saoul, dont ils en furent très-dolents ; car, ils eftoient fort aymez de leur Maiftre. Ainfi alla la Mort dudit Prince, qui, en trois Battailles qu'il donna à fon Roy, ne fe reffentit guéres de la Fortune. A la derniere, il y mourut. A la pe-nultiefme de Saint Denis, il la per-dit comme les autres ; mais auffi, il fe fauva avec grand Honneur. A la prémiere, qui fut celle de Dreux, il fut pris Prifonnier : non fans grand Danger de la Mort, fi Monfieur de

Guy-

Guyſe luy euſt voulu rendre ce qu'il luy avoit voulu preſter à la Conjuration d'Amboiſe ; mais , au lieu d'un tel Rembourſement , quand il luy fut préſenté , il luy fit force Honneur & bonne Chere , le retira avec luy , luy préſenta la Moitié de ſon Lict , & couchérent tous deux enſemble auſſi familiérement comme ſi jamais n'euſſent eſté Ennemis , mais comme bons Amis & Couſins germains qu'ils eſtoient. De tout le Soir il ne fut guéres veu , & Monſieur de Guyſe le luy conſeilla , & demeura en ſa Garderobbe , bien qu'elle fuſt fort petite & chétive ; car , c'eſtoit une Maiſon de Village fort champeſtre.   Force Gens le vouloient voir : mais , Monſieur de Guyſe l'avoit défendu ; car , une Perſonne affligée n'ayme guéres cette Veuë ny Viſitation.

J'eus pourtant Crédit de le voir aſſez près d'un Feu , faiſant Démonſtration grande de ſa Douleur , & d'une Apprehenſion grande.   On luy porta à ſouper , & ſoupa : puis , tout le Monde retiré , & Monſieur de Guyſe ſe voulant coucher , il donna Congé à un chacun , non ſans avoir demeuré long-temps aſſez près du Feu à cauſer de la Battaille parmy nous , où chacun y

eſtoit

eftoit reçeu pour fon Efcot & fon
Dire.

LUY, & Monfieur le Prince, couchérent enfemble, & le Lendemain
nous allafmes à fon Lever. Il fe mit
à efcrire au Roy & à la Reyne, le plus
briefvement qu'il put, & fortit voir
le Champ de Battaille, non trop loing
pourtant, car il difna, & y alla après
à bon efcient.

CEPENDANT, le Prince fe leva,
qui eftoit encore au Liệt quand nous
eftions en fa Chambre, les Rideaux
tous tirez au dedans. S'il fuft efté
preffé de fe lever, pour aller à la Garderobbe, il fuft efté bien eftonné, ce
difoit-on.

PUIS, quand falut defloger, Monfieur de Guyfe le redonna à Monfieur
d'Anville (I) (que nous nommions
alors Monfieur l'Admiral, pour avoir
eu l'Eftat de fon Coufin,) à le tenir
en bonne Garde, & pour faire l'Ef-
change de luy & de Monfieur le Conneftable, ainfi que le porte le Droit
de la Guerre.

EN QUOY il faut noter deux belles
Chofes, que l'on tenoit alors pour telles, & fe doivent tousjours tenir : l'u-
ne,

____

(I) Damville, & de même ci-deffous.

L 5

ne, faut loüer la Magnanimité & Générosité de ce grand Prince & Capitaine Monsieur de Guyse, qu'il usa à l'endroit de son Ennemy prisonnier, à le traitter de cette Façon si honneste qu'il fit ; ce qu'un autre possible n'eust pas fait, veu les grandes Raisons qu'il avoit de son Costé : l'autre, du bel Advisement & Considération qu'eut Monsieur d'Anville de présenter à Monsieur de Guyse son Prisonnier Monsieur le Prince. Car, c'estoit à luy à qui le prémier il avoit donné sa Foy, & luy présenta comme à son Général, (c'estoit bien en cela sçavoir son Devoir de Guerre,) à qui l'on doit déférer toutes Choses, & sur-tout les Prisonniers qu'on aura pris.

Si Monsieur d'Anville n'eust esté sage & advisé Capitaine, comme certes il l'a esté tousjours, & que ce fust esté un Téméraire, & n'eust sçeu que c'estoit de son Devoir, il n'eust jamais fait ce Trait, voyant son Pere pris, & qu'il y alloit de bon pour le racheter par cet Eschange : ce qu'il ne fit, & s'acquitta par ainsi de son Devoir, & acquit encore davantage l'Amitié de son Général, en luy manifestant par tel Acte, qu'il estimoit la Générosité de Monsieur de Guyse, & connoissant

en

en luy une telle Vertu & Bonté, qu'il
ne feroit jamais faux bon à Monſieur le
Conneſtable. Voilà comme il fait bon
en telles Occurrences d'oppoſer telles Choſes, & ne croire ſon Courage
bouillant.

Pour un tel Trait cuyda ſortir entre Monſieur de Longueville, & Monſieur d'Eſpernon, un grand Eſclandre,
durant ces dernieres Guerres ; car,
Monſieur d'Eſpernon, venant de Boulogne en France trouver le Roy, &
paſſant près Montreuil, & rencontrant
la Garniſon de Cheval, conduite par
Monſieur du Meſny, Gouverneur de
la Place, la défit très-heureuſement,
& force demeurérent Priſonniers, dont
ledit Sieur du Meſny en eſtoit un ; &
puis vint au Giſte à Corbie, où eſtoit
pour lors Monſieur de Longueville,
Lieutenant de Roy en Picardie, qui
demanda les Priſonniers : mais, Monſieur d'Eſpernon les luy refuſa ; ſur-
quoy s'eſmeut Queſtion, & Monſieur
de Longueville jura, qu'il ne ſortiroit
autrement de la Ville, & le brava fort,
juſques à mettre un gros Corps de Garde devant ſon Logis, & fermer les Portes de la Ville. A quoy Monſieur d'Eſpernon prit pied & Apprehenſion, qu'on
luy en vouloit preſter une, tout de meſ-

L 6

me

me comme à Angoulesme, qu'on le
faillit à tuer un Jour de Saint Laurens,
comme il dit depuis ; &, pour ce, se
résout bravement se défendre & mou-
rir les Armes en Main. Mais, sur ces
Entrefaites, il se moyenna quelque
Espéce d'Accord, par la Menée &
Dextérité de quelques honnestes Gens.
Monsieur d'Espernon sortit hors de la
Ville, & emmena ses Gens.

L'Accord ne s'ensuivit pourtant
tel qu'ils se despartirent Amis. Car,
si Monsieur d'Espernon l'eust trouvé
après, il l'eust querellé à bon escient,
comme je sçay fort bien. En quoy
plusieurs dirent que Monsieur de Longueville en devoit faire plus ou moins :
& les autres, qui moyennérent la Sor-
tie de Monsieur d'Espernon, les devoient aussi accorder du tout absolument, & les faire bons Amis, & em-
brasser ces deux Grands, qui estoient
assez bastans, par le moyen de leurs
Amis, Serviteurs, & Crédits, d'esmouvoir toute la France.

Plusieurs dirent, que Monsieur
d'Espernon avoit Tort, & que, du prémier Abord, il devoit présenter ces
Prisonniers au Lieutenant - Général du
Lieu où ils avoient esté pris, & reconnoistre le Lieutenant - Général &
Gou-

Gouverneur de là, bien qu'il fuſt grand, & euſt grandes Charges & Grades ; mais, la Repréſentation d'un Roy en ſa Lieutenance c'eſt une grande Choſe.

Je laiſſe cela aux meilleurs Diſcoureurs, pour tourner encore au Prince de Condé, lequel laiſſa après ſoy une très-belle & brave Lignée, Meſſieurs le Prince de Condé, ſon Héritier principal, le Prince de Conty, & le Cardinal de Bourbon ; & , du ſecond Mariage, Monſieur le Comte de Soiſſons, gentil Prince certes, & tout plein d'Honneur & de Vertu.

Si Monſieur le Prince de Condé dernier ne fuſt eſté mort par Poiſon, (comme on dit,) il fuſt eſté auſſi grand Capitaine comme Monſieur ſon Pere ; car, il avoit un très-beau Commencement : & , lors qu'il mourut, il eſtoit fort jeune. Il ſçavoit auſſi-bien attirer les Hommes à ſoy, comme Monſieur ſon Pere ; car, il eſtoit très - libéral, doux, gracieux, & très-éloquent, Choſes fort attrayantes. J'ay ouy dire à feu Monſieur de Monpenſier, & le débattoit contre moy, qu'il eſtoit beaucoup plus éloquent que Monſieur ſon Pere. Tant y a, que s'il eſtoit ſi bien-diſant, il avoit le Défaut de l'Oreille ; car, il n'oyoit pas bien. Il
L 7
eſtoit

estoit brave, vaillant, généreux, & fort adroit aux Armes & à Cheval, bien qu'il fust fort petit, comme le Pere.

Or, de tous ces braves Freres j'espere en parler aux Vies de nostre feu Roy Henry troisiesme, & le nostre de présent quatriesme (1). Je les remets doncques là, pour dire, que, quand Monsieur le Prince le prémier fut mort en cette Battaille, la pluspart des Catholiques, & mesmes de ceux de nostre Armée, entrérent en cette sotte Créance, que c'estoit fait des Huguenots, puis qu'ils avoient perdu leur grand & principal Chef & Capitaine, qui certes estoit grand & suffisant, & qu'on tenoit avoir si bien appris de Monsieur l'Admiral, qu'il s'en alloit esgal à luy, voire aucuns tenoient qu'il le surpassoit, ce qui estoit faux ; & croyoient que les Huguenots n'auroient point la Créance, ny porteroient Respect, Crainte, & Honneur, à Monsieur l'Admiral comme à un Prince, qui estoit un grand Prince du Sang, & de Grade, & d'Autorité, qu'ils avoient si bien honoré & tenu pour leur grand Défenseur & Protecteur, qu'aucuns fu-

(1) *On n'a rien de tout cela.*

furent fi impudens de l'appeller leur
Roy (1).

MAIS, il en arriva bien autrement,
car, de tant qu'il y en a eu, il n'y eut
aucuns qui branflaffent, fors un ou deux
de fes plus privez, & tous fe rangé-
rent fous fa Protection, Autorité, &
Obéyffance, qui, fe targuant & cou-
vrant de l'Ombre de Meffieurs les Princes de Navarre & de Condé, tous deux
fort jeunes, conduifit fi bien leur Bar-
que, qu'ils ne trouvérent nullement à
dire leur grand Pilote mort, qui fut
un grand Heur & Honneur à Monfieur
l'Admiral, & demeurérent tous fermes
& affectionnez à leur Party.

AUSSI, il n'y a Ligue, ny Affocia-
tion, fi ferme ny fi obftinée, que celle qui fe fait pour la Religion, & mefmes pour une nouvelle & contrainte,
comme je tiens d'un grand Perfonnage: & ce qui affermit & appuya encore mieux cette Colomne, qu'on croyoit à demy panchée & tombante, ce
furent leurs braves & vaillants Capitaines qui reftérent encore fur pied, comme Monfieur d'Andelot, l'un des vaillants & renommez de la France, mais
il mourut toft après, Monfieur de la
Roche-

(1) *Voïez ci-deffus page 239.*

Rochefoucaut, très-grand Seigneur en Guyenne, & qui avoit beaucoup de Créance parmy ceux de la Religion du Pays, & principalement parmy la Noblesse, de laquelle il estoit fort révéré.

Il estoit aussi fort vieux Capitaine, bien qu'il fust jeune, pour les Guerres estrangeres qu'il avoit veues dès son petit Age, estant à la Suite de Monsieur d'Orléans, & tousjours continué soubs le Roy Henry, qui l'aymoit uniquement, & luy estoit plus privé & familier qu'aucuns de ses Favoris; & se joüoient ordinairement ensemble, comme s'ils eussent esté pareils; car, ledit Comte estoit de très-bonne & très-plaisante Compagnie, & disoit des mieux le Mot: au reste, très-bon Seigneur, & qui n'offensoit jamais Personne. Toutesfois, aux Guerres civiles, se voyant Beau-Frere du Prince, Roy des Huguenots, il devint un peu glorieux: mais, quant à moy, je ne le trouvay jamais tel; car, il estoit trop de gaillarde Humeur. Les bons Trompettes des François & Reystres parmy leurs Clairons sonnoient souvent cette Chanson & Quinte:

Le

Le Prince de Condé
Il a eſté tué.
Mais, Monſieur l'Admiral
Eſt encor à Cheval,
Avec la Rochefoucaut,
Pour chaſſer tous ces Papaux, Pa-
paux, Papaux.

IL y avoit Monſieur de Mouy, un très-brave & vaillant Capitaine. Il le monſtra à la Battaille de Dreux; car, ce fut luy qui fit la prémiere Charge, avec les cinquante ou ſoixante Caſaques blanches eſlevés. On le tenoit pour plus vaillant que ſage Capitaine; mais, il monſtra, & l'un, & l'autre, quand il conduiſit le Duc des Deux-Ponts juſques en Guyenne avec ſes Trouppes, & prit la Charité contre une infinité d'Obſtacles qu'il trouva par les Chemins. Il avoit auſſi fort pratiqué les Guerres eſtrangeres, & s'y eſtoit fait ſignaler bien fort.

IL y avoit auſſi Monſieur de la Nouë, qui porte le Nom aujourd'huy & à l'Heure que je parle, du plus grand Capitaine de la France, pour les grandes Expériences qu'on a connues en
luy

luy, j'en parle ailleurs fort au long. (1)

Il y avoit aussi le Seigneur de la Louë, pareils en Nom fors une Lettre, & pareils aussi en Valeur : il avoit eu Charge de la Venerie du Roy; mais, il ne s'amusa tant à la Chasse des Cerfs que des Hommes, & menoit mieux les Gens à la Guerre, que les Chiens à la Chasse : & si fut fort bon pour l'une & l'autre Chasse.

Il y avoit aussi Monsieur de Theligny, Beau-Frere de Monsieur de la Noüe, un sage & brave Gentil-Homme, & qui estoit bien accomply de toutes Vertus.

Il y avoit Monsieur Bouccard, jadis fort aymé & favory du feu Roy Henry II, & son Escuyer quand il estoit Dauphin, & qui avoit fort veu les Guerres estrangeres, & s'y estoit fait renommer, comme aussi Monsieur d'Esternay, & Monsieur de Genlys, Monsieur d'Acier, duquel je parle ailleurs, & le bon Vieillard Monsieur de Briquemaud, leur Mareschal-Général de Camp, très-bon & grand Capitaine, qui avoit si fidélement servy ses Roys en Piedmont & en France ; &, pour ce, ne le devoit-on faire mourir

de

(1) Ci-dessous vers la Fin du *Tome IX.*

de telle Façon qu'on fit , & mefmes
en fi vieil Age qu'il eftoit, & devoit-
on attendre fon Heure.

I L eftoit un fort Homme-de-Bien,
& qui ne combattoit que pour fa Religion, ainfi que j'ay ouy raconter à
un Gentil-Homme, qui avoit efté nourry fon Page, que trois ou quatre Jours
avant la Battaille de Jarnac il avoit efté
bleffé en une Jambe : &, ainfi que
Monfieur le Prince & Monfieur l'Admiral l'allérent voir en fon Lict, & y
tenir le Confeil, à Monfieur le Prince
il efchappa quelque Mot de regner (a).
Mon-

(*a*) C'étoit en 1569. Or, la Monnoie d'Argent prétendue , de la page 239, étoit , dit-on , de
l'Année 1567. Si donc , fur quelque Mot de règ-
ner , qui en 1569 échappa au Prince de Condé ,
Briquemaut menaça de le quitter ; Briquemaut au-
roit-il attendu jufques-là , fuppofé , comme on
le veut , que dès l'Année 1567 ce Prince fe fût
qualifié Roi de France , dans la Monnoie frappée à
fon Coin ?

Voici une Rime , fous le Titre d'*Echo* , qui parut en ce Tems-là , & que j'ai tirée d'un ancien
Recueil M. S.

Quel Pays de ce Monde eft en plus grande Souf-
france ?

France.

Qui l'a mis en ce Point , qui mene cet Orage ?

Rage.

Eft-ce le jeune Roy , qui l'a mis en ce Point ?

Point.

Eft-

Monſieur, (luy dit Monſieur de Briquemaud) *il ſemble par voſtre Dire,
que vous tendez plus à l'Ambition qu'à
la Religion. Je vous quitte, ſi venez-
là. Prenons le Party de Dieu. Autrement, je me retire.* Ce Page eſtoit a-
lors en la Chambre, qui ouyt ces
Mots, & me les dit depuis.

Il y avoit auſſi ce brave & déterminé Monſieur le Comte de Montgommery, que j'ay veu nommer le
Dompteur de la Gaſcogne, & en peu
de temps il s'en alla lever le Siége de
Navarrains, qui de ſoy-meſme ſe leva
le ſentant venir; & luy, ne ſe con-
tentant de cela, aſſaillit & prend en
plein Jour de prim-Abord Monſieur le
Baron de Terride, vieux, ancien, ſage,
&

Eſt-ce Monſieur, ſon Frere, ayant tant de Teſmoins?
                                                    Moins.
Qui nous a donc cauſé cette Douleur amere?
                                                    Mere.
Qui en a dextrement ſon Vouloir ſecondé.
                                                    Condé.
Mais, quelle Occaſion à ce faire l'attire?
                                                    Ire.
Quel Prétexte a-t-il pris pour couvrir ſes Deſſeins?
                                                    Saints.
Et la Religion eſt elle de ce Nombre?
                                                    Ombre.

& bon Capitaine, fort estimé par les
Guerres passées du Piedmont, avec toutes ses Trouppes; retourne après triomphant à son bel Ayse, & se promene par
la Gascogne, comme il luy plaist, sans
aucune Résistance. De telle sorte que
ce qu'on en disoit, on le reputoit plustost à Miracle qu'à autre chose. Je
pense bien, qu'il y a quelque Historien qui en parle, sur-tout Monsieur
de Montluc. J'en ay ouy conter les
grands Faits à Gentils-Hommes qui
estoient avec ledit Comte, que j'escri-
rois volontiers; mais, on ne les sçauroit croire.

J'ay ouy conter de l'Humeur de
ce Capitaine, que c'estoit le plus
nonchalant en sa Charge, & aussi peu
soucieux, qu'il estoit possible; car,
il aymoit fort ses Ayses, & le Jeu.
Mais, quand il avoit une fois le Cul
sur la Selle, c'estoit le plus vigilant &
soigneux Capitaine qu'on eust sçeu voir,
au reste si brave & vaillant, qu'il af-
sailloit tout, foible ou fort, qui se
présentast devant luy.

Aussi a-t-il fait de belles Guerres, & y a esté très-heureux, comme il
fit dans Rouën, là-où il tint le Siége
plus long-temps que la Forteresse, ny
la Place, ny l'Armée devant, compo-
sée

fée de si grands Capitaines les plus
grands de la France, ne le requeroient.
Souftint les Affauts tant qu'il peut:
&, au dernier, cédant à la Fortune &
combattant au dernier Point, se retira
bravement, & non si à la hafte qu'il
cuyda eftre pris, & (1) se voulant jetter dans l'Efquif de la Galere en laquelle il se mit, & tira vers le Havre;
mais, en Chemin, à Codebec, il ren-
contra une Paliffade, qui avoit efté
faite si forte pour en garder le Secours
de la Mer, qu'à Vogue rancade il la
fauffa, & se fauva bravement; qui fut
un Effort, de quoy les bons Mari-
niers des Galeres s'en esbahirent pour
jamais, bien qu'il n'y ait Force pareille que d'une Galere voguante à
pleine Voile & Rame de toute Force.
Aucuns difoient, que c'eftoit un Miracle: d'autres difoit que celuy, qui avoit
eu la Charge de faire la Paliffade,
l'avoit faite de cet Endroit foible,
parce qu'on le foupçonnoit favorifer
ce Party. Je ne le nommeray point.
Je parleray de ce Comte en d'autres
Lieux, enfemble de fes Freres, Cor-
bofon, ou Saint-Jean, & le jeune l'Or-
ge, tous braves & vaillants Gentils-
Hom-

(1) en

Hommes, que j'ay connu tels, & deux
fort mes grands Amis, & tous de la
Religion.

J e parleray auffi de plufieurs autres
bons Capitaines Huguenots. Que fi je
voulois à cette heure les particularifer,
je ne fçaurois fournir, tant il y en a eu
de très-bons, & de Cheval & de Pied,
defquels je parle au Chapitre des Colonels (1) : car, il faut confeffer le
vray, que l'on y a reconnu de braves
& vaillants Gens & de bons Capitaines ; & fi en eft venu après les morts
de bons, qui ont vefcu, & vivent
depuis & à cette heure, comme j'ay
ouy dire à Gens plus clairvoyans
que moy. Ils n'ont appris que des
morts, & fi ne les ont nullement fur-
paffez.

A i n s i fut le Prince de Condé accompagné de ces braves Gens : & ainfi luy, & Monfieur l'Admiral, fe font
faits craindre, & ont planté l'Evangi-
le, qui bourgeonne & verdoye aujour-
d'huy encore, & fans lefquels il feroit fec, & de Couleur de Feuille-
morte.

E t diray bien plus, que, fi tous
ces bons Capitaines fe fuffent mis de

nof-

(1) *Ci - deffous Tome X.*

noſtre Coſté, & euſſent fait pour le Roy, ils fuſſent eſté tous grands, tous honorez de Grades, de nobles Charges, & Penſions & Ordres, & ſi en fuſſent eſté mieux dignes, & d'eſtre Mareſchaux de France, que pluſieurs que nous en avons veu.

MAIS, ce qui eſt un grand Cas, ils avoient l'Oeil & le Cœur ſi fort tendus à leur Religion, & l'embraſſoient de telle Devotion, qu'au Diable s'ils s'en ſoucioient d'un ſeul Brin de nos Honneurs & Eſtats, & comme je leur ay veu dire, & le monſtrer par Effects.

ARTICLE II.

ANTOINE DE BOURBON,

ROY DE NAVARRE.

LE Roy de Navarre ANTOINE DE BOURBON, fut Frere aiſné dudit Prince de Condé, qui ſouſtint & favoriſa au Commencement les Huguenots. Auſſi eſtoit-il de la Religion, diſoit-on, & en ſentoit dès le Regne

Regne du Roy Henry, qu'il avoit ſon Miniſtre David (a), & le faiſoit preſcher où il paſſoit, car c'eſtoit en Careſme, & le vis preſcher à Poictiers, que j'eſtois fort jeune. Il le mena à la Cour, qui lors eſtoit à Fontainebleau; mais, ayant parlé à Monſieur le Cardinal de Lorraine, ledit David chia ſur la Bible & le Miniſtre (1) & tout.

Le Roy Henry ne trouva bon, qu'il euſt mené avec luy ce Miniſtre, qui ne portoit pourtant le Tiltre de Miniſtre, mais de Preſcheur du Roy & de la Reyne de Navarre; &, par ce Tiltre, il n'eſtoit ſi odieux, que par celuy de Miniſtre.

La Reyne de Navarre pour lors, qui eſtoit jeune, belle, & très-honneſte Princeſſe, & qui aymoit bien autant une Danſe qu'un Sermon, ne ſe plaiſſoit point à cette Nouveauté de Religion, ny tant qu'on euſt bien dit; &, pour ce, je tiens de bon Lieu, qu'elle le remonſtra un Jour au Roy ſon Mary, & luy dit tout-à-trac, que, s'il ſe vouloit ruyner, & faire confiſquer

ſon

(a) Pierre David. Voïez *Beʒe, Hiſt. Eccl. T. I.* pag. 102.
(1) & le Miniſtere, *apparemment.*

Tome *VIII.*   M

son Bien, elle ne vouloit point perdre le sien, ny si peu qui luy estoit resté du Royaume des Roys ses Prédécesseurs, lesquels, pour l'Hérésie, avoient perdu le Royaume de Navarre. Hérésie l'appelloit-elle, d'autant que le Pape Jules avoit déclaré Hérétiques (mal à propos) tous ceux qui yroient encontre sa Sentence donnée sur la Confiscation dudit Royaume; mais, à aucuns j'ay ouy affirmer, que ce Nom d'Hérétique n'estoit pas bien adapté.

Ce Roy, si la Guerre Espagnole eust continué, avoit bien résolu d'en avoir sa Raison sur l'Espagne, où il y avoit de bonnes Entreprises, & s'aydoit du Roy de Fez, vers lequel il avoit envoyé en Ambassade les Capitaines Montmor, Gascon, & Melchior, Portugais, qui m'en entretint fort un Jour à Lisbonne, où il s'estoit retiré après la Mort dudit Roy, qu'il plaignoit fort, & ses Desseins, qui eussent facilement réussy, & m'y fit toute bonne Chere, ayant veu ma Mere Dame d'Honneur de la Reyne de Navarre en sa Cour, & ne bougeoit d'avec moy, à me faire monstrer tout plein de Singularitez, & quand j'allois voir le Roy & la Reyne, Sœur de l'Empereur, en-

encore reſtée de toutes les autres , qui
ſe portoit fort bien.

Les Deſſeins de ce Roy n'eſtoient
pas petits , & l'Alliance avec ce Roy
de Fez très-bonne & ferme.

La Reyne ſa Femme changea bien
après ; car , ſon Mary ſe changea en
Catholique, & elle ſe changea en Huguenotte très-ferme.

Le Roy Henry mort , & le Roy
François venu à la Couronne , l'on eut
quelque petit Soupçon , que ledit Roy
de Navarre ſçavoit quelque choſe de
la Conjuration d'Amboiſe , d'autant que
les principaux Conjurateurs eſtoient de
ſon Gouvernement , voire , aucuns
de ſes Vaſſaux & Serviteurs. Toutesfois, cette Raiſon eſtoit foible ; mais
bien forte celle qu'ils eſtoient de la
Religion , que ledit Roy ſous main
touſjours embraſſoit & favoriſoit ,
ainſi qu'il le fit paroiſtre fort
à deſcouvert quand le Roy Charles
vint à la Couronne , & qu'il fut Régent par la Menée des Eſtats , par un
Edit fait , qu'on n'euſt plus à parler de
la Conjuration d'Amboiſe , ny en rechercher ceux qui en eſtoient ſoupçon-
nez ; dont j'en vis aucuns Huguenots,
qui en eſtoient bien-ayſes , que je con-
nôis , & diſoient ces Paroles : Or ,

M 2   bier,

bier, *nous n'eftions pas de la Conjuration d'Amboife, & ne l'euffions pas dit pour tout l'Or du Monde ; mais, aujourd'huy, nous le difons pour un Efcu, & que l'Entreprife eftoit bonne & fainte.*

L'INNOCENCE de Monfieur le Prince fut publiée avec l'Edit de Juillet. Le Colloque de Poiffy après fe moyenna par ledit Roy de Navarre ; & ce fut luy, qui, à fes propres Defpens, (ce difoit-on,) envoya querir les Miniftres eftrangers, pour s'y trouver : & ce fut un Gentil-Homme, qui eftoit à luy, & s'appelloit Monfieur d'Eftourneau, mon Voifin & bon Amy, qui les alla querir & les mena en France. Depuis il eft mort Maiftre-d'Hoftel du Roy d'aujourd'huy. Et furent lefdits Miniftres retournez par ledit Gentil-Homme, qui m'a tout conté, très-contens & bien falariez de la Bourfe dudit Roy.

CE ne fut pas tout ; car, il fit faire & publier l'Edit de Janvier, & rien ne voyoit on à la Cour que Miniftres, & n'oyoit-on que Prefches, ne quitant pour cela la Meffe par beau Semblant.

JE retournois alors d'Efcoffe, ayant conduit la Reyne, que moy & mes Compagnons, qui pouvions eftre environ

viron cent Gentils-Hommes, ſuivans
Monſieur le Grand-Prieur de Lorraine, & d'Anville (1). Quand nous viſmes ce Changement nouveau depuis
noſtre Départ, nous fuſmes bien eſton-
nez.

Sur ce, le Pape, & le Roy d'Eſpagne, ne dorment pas, & font tant,
qu'ils gagnent ledit Roy par belles Paroles & Offres de le recompenſer de
ſon Royaume de Navarre par celuy de
Sardaigne, qui n'eſtoit pourtant ſi grand
& ſi riche que celuy de Navarre, en
ce qu'il vouluſt ſouſtenir la Religion
Catholique, & employer ſa Puiſſan-
ce, pour extirper l'Héréſie. A quoy
il preſte l'Oreille très-volontiers ; car,
& qu'eſt la choſe qu'on ne faſſe pour
regner ? Et, pour ce, le Sieur des
Cars (1), ſon grand Favory, qui eſtoit très-bon Catholique, fut envoyé
vers le Pape, duquel il fut très-bien
reçeu & renvoyé vers ſon Maiſtre, plus
plein de belles Paroles & grandes Pro-
meſſes, que d'autres Choſes & Préſens;
toutesfois, ſi bien gagné, outre le bon
Zéle qu'il portoit à ſa Religion, qu'il ré-
duiſit du tout le Roy ſon Maiſtre à la

Deman-

(1) Damville.   (2) Deſcars,

M 3

mande du Pape : dont s'en ensuivit la Guerre civile, dans laquelle il s'embarqua si bien , qu'il y estoit plus avant , & en Sévérité plus grande contre les Huguenots, que le Triumvirat-mesme.

AUSSI fit-on de luy un Pasquin, qu'il n'y avoit rien pire qu'un Renegat ; &, sur ce, alléguoient les Renegats d'Alger & d'ailleurs : & un autre, où ils faisoient une Anatomie, où ils n'y purent jamais trouver de Cœur ny de Fiel , y ayant appellé tous les meilleurs Médecins & Chirurgiens de la France. Si estoit-il brave, vaillant, tout plein de Courage : mais, il avoit de la Bonté ; &, pour ce, on le peignoit ainsi.

IL ne laissa , estant ainsi embarqué en la Catholique, à se souvenir de son Profit particulier , & des Promesses qu'on luy avoit faites ; &, pour ce, dépescha le Président de Selva, fort digne Homme de son Estat , vers le Roy d'Espagne ; mais, le (1) Malheur, il fut pris , & mené à Orléans, où, sans Monsieur le Prince , il couroit Fortune de la Vie , en Eschange de l'Exécution qu'on avoit faite à Roüen

du

(1) de

du Préfident Mandreville (2), duquel la Mort devoit eftre expiée par la Mort efgale d'un autre Préfident.

En toute cette Guerre, pour fi peu de Temps que ledit Roy la mena comme Lieutenant - Général du Roy, il s'y monftra fort animé, brave, vaillant, courageux, efchauffé, colere, & prompt à en faire pendre, comme j'ay veu. Auffi les Huguenots l'en hayffoient comme un beau Diable, & le depeignoient de vilaines Injures, que j'obmets; car, ces Meffieurs fçavent auffi bien mal dire, que bien dire.

Le Siége de Roüen fe fit, où il n'efpargna fes Pas ny fa Peau, non plus que le moindre Soldat du Monde. Si-bien que luy s'appareillant pour aller à l'Affaut, Moitié mené du brave & généreux Courage qu'il a tousjours poffédé, Moitié d'Ambition & d'Emulation qu'il portoit de tout Temps à Monfieur de Guyfe, qui en telles Factions fe hazardoit tousjours des plus avant, comme j'ay dit, eftant dans le Foffé, & preft à monter, ainfi qu'il s'eftoit tourné pour piffer, (dont il en fut fait un Epitaphe, que j'obmets pour Révérence,) il eut une grande Harquebufade dans l'Efpaule, mefme
Coup

______

(1) Efmandreville

M 4

Coup quafi qu'eut après Monfieur de Guyfe, dont il tomba à demy, & rendit fa Gorge.

Aussi-toft il fut jugé à mort par les Chirurgiens & Médecins, ainfi qu'après quelques Jours qu'on penfoit qu'il en efchapperoit, il mourut, repentant (ce difoient aucuns) d'avoir ainfi changé de Religion, & réfolu de remettre la Réformée mieux que jamais, ainfi qu'il le manda à Monfieur le Prince fon Frere, par un fien Maiftred'Hoftel, qu'on appelloit Ofquerque, qu'il avoit envoyé vers luy le vifiter. Cela fe difoit parmy aucuns de nous autres: au contraire du Roy Henry d'Angleterre, qui, fur la Fin de fes Jours voulut remettre la Religion Catholique. Il eftoit Temps vrayment, après tant de Maux faits.

De-sorte qu'il ne fut pas guéres regretté; car, il eftoit en Termes de brouiller. D'autres le regrettérent fort; car, il eftoit tout bon & gentil Prince, & mefme la Reyne-Mere, qui, tousjours apprehenfible, avoit Opinion, que, comme grand qu'il eftoit, il retenoit plufieurs Capitaines, Gentils-Hommes, Soldats, & autres, qui, fans luy, fuffent de l'autre Cofté avec le Prince, qui aymoient mieux

eftre

estre avec l'aisné & le Chef des Armes
& du Nom, qu'avec le cadet ; & que ,
luy mort, à Veuë d'Oeil, on les verroit
tous disparus de l'Armée du Roy, &
les uns après les autres yroient trouver Monsieur le Prince. Mais, Monsieur de Guyse, qui n'estoit peureux,
asseura la Reyne & luy dit : *Non, non,*
Madame, n'entrez point en telle Crainte
& Appréhension ; car, pour moins d'un
rien je vous en releve. La Bande, qui en
partira de l'Armée du Roy, en sera fort
petite ; ce que je ne croy encore : &, si
elle en part, ce sera autant la purger, &
bien nettoyer, & n'y restera que le beau
Grain, pur & net ; ce qui sera le meil-
leur pour nous : car, là-où il y a des
Traistres & Gens doubles, tout va mal ;
&, s'il y en reste, je les tiendray si court
& les feray si bien veiller, qu'ils n'o-
feront seulement faire trembler une Feuille
d'Arbre.

Je tiens ce Conte d'un grand Seigneur, qui estoit alors present, & c'estoit en la Chambre de la Reyne à son
Coucher, qui commença à se rasseurer
& connoistre à Veuë d'Oeil le Vray
de ce que luy dit Monsieur de Guyse, qui, pourtant, regretta ledit Roy ;
car, ils estoient Cousins germains &

M 5

grands

grands Amis de longue main, dès que
ce Roy estoit Monsieur de Vendosme,
Lieutenant de Roy en Picardie, & appelloit tousjours Monsieur de Guyse,
mon Compagnon. Cela s'entend quand
il estoit en sa Grandeur ; & Monsieur
de Guyse l'appelloit *Monsieur,* quelquefois *Monsieur mon Cousin.* Le Roy
de Navarre l'y appelloit aussi, & quelquefois *Seigneur Cousin.* Enfin, souvent ils se divertissoient par Appella-
tions, comme il leur venoit en Humeur,
ainsi que je l'ay veu. Mais, quand
il vint en sa Grandeur de Régent, il
ne l'appelloit jamais que *mon Compa-*
gnon : car, on luy donnoit la Reputation, que ç'a esté l'Homme qui s'est
plus perdu en sa Prospérité & Faveur
de Fortune, estant devenu fort arro-
gant, pour l'avoir veu comme on l'a-
voit veu fort petit & bas de Fortune,
bien qu'il fust très-grand en tout, de
Race, de Maison, de Grandeur, d'Authorité, de Mérite, de Valeur, & de
Vertu, mais non de Fortune, qu'il
eut après. Au reste, il devint, disoit-
on, ingrat un peu à l'endroit d'aucuns
des siens, qui l'avoient suivy en son
Adversité, & peu vindicatif envers
ceux qui luy avoient fait du Desplaisir

ail-

& offenfé, & l'avoient quitté pour aller ailleurs ; ainfi qu'il fit envers Monfieur de Beauvais - Nangy, un très-fage, vaillant, & brave Capitaine, qui avoit eu de belles & grandes Charges, & mourut vaillamment (difent les Hiftoires,) qu'il avoit pouffé & advancé & fait fon Lieutenant de Gendarmes quand il eftoit en Picardie, qui le quitta pour aller à Monfieur de Guyfe ; dont il luy en voulut Mal mortel, jufques à l'en menacer : ce que l'autre cragnit très-fort, quand il vint à fa Régence. Mais, rien pour cela ; car, plus grands Amis que devant. Dont je fçay ce que l'on en dit alors à la Cour. Telles Bontez pourtant font fort à loüer, & telles Nonchalances de Vindictes très à prifer parmy les Roys, Princes, & grands Seigneurs : ainfi que je fçay bien l'enfuivre en cela noftre Roy d'aujourd'huy fon Fils, qui d'autant plus en approche de Dieu, lequel défend les Vengeances ; dont j'efpere alléguer force notables Exemples de fa généreufe Bonté en fa Vie (1).

ON ne donna que ces deux *Sis* à

____

(1) On ne l'a point.

ce grand Roy Antoine, si - non aussi qu'il estoit fort addonné à l'Amour. Mais, qui ont esté les Roys & les Grands, qui n'ayent aimé les Dames? Autrement, ils sont dénaturez & addonnez au grand & enorme Vice.

POUR le reste, il estoit très-bien né, brave, & vaillant; car, de cette Race de Bourbon, il n'y en a point d'autres: estant de belle Taille, & plus haute beaucoup que celle de tous Messieurs ses Freres, la Majesté toute pareille, la Parole, & l'Eloquence très-bonne. Il acquit & laissa après soy une très-belle Reputation en Picardie & en Flandres, quand il fut Lieutenant de Roy, & quand il s'en alla Roy de Navarre commander en Guyenne; car, il conserva très-bien à ses Roys ces Pays, & si en conquesta. De sorte qu'on ne parloit en cela que de Monsieur de Vendosme.

MAL recompensé pourtant de ces Roys, & mesme du Roy Henry, quand il l'oublia en son Traité de Paix entre luy & le Roy d'Espagne, qu'il ne se fit aucune Mention du recouvrement de son Royaume de Navarre, d'un seul petit Trait de Plume; & en voulut long-temps Mal à Monsieur le Connestable. Et certes il y eut du Tort;

car,

car, ce Prince avoit très-fidelement
servy la Couronne de France, pour
laquelle souftenir, au moins les fiens,
la Reyne Jeanne eftoit deshéritée, &
eftoit auffi Coufine germaine du Roy,
& très-bonne & vertueufe Prin-
cefle.

Ce brave Roy, & Monfieur de
Guyfe, contendoient fi fort enfemble
en Compétence de Gloire, que toutes leurs Actions de Guerre tendoient
à l'envy à qui feroit mieux. A l'Affaut de Linars, y voyant aller Monfieur de Guyfe, où il y fut fort bleffé,
il y voulut aller tout Lieutenant de
Roy qu'il fuft. Les petites Emulations
pourtant fe convertirent après en Ini-
mitiez fourdes, fans fe defcouvrir pourtant ; & mefmes, quand il vit Monfieur
de Guyfe fi ennobly de beaux Faits, &
qu'on ne parloit que de luy, & qu'il le
voyoit fi bien advancé, & Favory de
fon Roy. Si-bien que, parmy leurs
Pages & Laquais des uns & des autres, on voyoit faire des Quadrilles
& des Parties ; & cryer à la Cour,
Bourbon, Bourbon, à part ; Guyfe, Guyfe,
& Lorraine, à part ! Ces petites Chofes
picquent quelquefois autant ou plus
que des grandes, fi qu'il en cuyda arriver une groffe Batterie entre cette

Race de Pages & Laquais, fans Monfieur
de Brezay, qui les eftrilla bien une
fois, & ce durant le Roy Henry.

LE Roy François venant en Regne, là fut la grande Picque & l'Ini-
mitié, à caufe que Monfieur de Guyfe ne luy ceda l'Authorité & Préemi-
nence de tout l'Eftat, mais non qu'il
en vinft grande Rumeur & Efclandre
defcouvert.   J'en parle ailleurs (1).
Le Roy Charles vint après à regner,
& le Roy de Navarre en Vogue, comme j'ay parlé au Difcours de Monfieur
de Guyfe, & ailleurs au Difcours de
Monfieur le Conneftable.   Il y eut
bien quelque petite Brouillerie : mais,
tout fe paffa doucement ; &, la Guerre
civile venue, jamais ne furent mieux.

VOILÀ ce qu'en bref j'en puis dire, fi-non que, pour bien achever fa
Gloire & fes Loüanges, je dis, quand
en fon Temps il n'auroit fait autres
belles Chofes que d'avoir fait & pro-
créé noftre grand Roy d'aujourd'huy
Henry IV, il a fait beaucoup, & eft
digne de très-grandes & incomparables
Loüanges, à qui la France doit tout
fon Bonheur, ainfi qu'on dit tout au

con-

____

(1) Ci-deffus , Difcours de Mr. de Guife
LXXVIII.

contraire d'Agrippine, Mere de Néron, que, quand elle n'euſt fait autre
Mal que d'avoir conçeu & engendré
Néron, elle méritoit la Mort, & eſtoit
indigne de tout Los.

ARTICLE III.
LES DEUX PRINCES D'ANGUIEN,
ET LE
DUC DE NEVERS,
LEUR BEAU-FRERE, ET SES
ENFANS.

CE grand Roy de Navarre eut encore deux très-braves & vaillants
Freres, les deux Meſſieurs D'ANGUIEN ;
l'un, celuy qui gagna la Battaille de
Cérizoles, duquel j'ay parlé cy-devant ;
& l'autre, qui mourut à la Battaille
de Saint-Quentin, jeune Prince, qui
promettoit tant de luy, que s'il euſt
veſcu, il n'euſt rien cédé à tous Meſſieurs ſes Freres, ainſi qu'il le monſtra
à ſa Mort, qu'il pouvoit eſchapper,
comme d'autres qui fuyrent. Mais, il
ayma mieux faire cette glorieuſe Fin à
cette Battaille.

MON-

MESME Monſieur de Nevers(1), Beau-Frere de ces quatre Princes de Bour-bon, pour avoir eſpouſé Marguerite de Bourbon, leur Sœur, s'y trouva: lequel, après avoir combattu & fait ce que Prince d'Honneur & de Valeur peut faire, & voyant devant ſes Yeux une ſi miſérable Perte, fit ſa Retraite honorable dans la Fere, ralliant ce qu'il put des ſiens à ſoy, où il ſervit beaucoup le Roy, & toute la France; car, avec ſi peu d'Hommes qu'il amaſſa, il refit encore un petit Corps d'Armée, & fit tenir l'Ennemy en Cervelle & en Bride, qui vouloit tirer plus avant.

SI-BIEN, qu'ayant envoyé un Trompette vers le Prince de Pied-mont, pour reconnoiſtre les Morts, & recommander les Priſonniers. *Com-ment* (luy dit Monſieur le Prince,) *Trompette, vous me venez icy parler de la Part de Monſieur de Nevers? Vous eſtes un Menteur; je vous feray pendre. Il eſt mort: je le ſçay bien.* Mais, quelque Parole que luy puſt dire le Trompette contraire à la ſienne, il ne le put croire, le menaçant tousjours de le faire pendre, à quoy ſe ſouſmit le
Trom-

____
(1) Franҫois de Cleves.

Trompette , s'il n'eſtoit vray; dont Monſieur le Prince en demeura esbahy & faſché , & dit à aucuns des ſiens : *S'il eſt vray* , comme il le ſçeut toſt après , *le Roy de France n'a pas perdu tous ſes bons Capitaines, comme en voilà encore un des ſiens ſur pied , qui nous donnera encore bien de l'Affaire , & nous empeſchera de faire tout ce que nous euſſions bien voulu.*

Ce Teſmoignage d'un tel Prince ne fut pas petit pour la Valeur & Suffiſance de Monſieur de Nevers , ainſi qu'il le fit paroiſtre ; car , il fit tousjours bonne Mine & Teſte ſi bien à l'Ennemy , que le Roy Henry eut Loiſir de redreſſer une Armée bonne & bien gaillarde, dont il l'en fit ſon Lieutenant-Général , ayant auparavant mis ſi bel Ordre & Garniſons dans les Places , que l'Ennemy ne fit pas ce qu'il penſoit.

Voilà la grande Obligation que le Roy & ſon Royaume eurent à Monſieur de Nevers ; car , ſans luy, ſa Sageſſe & Valeur , tout fuſt allé mal. Ce ne fut pas le prémier ny le dernier Service qu'il fit à ſon Roy ; car , eſtant Lieutenant de Roy en Champagne , comme certes il l'a très-dignement & fidélement ſervy en cette Charge , il facilita fort le Voyage d'Allemagne ,

magne, & le Retour du Roy, & luy asseura aussi fort son Chemin pour entrer au Pays de Liege, ayant mis en l'Obéyssance de sa Majesté les Forts dessus la Riviere de Meuse, comme Jamais (a) & autres, qui fut la Cause de la Prise de Dinant & Bouvines.

Il fatigua fort aussi le Siége de Metz, si-bien qu'il empeschoit fort les Courses de l'Ennemy qui estoit devant, qui ne se pouvoit estendre guéres au loing dans la France ny Champagne, pour recouvrer Vivres, comme il eust bien fait sans les Courses ordinaires de Monsieur de Nevers, qui estoit quasi tousjours à Cheval, ou y envoyoit, pour les en empescher. Si-bien que cela engendra une si grande Famine au Camp de l'Empereur, qu'il faloit qu'il y fist venir les Vivres de de-là, qui n'y put à la Fin fournir.

Il servit aussi très - bien le Roy à l'Envitaillement de Mariembourg, avec Monsieur l'Admiral, qui, estant venu joindre Monsieur de Nevers en Champagne, & leurs Forces jointes ensemble, envitaillérent cette Place, avec toutes les Peines pourtant, & tous les Maux du monde, tous les Froids & Pluyes

(a) Lisez Jametz.

Pluyes que jamais Hyver produifit. Car, ce fut au Commencement de Novembre, & à la Barbe du Prince d'Orange, qui avoit une bonne Armée de l'Empereur, & Reyne Marie pour l'empefcher, & menaçoit à tous Coups de les combattre. Mais, Meſſieurs de Nevers & Admiral firent ce Coup-là fort heureuſement, & ſe retirérent de meſmes; qui fut une très-belle Exécution, que le Roy admira fort, & tout le Monde, puis qu'il falut combaʈtre le Ciel, qui eſt une grande Impoſſibilité.

Tant d'autres beaux Exploits a fait ce Prince, qui ne ſe peuvent eſcrire pour leur Prolixité, & auſſi que nos Hiſtoires en parlent prou. Car, de toutes les Guerres, l'Empereur n'a jamais pu enjamber ſur ſon Gouvernement; mais luy, ſouvent gagnoit ſur ſes Terres. Il accompagna auſſi Monſieur de Guyſe, & l'aſſiſta bien à la Priſe de Theonville.

Bref, ce Prince a eſté, tant qu'il a veſcu, très-utile à ſon Roy. Auſſi eſtoit-il très-ſage & très-bon Capitaine. Il ne pouvoit eſtre autrement, eſtant iſſu de cette grande Maiſon de Cleves, où il y a eu de tout Temps de très-bons Hommes de Guerre, &

grands

grands Capitaines, comme de frais fut
fon Grand-Pere Meſſire Engilbert de
Cleves, qui accompagna le Roy Charles VIII au Royaume de Naples, &
qui fut l'un des Conducteurs des Suiſſes à la Battaille de Fornouë, qui les
y fit ſi bien & ſi vaillamment combattre, luy à la Teſte, comme gentil Prince
& vaillant Colonel.

Luy, & ſon Fils, n'eſtoient que
Comtes d'une des nobles & grandes Comtez de France, & Monſieur de Nevers, François de Cleves,
duquel je parle, en fut le prémier Duc,
qui certes monſtroit bien, qu'il eſtoit
iſſu d'une très-grande & très-illuſtre
Maiſon. Car, il eſtoit très-grand,
très-riche, & très opulent, & avec cela très-magnifique, ſplendide, & très-
libéral s'il en fut oncques; deſpenſant
fort, tenant grande Maiſon tousjours
à la Cour & aux Armées, un très-beau
& fort paiſible grand Joüeur, ne ſe
ſouciant point de l'Argent; &, toutesfois, ſa Maiſon tant bien réglée &
allant tant bien, que nul n'en partoit
mal-content, & paroiſſoit bien par ces
grandes Deſpenſes, qu'il y avoit un
grand Fonds en cette Maiſon, comme
depuis il a apparu aux Partages de Meſ-
dames

dames fes Filles : avec tout cela, un très
Homme-de-Bien & d'Honneur, & nul-
lement Coquin, ny preffant Deman-
deur après fon Roy. Car, à ce que
j'ay ouy dire à ce grand Monfieur de
Vyginaires, fon grand Efcuyer, & grand
Favory, il s'eft peu reffenty des grands
Bienfaits de fes Roys.

Il efpoufa en fecondes Nopces Madame d'Anguien, fa Coufine du Cofté
de feue fa Femme, & qui eftoit auffi Coufine de feu Monfieur d'Anguien ; car,
elle eftoit Fille de Monfieur de Saint-
Pol, & de Madame de Touteville (I),
héritiere. Il n'eut d'elle aucune Lignée ; mais, elle eut de luy un bon
Advantage de fa Maifon. Il mourut de
fa belle Mort, & laiffa fon Héritier
Monfieur le *Comte d'Heu*, (2), que nous
avons appellé ainfi, & puis Monsieur de Nevers, car il ne fur-
vefcut guéres fon Pere. Il mourut à
la Battaille de Dreux, par un très-grand
Inconvénient ; car, ainfi qu'il alloit à
la Charge avec Monfieur de Guyfe,
il y avoit près de luy Monfieur,
Blanc (*a*), Enfeigne de Monfieur de
Guy-

(1) Eftouteville,
(2) Le Comte d'Eu,
(*a*) *M. de Thou*, L. 34. nomma Des Bordes,
celui qui tua imprudemment le Duc de Nevers.

 MONSIEUR LE DUC DE
Guyfe, qui, tenant fon Piftolet couché fur le Devant de la Selle de fon
Cheval, Monfieur de Nevers luy dit :
*Mon Compagnon, tenez voftre Piftolet
haut ; car, s'il délafche, vous m'en donnerez dans la Cuiffe.* Il n'eut pas pluftoft dit ce Mot, que le Piftolet fe délafche, & luy donne le Coup qu'il craignoit.

SI ne laiffa-t-il de combattre de
toute Furie & Defefpoir ; mais, il falut de la Douleur qu'il s'allaft faire
panfer. Après, il mourut, dont ce fut
un très-grand Dommage ; car, il n'euft
rien deu à fes braves Prédeceffeurs,
ainfi qu'il le promettoit par fa belle Façon, & par la Pratique de Guerre
qu'il avoit faite : car, n'ayant pas
quinze Ans, il fit le Voyage de Monfieur de Guyfe en Italie, en Charge de
deux cens Chevaux-légers, de laquelle
il s'en acquitta très-dignement, & puis
la continua aux autres Guerres jufques
à la Paix faite.

C'ESTOIT le plus beau Prince, à
mon Advis, que j'aye jamais veu, &
le plus doux, & le plus aymable. Nous
le tenions tel parmy nous ; &, lors
qu'il s'en alla efpoufer Madame fa
Femme en Efpagne, Fille de Monfieur de Montpenfier, il y fut auffi

tout

tout tel estimé & admiré, autant de ceux de la Cour, que de tout le Pays.

Ce fut très-grande Perte de ce Prince. Il laissa son jeune Frere, que nous appellions le *Marquis d'Isbe*, son Successeur & Héritier, qui mourut aussi fort jeune, & avoit espousé Madamoiselle de Bouillon, une très-belle & honneste Princesse, & qui est encore telle, bien qu'elle s'advance sur l'Age; mais, il ne luy fait encore aucun Tort à sa Beauté.

Ce Prince, qui s'appelloit Jaques de Cleves, s'il eust vescu, bien qu'il fust de foible Habitude, si promettoit-il beaucoup de soy; car, il avoit en luy beaucoup de Vertu. Tous ces deux Messieurs de Nevers Freres ne demeurérent guéres Possesseurs de ces belles Terres & grands Biens que Monsieur leur Pere leur laissa; car, estant ainsi morts jeunes, ils les laissérent à Mesdames leurs Sœurs, qui furent Mesdames de Nevers, de Guyse, & la Princesse de Condé, trois Princesses aussi accomplies de toutes les Beautez de Corps à mon Gré, comme d'Esprit qu'on ayt point veu. Si-bien que, quand nous parlions à la Cour de ces trois Princesses, bien souvent

vent nous les difions les trois Graces de jadis, tant elles en avoient de Reffemblance : &, comme de vray, je les ay veues très-belles, très-bonnes, & très-aymables. J'efpere en parler ailleurs au Traité que je feray des Dames (1).

LE Seigneur LUDOVIC DE MANTOUE efpoufa Madamoifelle Henriette de Nevers, ou de Cleves, Fille aifné, & pour ce la Duché luy efcheut, & ledit Seigneur fut Duc de Nevers. Il avoit efté nourry du Roy Henry près Monfieur le Dauphin & en fa Cour, fi-bien qu'il fut très-bon & loyal François, de telle forte qu'eftant pris fort jeune à la Battaille de Saint-Quentin, où il combattit très-vaillamment, & acquit beaucoup de Reputation, le Seigneur Ferdinand de Gonzague, fon Oncle, après l'avoir fort careffé, luy dit, qu'il faloit deformais tenir le Party du Roy d'Efpagne, qui luy laifferoit fa Rançon, & luy feroit de très-beaux Advantages. Il luy refpondit, qu'il avoit la Croix blanche

fi

---

(1) *Voïez le Tome I, Difcours IX, Article IV, page 518, où il ne dit que deux Mots de Catherine de Cleves, Femme de Henry I, Duc de Guife.*

fi gravée dans fon Cœur, à caufe de la belle Nourriture qu'il avoit euë du Roy de France, & le bon Traittement qu'il en recevoit ordinairement, qu'il ne le fçauroit faire. De telle Réponfe fi généreufe, fon Oncle l'en eftima davantage.

Tout jeune qu'il eftoit, il a tousjours promis qu'il feroit un Jour grand Capitaine. Il eftoit de fon Naturel fort froid & modéré, & n'eftoit nullement éventé, comme plufieurs jeunes Gens de fa Volée. Mais, pourtant, quand il fe faifoit quelques belles Parties, ou de Cheval ou de Pied, il en eftoit tousjours, & fi s'en acquittoit très-dignement : & fa Partie paroiffoit fort, comme il fit à Bayonne en plufieurs Endroits, comme je l'ay veu bien fort paroiftre ; car, il eftoit fort adroit à tout, & avoit avec luy tousjours une belle Suite de Gentils-Hommes, tant de fes Vaffaux que de la Cour, & de ceux qui avoient fervy Meffieurs fes Beaux-Freres.

Il eftoit un très-beau Prince, agréable, & de belle haute Taille ; mais, elle fe gafta par ce malheureux Coup qu'il eut à la Jambe aux feconds Troubles, eftant Lieutenant de Roy en Piedmont & Marquifat de Saluces. Il fut commandé d'emmener les vieilles Bandes par de-là avec quelque Cavalerie-légere; ce qu'il fit, & vint trouver Monsieur noftre Général à Vitry, comme je vis, avec de belles Forces avec luy. En venant, il fit tout plein de beaux Effects; car, il y prit force Places que tenoient les Huguenots, dont Mafcon en fut une, qui tint bon & fe laiffa bien battre & affaillir; car, il y avoit de bons Hommes dedans avec le Sieur de la Cliette qui commandoit, brave Gentil-Homme, certes, qui avoit d'autrefois fuivy Monfieur d'Anville aux Guerres du Piedmont. De fa Maifon eftoient fortis autrefois de bons & braves Gens, entr'autres le Baftard de la Cliette, qui fut en fon Temps Lieutenant de cent Hommes d'Armes de Monfieur de Bourbon, eftant Conneftable de France. Enfin, ladite Place de Mafcon fut prife avec beaucoup de Reputation de Monfieur de Nevers & de fes Gens; & fi le Roy ne luy euft mandé de venir auffi-toft joindre Monfieur fon Frere, il y euft fait de bons Services en Dauphiné, Lyonnois, & Bourgogne.

ESTANT donc arrivé en noftre Armée, il demanda Congé d'aller jufques à Nevers voir Madame fa Femme,
qu'il

qu'il n'avoit veue , il y avoit long-
temps. En y allant, il vint à rencontrer
quelques Gentils-Hommes Huguenots,
qui alloient à l'Armée , dont la plufpart
eftoient fes Vaffaux & Voifins. Sans
dire Gare , il les chargea , & en porta
par terre un , & fon Vaffal , qui , tout
par terre , luy defchargea fon Piftolet à la Jambe vers le Genouil , & le
bleffa tellement que l'on en attendit
pluftoft & long-temps la Mort que
la Vie. Mais , pour avoir efté bien
fecouru de bons Chirurgiens , & par la
bonne Affiftance de Madame fa Femme , il eut la Vie fauve ; mais , il demeura ainfi eftroppié , comme nous l'a-
vons veu , & très-mal fain toute fa
Vie : dont ce fut un très-grand Dommage ; car , il eftoit un très-beau &
bon Prince , & ne laiffa pour tout cela à bien fervir le Roy , & fe trouver en
toutes les bonnes Occafions qu'il faloit.

A u Siége de la Rochelle , je l'y ay
veu peiner & travailler comme s'il fuft
efté le plus fain & gaillard du Monde.
Il faut que je die , & d'autres avec
moy , que l'une des belles Chofes qui
s'y foient faites , fut celle que Monfieur de Nevers inventa & ordonna ,
qui fut l'Efcalade que nous donnafmes

N 2

le

le plein Jour, le Matin à six Heures en Esté : ce que l'on trouva estrange, le Matin à plein Jour donner une Escalade ; mais, il la débattit si bien au Conseil du Roy, qu'il fut cru : &, si l'on s'y fust gouverné, la Place estoit nostre.

L'ENTREPRISE estoit telle, que toute la Nuit devant on ne fit que donner des fausses Allarmes à ceux de dedans, & tirer si très-tant haut, qu'ils furent si fort fatiguez, que le Lendemain les Allarmes cessant, & croyant que tout estoit passé, ils se mirent tous à dormir, & chacun tirer en son Logis, & laissérent la Garde du Retranchement si foible, & encore demeura-t-elle si fort endormie & assoupie, que nous eusmes un bon Loisir de faire nostre Escalade.

LE Roy de Navarre, qui ne venoit que de frais dresser sa Garde, pria Monsieur qu'il fist la prémiere Pointe, qui la fit très-bien, & la fit beau voir à tout leurs beaux Mandils neufs de Velours jaune, avec du Passement d'Argent & noir. Entr'autres prémiers fut un la Flesche d'Anjou, un la Cassagne, & un la Tour, Gascons, qui ne venoient que de frais du Siége de

Mons,

Mons , d'avec Monſieur de la Nouë , très-braves & renommez Soldats.

E n ce Siége, on leur avoit commandé , que, quand ils feroient montez ſur le Rempart, qu'ils adviſaſſent bien la Contenance de l'Ennemy , & fiſſent Signe s'il y faiſoit bon, & (1) qu'ils firent bien : mais, au lieu d'attendre que quatre ou cinq cens montaſſent , comme les uns après les autres , ils y alloient tant qu'ils pouvoient , & ne leur en donnérent le Loiſir , & ſe mirent tous à cryer : *Dedans , dedans , ils ſont à nous* ; & donnérent ſi grande Allarme , que l'Ennemy s'eſveille , s'aſſeure , prend les Armes , commence à tirer à ceux des noſtres qui eſtoient montez, qui prirent l'Eſpouvante de telle Façon , que nous les viſmes tomber avec ſi grande Confuſion & Peur ſur nous , qui eſtions preſts à monter , & à deux Eſchellons , qu'ils nous renverſérent par terre , & cuydaſmes eſtre crévez , & meſme des Corcelets.

M o n s i e u r de Longueville , qui eſtoit ce Jour-là de Garde. à ſon Tour, comme eſtoient tous les Grands avec leur Suite, eſtoit desjà au prémier

mier

(1) ce

N 3

mier Eschellon, tant il estoit vaillant. Monsieur de Strozze & moy, qui estions avec luy, cuydasmes aussi estre tuez de deux Grenades, qui nous tombérent à nos Pieds : par ainsi, tout cessa.

VOILÀ la Faute que nous fismes en cette belle Entreprise, sans laquelle nous eussions bien donné de l'Affaire à la Ville ; car, ceux de dedans me le dirent bien après, que je fus parlementer avec eux. Il y en a aujourd'huy encore force vivans, qui le peuvent dire. Il y en eut aucuns, qui soupçonnérent ces deux Soldats nostres, qui estoient Huguenots, avoir donné à Dessein cette Allarme, par l'Advis d'un que je ne nomme point, pour les advertir & esveiller ; car, ils estoient tous endormis. Toutesfois, ces pauvres Soldats y furent fort blessés & moururent quelques Jours après : qui fut Dommage ; car, ils estoient braves & vieux Soldats.

LE Roy de Navarre les regretta fort, qui me les mena voir panser en une Sale basse, où ils estoient couchez. Il s'en peut bien souvenir possible encore. Je leur demanday sur quoy ils donnérent ainsi cette Allarme & ce Cry. Ils me dirent, qu'ils les voyoient

voyoient ainfi efveillez desjà, & grouil-
ler en Rumeur, & branfler, & cryer
bellement aux Armes; & que s'il y euft
eu avec eux feulement deux cens Hommes, & euffent donné, ils gagnoient
le Retranchement.

Voilà noftre Entreprife d'Efcalade très-bien inventée par Monfieur
de Nevers, & mal exécutée par nous:
car, certes, il eftoit très-ingénieux, &
n'avoit faute d'Inventions, & les pré-
méditoit & confidéroit bien avant;
car, il n'alloit point vifte en befoigne.

Aussi le Roy de Navarre & les
Huguenots difoient de luy, quand il
alla avec fon Armée encontr'eux en
Poictou : *Il nous faut craindre Monfieur de Nevers avec fes Pas de Plomb,
& fon Compas en la Main.* Comme de
vray il a efté un très-fage & meur
Capitaine, & le leur fit bien paroiftre; car, au beau Mitan de l'Hyver
froidureux, pluvieux, & fangeux,
prit en peu de Temps Mauleon & Mon-
tagut, dans lequel il y avoit un bon
Homme dedans, Monfieur du Preau,
Gouverneur de Chaftelleraut, qui a
fait beaucoup de belles Preuves de fa
Valeur aux Guerres de Flandres l'Ef-
pace de fix Ans, & en France, comme je dis ailleurs, & acquit beaucoup

 d'Hond'Honneur en la Défense de cette Place ; car, elle ne venoit que d'estre démantelée par le Mareschal de Rets, & très-mal fortifiée depuis. Il prit aussi la Ganache, & autres Places : &, sans qu'il fut mandé par le Roy, après la Mort de Monsieur de Guyse, pour aller secourir la Citadelle d'Orléans, il eust fait autres Conquestes & Expéditions.

LORS que Monsieur, Frere du Roy, partit de la Cour, & prit les Armes, il fut fait Lieutenant de Roy & commandé par luy de le suivre, & luy rompre ses Desseins. De sorte qu'à la Cour cela se disoit, que, pour attrapper Monsieur, qui s'en alloit à belle Erre, le Roy y avoit envoyé un Boiteux. Mais, pourtant, si la Reyne ne fust intervenue, qui vouloit adoucir tout, il l'attrappoit à bon escient, & luy eust pratiqué le Proverbe, *qui va piano, va lontano* (1) ; car, il luy dressoit une belle Entreprise que je sçay. Il me fit cet Honneur de me la communiquer à Bonneval en Beausse, ainsi que nous le suivions vers la Riviere de Loire, d'où nous luy allions bien empescher

&

(1) C'est-à-dire. *qui va doucement, va long-tems.*

& couper le Paſſage, & de venir en
Guyenne. Mais, la Reyne luy manda une Nuit un Courier, & commanda de ne paſſer plus outre; parquoy,
il ſe retira à Paris.

Or, pluſieurs s'enquirent, lors que
la Ligue commença à s'eſlever, après
la Mort de Monſieur de Guyſe, que
Monſieur de Nevers ne s'y enfonça
bien avant; ce que l'on croyoit,
d'autant qu'il avoit eſté des prémiers
avec le Mareſchal de Rets à la baſtir:
mais, il n'en fit rien; car, cette Guerre ſe fit pluſtoſt contre le Roy, & pour
Vengeance, que contre la Religion:
& luy eſtoit fort Serviteur du Roy &
de l'Eſtat, ainſi qu'il le fit bien paroiſtre après la Mort du Roy; car, il
tint le Party du Roy bien qu'il fuſt
de la Religion, & luy voyant que
l'Eſtat s'en alloit perdu & diſſipé, ſi
noſtre Roy, qui eſtoit légitime & de
tout Droit vray Roy, n'eſtoit maintenu en ſon Siége & Authorité, ſe mit
de ſon Coſté. Auſſi qu'il avoit le Cœur
ſi grand & haut, que, pour un demy
Royaume il n'euſt pas voulu obéyr à
Monſieur du Mayne; car, il ſe ſentoit
auſſi grand que luy en Dignité, Authorité, & tout, & plus vieux & pratic Capitaine.

N 5

De

DE PLUS, il avoit si grande Fiance en Dieu que nostre Roy se feroit Catholique, & pour ce le Royaume en bransle se pourroit relever & appuyer très-bien par cette Conversion, ainsi que nous le voyons à l'Oeil. Ce ne fut pas tout ; car, il alla vers le Pape, pour intercéder pour le Roy à le vouloir recevoir en son Giron, & en celuy de l'Eglise. Il y peina beaucoup, & y alla à ses propres Despens, qui fut grande Peine à ce bon Prince mal-dispos & cassé, entreprendre si lointain & fascheux Voyage. Sa Sainteté enfin s'estant radvisée, & voyant les bons Effects de la Religion Catholique, dont le Roy usoit, tout est bien allé, Dieu mercy, comme nous voyons.

IL ne faut point demander si mondit Sieur de Nevers fut ayse de voir une telle Conversion, & mieux que jamais le servit, tant en son Gouvernement de Champagne, qu'aux Armées, avec le Roy, & ailleurs, son Lieutenant-Général. Si on l'eust attendu, lors que Monsieur l'Admiral de Villars fut défait vers Dorlens, tout en fust allé mieux ; & il ne tint pas à luy : car, il venoit à belles Journées, & se hastant tant qu'il pouvoit, manda bien qu'on l'attendist. Cette Défaite porta

ce

ce coup un grand Préjudice au Service du Roy, & une fort grande Perte d'environ quatre à cinq cens Gentils-Hommes, comme j'ay ouy dire : ainſi qu'il fit auſſi à la Priſe de Cambray, là-où ce bon Prince, très-loyal & très-généreux, y envoya Monſieur ſon Fils ſe perdre dedans, (n'ayant pas encore quinze Ans) pour le ſecourir & garder, & y entra fort heureuſement, autant conduit par ſon Bonheur & par ſa Vaillance, que par la Prévoyance & le bon Ordre que luy ordonna ce ſage Capitaine Monſieur ſon Pere : dont en cela on ne ſçauroit aſſez loüer ſa généreuſe Bonté & ſon loyal Zéle, d'avoir ainſi expoſé, pour le Service de ſon Roy & du Royaume, Monſieur ſon Fils, n'ayant que celuy-là, qui, eſtant léans, ſe monſtra ſi aſſeuré & courageux, qu'il ſe jettoit ordinairement aux Hazards comme le moindre Soldat de léans.

Mais, il faut pourtant ceder à la Néceſſité & à la Force ; dont fut fait une Compoſition belle & honneſte, comme chacun ſçait : & ce jeune Prince, fut fort honoré de tous ceux de l'Armée Eſpagnole, & meſmes d'aucuns vieux Capitaines Eſpagnols & Italiens, qui avoient jadis combattu ſous ſon

grand

grand Oncle le Seigneur Ferdinand de Gonzague ; & tous l'admirérent & s'esbahirent fort dequoy ce jeune Prince s'estoit ainsi allé précipiter, & l'enlevérent jusques au Ciel, & luy offrirent beaucoup de Services, luy trouvant la Façon très-belle. J'espere de parler de luy, & de ses Faits, plus au long, dans la Vie de Nostre Roy.

NE faut point demander si Monsieur son Pere fut ayse de voir son Fils retourné sain & sauve, avec une trèsglorieuse Reputation qu'il rapporta de ce Siége. Mais, au bout de quelque Temps, il mourut, aucuns disent de Tristesse, pour ne voir lors les Affaires du Roy aller si bien qu'il desiroit, autres disent de Maladie : car, il estoit tousjours si mal sain depuis son Coup, dont il délaissa Madame sa Femme trèsdésolée ; car, elle l'aymoit & honoroit fort, & luy en faisoit de mesme, & le Mariage en estoit bon & heureux, duquel est sorty ce jeune Prince leur Fils que je viens de dire, Madame de Longueville, Fille aisnée, très-sage, belle, & vertueuse Princesse, & bonne, & Madamoiselle de Nevers, très-belle Princesse aussi.

CE fut une grande Perte de ce Prince ; car, il estoit très-bon Prince, &

te-

tenoit encore de cette vieille bonne
Pafte, que peu voit-on aujourd'huy
tenir parmy nous.

Il eftoit fort fplendide, comme
Monfieur fon Beau-Pere & fes Beaux-
Freres; car, il defpenfoit fort honora-
blement à la Cour, & fon Train & Ordinaire alloient tousjours bien. Quand
il luy faloit faire quelques Feftes &
Magnificences & Feftins, nul ne l'en
a jamais furpaffé; car, il emportoit
tousjours le Prix. Quand il s'y mettoit, il joüoit, & peu, & non fi fouvent comme Monfieur fon Beau-Pere;
mais, quand il y eftoit, il joüoit
fort gros Jeu, comme il fit au Voyage
de Pologne.

Il eftoit fort provident en fes Affaires, ainfi qu'il le fit paroiftre au
Bien de Madame fa Femme; lequel,
encore qu'il fuft très-grand, il le trouva un peu brouillé, pour les grandes
Debtes des Peres & Freres paffez, &
nettoya & accommoda fi bien la Maifon, qu'elle eftoit des grandes de la
France, & des ayfées. Il eftoit fort
doux, affable, & gracieux, & faifoit
très-bon avec luy. Il eftoit très-grand
& profond Difcoureur, & parloit bien,
& difoit auffi-bien le Mot comme Madame fa Femme, qui le difoit auffi-

bien

bien que Dame de France, & qui avoît aussi bonne Grace.

OR, c'est assez parlé de ce Prince, j'espere encore en parler en la Vie de nos deux Roys derniers (1); car, je l'honorois fort, & le tenois pour l'un de mes bons Seigneurs & Amis, comme Madame sa Femme m'a esté tousjours l'une de mes meilleures Dames de la Cour, & que j'ay tousjours honorée, ainsi que sa Vertu & ses Mérites me l'ont tousjours commandé.

DISCOURS QUATRE-VINGT-UNIESME.

ARTICLE I.

MONSIEUR DE MONT-PENSIER.

PUIS que nous sommes encore sur les Princes, il en faut encore continuer d'eux (2), & parleray de Monsieur de Montpensier. Le prémier

Mon-

(1) *On ne l'a point.*
(2) **deux**

Monſieur de Monptenſier (1) Louys
de Bourbon, fut extrait de l'Eſtoc
de ce grand Roy Saint Louys, ainſi
qu'il eſt vray, & qu'il en faiſoit grande Jactance, & taſcha fort de l'imiter
en l'Obſervance de ſa ſainte Religion
Catholique, & en Probité de Meurs
tant qu'il pouvoit, bien qu'il fuſt Homme comme un autre. Toutesfois, il vi-
voit plus ſaintement que le Commun ;
pour le moins le monſtroit - il fort par
Apparence : du reſte, je n'en puis juger, puis que cela appartient à Dieu
de connoiſtre le Juſte.

Il fut Petit - Fils de ce Monſieur
de Montpenſier, dit Meſſire Gillibert
de Montpenſier, qui fut laiſſé Vice-
Roy par le Roy Charles VIII au
Royaume de Naples, qu'il garda le
mieux qu'il put ; mais , après, il le
perdit, par Faute de Secours & d'Argent, dont il en mourut de Triſteſſe : autres diſent de Poiſon, autres de ſa Mort
naturelle, qu'il advança des Mal - Ayſes
qu'il reçeut après le Traité d'Atelle
mal accomply , comme je l'ay ouy
dire audit Monſieur de Montpenſier
ſondit Petit - Fils , dont je parleray
maintenant.

Les

(1) & parleray de Monſieur de Montpenſier
le premier. Monſieur de Montpenſier, &c.

LES Hiſtoires, tant des noſtres, que des Eſtrangers, en parlent diverſement. Monſieur Philippes de Comines y vient au Point, auquel je renvoye les Lecteurs, & meſme quand il parle du Traité d'Atelle, qu'il dit eſtre le plus ignominieux qui ayt eſté jamais veu, après celuy des Fourches Claudiennes du Temps des Romains; puis qu'eſtant encore de reſte cinq ou ſix mille Hommes de Guerre, tant François, qu'Allemands, Suiſſes, & Italiens, ils pouvoient donner une Battaille, où, quand ils l'euſſent perdue, n'euſſent perdu tant de Gens de Coup de Main, comme ils en perdirent de Pauvreré, Faim, & Miſere. Si que poſſible l'euſſent-ils gagnée. Pourquoy non? Les Arragonnois s'en mocquoient fort, & s'en mocquent encore, comme je l'ay veu dans Naples ſans rire : meſme que dans le Chaſteau vous envoyez (1) des Peintures ; ce qui nous doit faire Mal au Cœur quand nous les voyons. Leſdits Arragonnois & Eſpagnols diſoient, & diſent encore, que ce Malheur arriva audit Monſieur de Montpenſier par une Vengeance divine, pour avoir rompu les Trefves faites

dans

____

(1) en voyez

dans le Caftel - Novo , en fortant par Mer, laiffant fes pauvres Oftages, Gens-de-Bien & d'Honneur, tels que les Hiftoires nomment , à la Mercy du Coufteau de la Juftice. Que fi Ferdinand fuft efté auffi cruel qu'aucuns de fes Prédéceffeurs , fans faillir, ils avoient tous la Tefte tranchée par jufte Droit de Guerre. En quoy ledit Monfieur de Montpenfier fut blafmé fort, tant des fiens, que des Eftrangers.

CE Gillibert ne mourut fans Enfans ; car, il laiffa Louys, Charles, & François de Bourbon.

CE LOUYS mourut au Royaume de Naples, y allant foubs la Conduite du Conte (1) d'Armagnac : duquel Louys on trouve par efcrit, que, vifitant-là les Os & la Sépulture de fon Pere , & luy donnant de l'Eau - benite , il devint fi tranfy & fi perdu de Deuil & de Trifteffe , que tout foudain il tomba tout eftendu mort fur le Tombeau. Je l'ay ainfi ouy raconter à aucuns dans Naples, qui mefmes me difoient, qu'il euft mieux valu qu'il euft redoublé fon Courage pour en faire une belle Vengeance, que mourir ainfi , & d'autant plus en fuft-il efté honoré & loüé.

MON-

______

(1) Comte

MONSIEUR CHARLES DE
BOURBON ne fit pas ainſi : car , tant
qu'il prit le Party de ſon Roy , il hauf-
ſa autrement ſon Courage , & eſveilla
ſes Eſprits ; car , il fut grand Ennemy
des Eſpagnols , & en ſacrifia pluſieurs
d'eux ſur la Mémoire de ſon Pere : mais ,
après , il les ayma bien autant , quand
il ſe mit avec eux , qui luy firent ac-
querir beau Renom & belle Mort à la
Priſe de Rome , comme j'ay dit (1).

SON jeune Frere FRANÇOIS ,
très-vaillant Chevalier , fut tué à Marignan.

DE tous ces trois Enfans , venus dudit Gillibert & de Clere ou Clerice de
Gonzague , dont eſt très-grande Alliance entre ces deux Maiſons de Bourbon & Mantouë , là-où ledit Monſieur
de Bourbon fut très - bien retiré &
reçeu quand il tira en Italie au Service de l'Empereur , fut leur Sœur
& prémiere - née dite LOUYSE DE
BOURBON , qui fut Femme de Louys
de Bourbon , Prince de la Roche - ſur-
Yon , d'où ſortit Monſieur de Montpenſier

______

(1) Voïez ſon Article , ci-deſſus Tome IV , Difcours XX des Capitaines Etrangers , pages 252 &
ſuivantes.

fier , duquel je parle , & qui le prémier
a esté Duc , & les autres auparavant
ne portoient que Tiltre de Comtes.

MONSIEUR le Prince de la Roche-
fur - Yon , dit Charles de Bourbon , &
Suzanne de Bourbon (1) , dite Madame de Rieux , mariée en cette grande
Maison de Rieux en Bretagne.

J'AY veu cette Dame Louyse de
Bourbon , que je dis , Sœur à Monsieur
de Bourbon , une très-honorable , sage ,
& vertueuse Dame , qui a vescu cent
Ans : & sa Vieillesse estoit très-belle ;
car , le Sens & la Parole ne luy avoient
point manqué. Le Roy François II
demeura avec sa Cour trois Jours à
Champigny , & l'alloit voir tous les
Jours en sa Chambre (dont elle ne
bougeoit pour son imbécille Vieillesse)
avec tous les Princes & Grands de la
Cour : si faisoient les Reynes , & Mere regnantes , & toutes les Dames ,
& entroit lors qui vouloit. Tout le
Monde la regardoit fort attentivement ,
& moy aussi-bien que les autres , &
tous l'admirions , autant pour sa vé-
néra-

______

(1) d'où sortit Mr. de Montpensier..... Mr. le
Prince de la Roche-sur-Yon , & Suzanne de Bourbon , &c.

nérable Vieilleſſe, que pour eſtre Sœur
de ce grand Monſieur de Bourbon : &
les plus vieux, qui l'avoient veu, nous
diſoient, qu'elle reſſembloit fort à ſon
Frere de Viſage, & d'autant plus la
regarda-t-on. Il ne ſçauroit avoir plus
haut de trente Ans qu'elle eſt morte,
là-où le Roy, la Reyne, & tous les
Princes de la Cour, & d'ailleurs ſes
Alliez, envoyérent Ambaſſadeurs &
Agens, pour ſe trouver à ſes Obſe-
ques, ainſi qu'eſt la Couſtume de ce
faire parmy les Grands.

J'AY fait cette Digreſſion de cette
Généalogie, que j'ay appriſe meſme
de Monſieur de Montpenſier, pour
monſtrer ſon Droit à aucuns Douteux
ſur ſa Succeſſion de Monſieur de Bourbon, laquelle il retira en Partie petite
à la Fin, avec de grandes Peines & Procès, puiſque le Bien eſtoit confiſqué à
la Couronne.

IL n'en put avoir grand Cas du
Temps du Roy François, pour la Hayne qu'il portoit à Monſieur de Bourbon, & que la Playe, qu'il luy avoit
faite, eſtoit fort recente encore, &
auſſi qu'il eſtoit fort exaɛt Obſervateur
de ſes Edits & de ſes Droits. Car, il en
prétendoit de très-grands par celuy de
Madame la Régente, dont ſourdit le
Meſ-

Mefcontentement & la Rebellion dudit
Monfieur de Bourbon.

Du Temps du Roy Henry , il en eut
quelques Lipées , par le Moyen de
Madame Jaquette de Long-Vic , de la
Maifon ancienne de Givry , iffue de celle de Chalon , & des Palatins de Bourgogne.   Cette Dame , Madame la Ducheffe de Montpenfier , du Temps du
Roy François , par un Moyen que l'on
difoit alors , Monfieur d'Orléans la
fervant , (quel Mal pour cela ? Monfieur de Roftain , qui vit encore , le
fçait bien.) eut grande Faveur à la
Cour : mais , elle n'y put rien faire
à cette Succeffion , pour la Raifon que
j'ay dite ; auffi qu'elle eftoit jeune , &
non fi fpirituelle comme elle le fut depuis.   Du Temps du Roy Henry elle
eut beaucoup de Faveur ; car , elle devint plus habile , & gouvernoit fort la
Reyne.

Le Roy François II vint à fon Regne , où elle put beaucoup ; car , je
l'ay veu gouverner fi bien le Roy &
la Reyne , que j'ay veu auffi deux fois
de mes Yeux , que le Roy faifoit recommander la Caufe de madite Dame ,
qui faifoit tout , & fon Mary peu , &
folliciter contre la fienne propre. Cela
eftoit fort commun à la Cour ; & fi

vis

vïs une fois Monfieur le Cardinal de Lorraine, de la Part du Roy, en parler à Meffieurs de la Cour, qui l'avoit auffi envoyé querir à fon Hoftel de Cluny, lors que le Roy alla à Orléans, & leur recommander le Droit de ladite Dame, (elle y eftoit prefente) jufques à dire que le Roy la vouloit gratifier en cela, qu'il renonçoit pour fa Part & fon Droit, à cette Succeffion, & qu'il n'en vouloit nulle Portion ny Part, & qu'ils paffaffent & coulaffent cela le plus légerement pour luy qu'ils pourroient.

POUR Fin, cette Princeffe, & ce Prince, & les leurs, les uns après les autres, ont tant travaillé, follicité, & plaidoyé, qu'ils en ont eu Pied ou Aifle, fors la Duché de Chaftelleraut, que les Roys par cy - devant n'avoient voulu defmordre, & l'avoient mife à leur Propre, laquelle depuis donnérent pour Appennage à Madame leur Sœur naturelle légitimée, que nous avons veu long-temps appeller Madame de Chaftelleraut, aujourd'huy Madame d'Angoulefme (I).

A

(1) Diane légitimée de France. *Voïez fon Article ci-deffus Tome I, Difcours VI, Article XII, des Dames Illuftres, pages 365 & fuiv.*

A CETTE HEURE, cette Duché
eſt retournée à cette Maiſon de Montpenſier , laquelle peut maintenant dire avoir connu la Fortune d'une &
d'autre Façon : car, elle a demeuré
long-temps pauvre ; & diſoit-on, du
Regne du Roy François & Henry
au Commencement, que Monſieur de
Montpenſier eſtoit le plus pauvre Prince de toute la France : & il eſt mort
le plus riche après le Chef de ſon Nom,
qui eſt le Roy de Navarre : car, il
a laiſſé à ſon Héritier plus de trois
cens mille Livres de Rente, & en Argent monnoyé & autrement, Bagues,
Joyaux, & Meubles, plus de trois
mille Eſcus (ce diſoit-on à la Cour,
& comme je l'ouys dire à un Grand,
qui le ſçavoit bien,) lors qu'il mourut. Si-bien qu'on diſoit de luy,
qu'il reſſembloit les Chevaliers de Malthe, qui ſur l'Age avoient des Biens
& Honneurs ; car, de ces Regnes-là
que je dis, il n'eut tous ces grands Biens.

IL ne fut pas advancé en Grades ny
Honneurs, ny à la Cour, ny aux Armées, auſquelles pourtant il ſe trouvoit près de la Perſonne de ſon Roy,
en ſimple & privé Prince, ne comman-
dant qu'à ſa Compagnie de Gendarmes,
(le Pere de Fontaine-Guerin, brave

&

& vaillant Capitaine, eſtoit lors ſon Lieutenant,) qu'il avoit tousjours belle, & la mettoit tousjours en Beſoigne, à laquelle il ſçavoit tousjours bien commander. Que ſi elle faiſoit une petite Faute, il diſoit qu'elle avoit fait de la Sotte : ſi-bien qu'un Temps cela couroit à la Cour, qu'on diſoit : *Vous avez fait la Compagnie de Monſieur de Montpenſier ;* ce qui eſtoit autant à dire : *Vous avez fait de la Sotte.* Il eſtoit très-brave & très-vaillant Prince, ainſi qu'il le fit bien paroiſtre à la Battaille de Saint-Quentin, là-où il fut pris en combattant vaillamment, & là il eut (1) pourtant quelque petite Charge de Régiment, au Regne du Roy François II, pour l'amour des hauts Bruits & Cryeries qu'on faiſoit, que les Princes du Sang eſtoient du tout reculez d'auprès de la Perſonne du Roy, & n'avoient nulles Charges, Grades, ny Dignitez. On luy donna le Gouvernement de Touraine & d'Anjou, & à Monſieur le Prince ſon Frere celuy d'Orléans, où fut ſon Lieutenant Monſieur de Sipiere, qui ſervit beaucoup contre la Conjuration d'Amboiſe. Aux Regnes de nos autres Roys Charles & Henry,

mon-

---

(1) vaillamment. I L eut

mondit Sieur de Montpenfier commença & continua d'avoir force grandes Charges. Quand la prémiere Guerre civile vint, il fut Lieutenant de Roy en tous ces Pays d'Anjou , le Mans, le Perche , Touraine , & autres Pays circonvoifins ; & là, en cette Guerre, voulant du tout imiter le Roy Saint Louys, fon grand Miroir, contre les Infideles , cettuy-cy (difoit-on) de mefme fe monftra animé contre les Hérétiques , qu'il hayffoit mortellement : jufques-là , que, quand il les prenoit à Compofition, il ne la leur tenoit nullement ; difant, qu'à un Hérétique on n'eftoit nullement obligé de garder fa Foy , ainfi qu'il le pratiqua bien à l'endroit du Capitaine des Marais , qu'il prit dans le Chafteau de Rochefort fur Loire , par honnefte Capitulation & fur fa Foy , & puis le fit exécuter auffi-toft , fe fondant fur fon Apotheme (1) que je viens de dire.

Quand on luy amenoit quelques Prifonniers, fi c'eftoit un Homme, il luy difoit de plein Abord feulement: *Vous eftes un Huguenot, mon Amy; je vous recommande à Monfieur Babelot.* Ce Monfieur Babelot eftoit un Cordelier,

(1) Apophtegme.

lier, sçavant Homme, qui le gouvernoit fort paisiblement, & ne bougeoit
jamais d'auprès de luy, auquel on amenoit aussi-tost le Prisonnier, & luy un
peu interrogé, aussi-tost condamné à
Mort & exécuté. Si c'estoit une belle
Femme & Fille, il ne leur disoit non
plus autre Chose, si-non : *Je vous recommande à Monsieur mon Guydon ;
qu'on la luy mene.* Ce Guydon estoit
Monsieur de Montoiron, de l'ancienne Maison de l'Archevesque Turpin,
du Temps de Charlemagne, & en portoit le Nom de Turpin. Il estoit un
très-beau Gentil-Homme, grand, de
haute Taille, & avec cela si bien pro-
portionné de son Membre, qu'on disoit estre démesuré, & extravagant,
& insatiable. Avec cela repassoit ainsi
ces pauvres Prisonnieres, lesquelles,
possible aucunes, mesmes les Femmes,
en estoient très-ayses & contentes, &
eussent desiré tousjours telle Punition.
Quant aux pauvres Filles, je croy
que le Mal leur estoit cuysant pour un
Temps.

JE

(4) *Montoiron.* C'est ainsi que ce Nom se lit
dans le Commentaire qu'a fait M. Godefroy de
la *Bibliotbéque de M. de Montpensier* p. 305. de
la *Description de l'Isl: des Hermaphrodites.*

JE ne sçay si tout cela est vray ;
mais, j'estois présent un Jour à un
Disner de feu Monsieur de Guyse, à
qui on luy fit ce Conte, en Présence de
Madame de Guyse sa Femme, de Mademoiselle de la Mirande, & autres
Dames & Filles de la Cour, qui estoient à Table, ausquelles mondit Sieur
de Guyse leur en fit à toutes la Guerre, & ne fut sans bien rire, & Homme, & Femme. Et si ce Mot se dit
un long-temps à la Cour parmy les Dames & Galands de la Cour, qui leur
disoient : *Je vous recommande au Guydon*
de Monsieur de Montpensier ; dont aucunes, qui en sçavoient le *tu autem*, &
démesurée Proportion, disoient, ou
pour Timidité, ou pour Hypocrisie :
Ab ! Dieu nous en garde. D'autres disoient : *Il ne nous feroit que la Raison.*

VOILÀ la Punition de ces pauvres
Dames Huguenottes, inventée par Monsieur de Montpensier ; qui me fait penser avoir esté prise & tirée possible de
Nicéphore, par Monsieur Babelot, où
il dit que l'Empereur Théodose osta
& abolit une Coustume, qui estoit de
long-temps dans Rome : à sçavoir, que
si quelque Femme avoit esté surprise
en Adultere, les Romains la punis-
soient, non par la Coërsion du Crime

qu'elqu'elle avoit commis, mais par plus grand Embrasement de Paillardise ; car, ils enfermoient en une estroite Logette celle qui avoit commis l'Adultere, & puis après permettoient impudemment qu'elle assouvist sa Lubricité & Paillardise son Saoul, & d'un chacun qui voudroit venir ; & qui estoit plus vilain & sale, c'est que les Compagnons galants & paillards, qui alloient, se garnissoient & accommodoient de certaines Sonnettes au Temps qu'ils avoient Compagnie avec la Dame, à ce qu'au Mouvement elles, faisant un Son & Tintinnement, donnassent non seulement Advertissement aux Passans & Escoutans de leur Fait & Besoigne qu'ils y estoient, mais aussi afin que, par ce Moyen, & à ce Son de Sonnettes, fust enseignée cette Peine conjointe avec Injure & Opprobre. Quel Opprobre ! dont elles s'en soucyoient beaucoup.

VRAYEMENT, voilà une terrible Coustume que ce sage Empereur abolit, ainsi que le dit l'Historien Nicéphore, dans lequel possible Monsieur Babelot l'avoit feuillettée & tirée, pour la faire pratiquer à ce brave Guydon ; lequel, au bout de quelque Temps, dépesché de Monsieur son Capitaine

vers le Roy en Pofte, vint à la Cour,
où il n'avoit jamais efté guéres veu;
mais, je vous affeure, qu'il fut là bien
veu & connu, & fort admiré pour fa
grande Vertu naturelle, & mefme des
Dames, dont j'en vis aucuns (1) qui
en ryoient bien fous bourre, & en difoient bien leur Raftellée.

J'AY fait cette Digreffion, parce
qu'elle m'eft venuë en Main, & m'en
fuft efchappée une autrefois, & auffi
qu'il faut un peu rire quelque petit
Cóup, & n'eftre pas fi férieux, qu'on
ne fe jette fur la Bouffonnerie &
Rifée.

POUR tourner à mondit Sieur de
Montpenfier, après qu'il eut bien
purgé fon Gouvernement d'Anjou,
Touraine, & autres, puis par l'Affiftance auffi que luy firent Meffieurs de
Chavigny & Puygaillard, deux très-
bons Capitaines, & le Capitaine Ri-
chelieu, qu'on appelloit le Moine Ri-
chelieu, qui avoient tous fait très-bien
autrefois en Piedmont, & ailleurs fait
de très-belles Preuves de leur Valeur,
il fut envoyé Lieutenant de Roy en
Guyenne, Poictou, Onix (2), Xainctonge, & Angoulmois, où il fervit
très-

______

(1) aucunes   (2) Aunis,

O 3

très-bien le Roy ; & les Huguenots
trembloient fort soubs luy, & eussent
encore plus fait, sans que le Roy de
Navarre vint à mourir : & ce Bon-Homme s'alla proposer en son Ambition
(car il en avoit sa bonne Part, comme
ceux de sa Sorte en doivent avoir,)
qu'il tiendroit sa Place en France, comme lors prémier Prince du Sang, a-
près Monsieur le Cardinal de Bourbon ;
mais, son Chapeau rouge l'excusoit,
qui, nonobstant, y aspiroit un peu :
&, pour ce, demanda au Roy son Congé, que moitié l'un, que moitié l'autre, luy accorda. Il s'en vint à la
Cour, disant aux uns & aux autres,
quand il s'offroit à eux, ce seul Mot :
*A cette heure, j'ay Moyen de vous tous
reconnoistre, & faire Plaisir à mes Amis ;
car, vous sçavez bien que le Roy de Navarre est mort,* (sans dire autre Mot)
& que je m'en vais à la Cour. Mais, y
estant, comme je l'y vis arriver au
Bois de Vincennes, il se donna garde
qu'il trouva sa Place prise, & qu'il n'en
tint autre qu'auparavant ; car, il avoit
à faire à une Maistresse Femme que la
Reyne-Mere, qui ne vouloit point de
Compagnon en ce Lieu-là, & aussi à
feu Monsieur de Guyse le Grand, qui
s'entendoit avec elle, & qui d'un seul
Clin

Clin d'Oeil gouvernoit la France, pour la grande Créance qu'elle avoit en luy, & qu'il avoit les Forces en Main.

TOUTESFOIS, il sembla, (& le disoit-on,) que mondit Sieur de Montpensier en fit du Malcontent, & voulut induire Monsieur le Cardinal d'en faire de mesme, car ils ne bougeoient d'ensemble ; mais, on leur donna à tous deux cette petite Soupe à la Gorge, (ainsi parloit-on,) qu'ils seroient les Chefs du Conseil. Et sur ce encore, la Reyne les sçeut si bien mener & plaster, qu'ils se sentirent encore très-heureux de ce petit Morceau. Ceux, qui estoient de ce Temps, & qui ont veu ces Mysteres comme moy, se souviendront bien si je dis vray ou non ; car, j'ay veu tout cela aussi-bien qu'eux.

LES seconds Troubles vinrent, où Monsieur de Montpensier fut ordonné du Roy, avec Monsieur de Nemours, de mener l'Avantgarde, qui fut autant que s'il fust esté Lieutenant de Roy ailleurs, voire plus, là-où est la Personne de son Roy, ou de Monsieur, son Frere, qui le représente en tout, & tel que celuy-là, car il n'y en eut jamais en France qui ayt eu telle Authorité.

O 4   LE

LES troisiesmes Troubles s'ensuivirent par après coup sur coup. Il fût Lieutenant de Roy, & à luy ne firent nul Scrupule d'obéyr les plus grands & bizarres Capitaines d'alors, comme Messieurs de Martigues, de Brissac, & de Strozze. Ce fut lors, qu'ils défirent les Provençaux en Périgord, qui fut une Défaite de grande Importance pour les Huguenots. Cela fait, il s'alla joindre avec Monsieur nostre Général vers Chastelleraud ; & bien luy servit d'estre bon & sage Capitaine, de faire bonnes & longues Traites pour cela ; car, Messieurs le Prince & l'Admiral le suivirent de près, pour se mettre entre - deux, & empescher leur Assemblement.

MONSIEUR de Montpensier menoit tousjours l'Avantgarde, où il estoit tousjours fort honoré des nostres, & redouté des Huguenots ; car, il ne parloit que de pendre, comme il fit à Mirebeau : & s'il fust esté cru, il ne s'en fust guéres eschappé d'eux. Mesme à ce grand Monsieur de la Nouë, & qui méritoit toute Courtoisie, lors qu'il fut pris, il ne se put garder de luy dire : *Mon Amy, vostre Procès est fait, & de vous, & de tous vos Compagnons ; songez à vostre Conscience.*

Science. Mais, Monsieur de Martigues
vint-là, qui le sauva, comme je diray
ailleurs.

LES quatriesmes Guerres s'esmeu-
rent. Monsieur de Montpensier fut
encore Lieutenant de Roy ; car, il
ne refusa jamais de ces Commissions ,
pour la Hayne qu'il portoit aux Huguenots , & pour le feint (1) Zele
de sa Religion. Il vint en Poiȼtou ,
où il trouva de l'Affaire , & un Homme que je viens de dire , Monsieur de
la Nouë , qui luy en donna bien , &
mesmes au Siége de Fontenay & Lusignan , qu'il prit pourtant à la Fin.
Aussi avoit-il des bons Capitaines , &
de Cheval, comme Monsieur de Chavigny , Monsieur du Lude , Gouverneur de Poiȼtou , Puygaillard , & autres , & de Gens de Pied , Maistres-
de-Camp Messieurs de Sarriou , de
Bussy , & Lucé.

LE Siége de Lusignan fut fort long ,
& de grand Combat. J'en parleray
possible ailleurs. Il fut pris ; & , pour
éterniser sa Mémoire , il pressa & im-
portuna tant le Roy nouveau venu de
Pologne , qui le voulut gratifier en cela , qu'il fit raser de Fond en Comble

Ce

(1) faint

O 5

ce Chaſtêau , dis-je , ce beau Chaſteau , ſi admirable & ſi ancien , qu'on
pouvoit dire que c'eſtoit la plus belle
Marque de Forbereſſe antique , & la
plus noble Décoration vieille de toute
la France ; & conſtruite , s'il vous
plaiſt , d'une Dame des plus nobles en
Lignée , en Vertu , en Eſprit , en Magnificence , & en tout , qui fut de ſon
Temps , voire d'autre , qui eſtoit Mer-
luſine , de laquelle il y a tant de Fables : & , bien que ce ſoient Fables ,
ſi ne peut-on dire autrement que tout
beau & bon d'elle ; & ſi l'on veut venir à la vraye Vérité , c'eſtoit un vray
Soleil de ſon Temps , de laquelle ſont
deſcendus ces braves Seigneurs , Princes , Roys , & Capitaines , portans le
Nom de Luſignan , dont les Hiſtoires
en ſont pleines , cette grande Maiſon
d'Archiac en eſtant ſortie en Xainctonge , & Saint-Gelais , dont les Marques
en reſtent très-inſignes.

Lors que la Reyne-Mere fit la
Trefve avec Monſieur , Frere du Roy , à
Jaſeneuil , que Monſieur eſtoit à Saint-
Mexant , (j'eſtois alors avec elle , &
Meſſieurs de Strozze , de Grillon ,
Lanſſac , & la Roche-Pouſay , il n'y
avoit que nous quatre de Courtiſans
avec elle ,) l'Envie luy prit , en s'en

re-

retournant à Poiktiers, de s'efloigner
un peu de fon Chemin , & paffer à
Lufignan, pour en voir les Ruynes.

Certes, elle les y vit, & qui luy
touchérent fort au Cœur; fi - bien que
je l'en vis parler fort tendrement, &
dire ces Mots : *Hé ! faloit - il que fi
belle, forte, & noble Place, à l'Appetit
d'une certaine Opiniaftreté mal-à-propos
de Monfieur de Montpenfier, foit efté
ainfi ruynée de Fond en Comble ! Quand
le Roy mon Fils y euft efté en Perfonne , & qu'elle luy euft fait telle Réfif-
tance, il ne l'euft jamais voulu faire
abattre, je m'en affeure : pour le moins,
ce ne fuft pas efté par mon Confeil. Car,
c'eftoit la Perle antique de toutes fes
Maifons , & le plus bel Ornement qu'on
y euft fçeu voir. Jamais je ne l'avois
veue, (dit elle) fi - non, lors qu'eftant
bien jeune , j'y paffay au Voyage de Perpignan; mais, pour ma Jeuneffe d'alors,
je n'en avois jamais conçeu l'Impreffion
de fa Beauté & Grandeur , comme je
la comprends encore par fa Ruyne. Que
fi je l'euffe eue fi bien empreinte en mon
Efprit, comme je l'ay, je vous affeure
que le Roy mon Fils n'euft donné jamais à Monfieur de Montpenfier le Congé de l'abattre à l'Appetit de fa Paffion; & jamais Chamerault n'euft triom-*

phé

phé de si noble & riche Despouille, pour
bastir & agrandir sa petite Maison de
Marigny. Car, il faut noter, que le
Roy en donna toute la Ruyne audit
Sieur de Chamerault, qui avoit esté
son Enseigne de Gendarmes quand il
estoit Monsieur, dont il en a fait bastir une très-belle Maison, qui n'est
qu'à deux Lieuës de Lusignan, qui
s'appelle Marigny.

VOILÀ ce que j'en vis dire à la
Reyne, qui se promena, advisa par-
tout, & s'y amusa si fort, que bien
que l'on luy dist qu'il faisoit tard, &
qu'elle n'arriveroit qu'à la Nuit noire
à Poictiers, comme elle fit, n'en laissa
sa Contemplation.

JE la vis aussi fort blasmer le Sieur
de Sainte-Soline, qui l'avoit laissé prendre & perdre en estant Capitaine, &
en avoit acheté la Capitainerie du
Sieur du Vigean, que luy & ses Prédécesseurs de la Maison du Fou avoient
gardé plus de six-vingts Ans.

CAR, on disoit, que ledit Sainte-
Soline, aymant un peu trop l'Avarice, n'avoit léans qu'un pauvre vieux
Morte-Paye, qui se laissa surpren-
dre. Que s'il n'eust ouvert la Porte, & l'eust bien fermée seulement,
& n'eust parlé à Personne, cette Place

ce eſtoit imprenable à tout le Monde.

Voilà la Pitié & Ruyne de cette Place. J'ay ouy dire à un vieux Morte-Paye, il y a plus de quarante Ans, que, quand l'Empereur Charles vint en France, on le paſſa par-là pour la Délectation de la Chaſſe des Daims, qui eſtoient là-dedans un des beaux & anciens Parcs de France, à très-grande Foiſon, qu'il ne ſe put ſaouler d'admirer & de loüer la Beauté, la Grandeur, & le Chef-d'Oeuvre de cette Maiſon ; & faite (qui plus eſt) par une telle Dame, de laquelle il s'en fit faire pluſieurs Contes fabuleux, qui ſont-là fort communs, juſques aux bonnes Femmes vieilles, qui lavoient la Lexive à la Fontaine, que la Reyne-Mere voulut auſſi interroger & ouyr.

Les unes luy diſoient, qu'elles la voyoient quelquefois venir à la Fontaine, pour s'y baigner, en Forme d'une très-belle Femme, & en Habit d'une Veufve. Les autres diſoient, qu'elles la voyoient, mais très-rarement, & ce les Samedys à Veſpres (car en cet Eſtat ne ſe laiſſoit-elle guéres voir) ſe baigner, Moitié le Corps d'une très-belle Dame, & l'autre Moité en Serpent. Les unes di-

ſoient,

foient, quelles la voyoient fe promener toute veftue avec une très-grave
Majefté. Les autres, qu'elle paroiffoit
fur le Haut de fa groffe Tour, en Femme très-belle, & en Serpent. Les u-
nes difoient, que, quand il devoit arriver quelque grand Defaftre au Royaume, ou Changement de Regne, ou
Mort, & Inconvénient de fes Parens,
les plus grands de la France, & fuffent
Roys, que trois Jours avant on l'oyoit
cryer d'un Cry très-aigre & effroyable
par trois fois. On tient cettuy-cy pour
très-vray. Plufieurs Perfonnes de-là,
qui l'ont ouy, l'affeurent, & le tiennent de Pere en Fils; & mefme, que,
lors que le Siége y vint, force Soldats & Gens d'Honneur l'affirment
qui y eftoient. Mais, fur-tout, quand
la Sentence fut donnée d'abattre &
ruyner fon Chafteau, ce fut alors,
qu'elle fit fes plus hauts Crys & Cla-
meurs. Cela eft très-vray, par le Dire
d'honneftes Gens. Du depuis, on ne
l'a point ouye. Aucunes Vieilles pourtant difent qu'elle s'eft apparue, mais
très-rarement.

Pour Fin, & vraye Vérité finale,
ce fut en fon Temps une très-fage &
vertueufe Dame, & mariée & veufve,
& de laquelle font fortis ces braves &
gé-

généreux Princes de Lufignan , qui, par leur Valeur, fe firent Roys de Chypre , parmy les principaux defquels fut Geoffroy à la grand - Dent , qu'on voyoit repréfenté fur le Portail de la grande Tour, en très - grande Stature.

Je n'ay guéres veu de Perfonnes, qui, ayant veu ce Chafteau en fon Luftre & Splendeur , & puis en fa mémorable Ruyne, ne maudiffent Monfieur de Montpenfier & fon Opiniaftreté folle en cela : fi que les Roys fes Enfans (difoit ladite Reyne) n'en avoient tant fait envers les Villes qui avoient tenu , eux préfens , contre eux, & ne les avoient démolies ; & luy avoit voulu faire plus qu'eux, & fe faire craindre & refpecter.

Aussi tint-on de ce Temps - là , que ce Prince fufdit ne l'emporta guéres loing qu'il n'en euft une Eftrette bien ferrée : car , le Roy le voulant continuer en fa Charge de Lieutenant-Général , & l'envoyer en Xainctonge, & aux Ifles, pour achever fes Conqueftes', & l'y faire obéyr, il n'y voulut point aller ; ains , voulant paffer fon Ambition plus avant, ce luy fembloit, il fçait comme le Roy s'achemine à Reyms pour s'y faire facrer, il s'y achemine auffi , pour s'y trouver.

ver au Sacre, & y tenir le prémier
Rang, après Monſieur, & le Roy de
Navarre, & l'oſter à Monſieur de Guyſe, qui eſtoit-là avant luy. Mais à
quelles Journées & en plein Hyver !
les plus grandes que j'aye jamais veu
faire : car·, lors le Roy m'ayant envoyé vers Monſieur de la Nouë à la
Rochelle, & m'en retournant en Poſte
le retrouver, je trouve mondit Sieur
de Montpenſier à Blois, ainſi que je
courois, & luy à ſes Journées, il
arriva le Soir à Paris, que je n'y eſtois arrivé que le Matin ; & comme
j'eſtois allé voir Madame de Guyſe,
qui eſtoit alors en Couche, & que je
parlois à elle, nous nous donnaſmes
la garde que nous viſmes Monſieur de
Montpenſier ſur les Bras, dont je fus
fort eſtonné, pour l'avoir laiſſé bien
loing : marche de meſme de Paris à
Reyms.

MAIS, le Roy ayant eſté adverty
de ſon Intention à vouloir tenir le
Rang audit Sacre, & entendu Monſieur de Guyſe auſſi, qui ne luy vouloit pas céder, ny perdre le ſien, &
mal-ayſément ſouffroit paſſer telle Paille par le Bec, (car, il euſt falu que
ce fuſt eſté, ou Dieu, ou le Diable,)
commença à entrer en Colere & Rumeur,

meur, & protester, que si Monsieur de Montpensier se hazardoit le moins du Monde de vouloir enjamber sur sa Dignité, qu'il luy feroit autre Tour que ne fit Philippes le Hardy, Duc de Bourgogne, à l'endroit de son Frere; car, il le prendroit par le Collet, & le chasseroit de-là, & le jetteroit par Terre, ou possible feroit pis, selon que la Colere le domineroit, tout son Beau-Frere qu'il estoit. Car, en cela, ce sont des prémiers anciens Pairs de France, qui tiennent Lieu & Rang là; non pas les Princes du Sang, ny autres. Je vis le Roy, la Reyne, & toute la Cour, esmeus bien fort pour cela, & à trouver Remede pour y pourvoir; mais, on n'en put trouver aucun, pour la brave Résolution de Monsieur de Guyse.

Ce fut donc à opiner, & arrester du tout, de mander à Monsieur de Montpensier de ne se haster point tant à venir. Nonobstant, il vint près de deux Lieuës de Reyms, résolu de passer plus outre. Mais, ayant bien sçeu au vray la Résolution de Monsieur de Guyse, & qu'il y auroit du Bruit & de la Batterie, & n'y feroit bon pour luy, & que le Roy luy manda qu'il avoit Peur de quelque grand Scandale,

ce

ce fut luy qui s'arresta tout court, &
ne se trouva au Sacre, qu'il avoit tant
abbayé dès la Prise & Ruyne de Lusignan, qui luy fut possible malencon-
treuse en cela, (ce disoient aucuns,)
& que Madame Merlusine avoit là beaucoup opéré.

Il en couva pourtant en son Ame
un grand Despit & une extrême Colere contre Monsieur son Beau-Frere, (mais cela s'accorda après,) & un
très-grand Mescontentement contre le
Roy : &, quelques Mois après, Monsieur ayant pris les Armes, pour estre
malcontent & mal-traitté du Roy, Sa
Majesté luy voulut donner sa Lieutenance-Générale contre Monsieur ; mais,
il la refusa tout-à-plat, disant ne vouloir aller contre le Fils & Frere de ses
Roys, & que mondit Sieur avoit quelque Occasion de se mescontenter & mutiner, & qu'il le faloit appaiser & con-
tenter. A quoy il poussa si bien avec
la Reyne, que l'Accord se fit, & Trefves furent accordées à Jaseneuil, entre Saint-Mexant & Poictiers : & luy
furent accordées force Villes & Places
pour sa Retraite, à quoy cependant
mondit Sieur de Montpensier travailla
fort pour l'y faire entrer & ses Gens,
& principalement à Angoulesme, où

il.

il reçeut un Affront que je diray ailleurs. Ainsi, Monsieur de Montpensier se lia les Bras contre Monsieur & ses Gens, & les Huguenots, qui tous estoient avec luy, & l'avoient esleu leur Protecteur : ce qu'on trouva à la Cour, & en France, fort estrange, que celuy, qui avoit esté si grand Ennemy & le Fleau des Huguenots, maintenant il estoit à demy leur Appuy & Soustien. Ce qui fit penser & dire à aucuns, qu'il se laissoit plus dominer à son Mescontentement & à son Ambition, qu'à sa Religion. Ce que n'eust pas fait son grand Patron le Roy Saint Louys avec les Sarrasins, disoit-on.

IL en bailla un pareil Exemple, lors que Monsieur de Nevers, & luy, eurent une grande Querelle, pour quelques Paroles que Monsieur de Nevers avoit dites en secret de Monsieur, Frere du Roy, à Monsieur de Montpensier, à cause de son Mescontentement & Elévation, qu'il alla rapporter à Monsieur; dont Monsieur en voulut estre esclaircy & en avoir Raison. Mais, Monsieur de Nevers nya les avoir dites, & donna quelque Démenty en l'Air. Dont s'ensuivit une grosse Querelle, & à qui feroit plus d'Amas de ses Parens

rens, Amis, & Serviteurs. Sur-quoy le Roy de Navarre s'envoya offrir à Monsieur de Montpensier, avec tous ses Huguenots, que Monsieur de Montpensier, sans aucun Respect de sa Religion, contraire à la Huguenotte, accepta très-volontiers, & fort librement. Il y avoit de l'autre Costé Monsieur de Guyse, avec tous ses bons Catholiques: (je sçay bien que m'en dit un Jour Monsieur de Guyse). Sibien qu'il y eust eu du Combat & de la Tuerie, sans la Défense du Roy, qu'il leur en fit, & l'Accord qu'il en traitta après.

VOILÀ ce qu'on en a plus voulu objecter à Monsieur de Montpensier, de s'estre voulu ayder des Huguenots, & aussi qu'il traitta & fit la Paix avec le Roy de Navarre & les Huguenots, lors que nous avions le Siége devant Broüage.

CE bon & grand Prince faisoit Estat & grande Gloire (comme j'ay dit) d'estre descendu de l'Estoc de ce grand & bon Roy Saint Louys, & s'efforçoit fort à l'imiter, & se façonner à ses bonnes & saintes Mœurs & belles Dévotions.

IL avoit certes Raison; car, de plus beau Modelle & Patron n'eust-

il sçeu choisir ou trouver pour s'y con-
former, & non à celuy du Duc Charles d'Anjou, Roy de Naples, son Frere; qui, pour Valeur, n'en céda rien
à son Frere, mais le surpassa bien en
toute Cruauté : tesmoing celle dont il
usa envers le Roy Manfroy & Conra-
din, après les avoir desconfits en Battaille, & envers les Prisonniers qui furent pris, tant Seigneurs, Gentils-
Hommes, qu'autres, les uns massa-
crez, les autres les Yeux crevez, les
autres morts en Prison misérablement
de Faim & de Vermine, jusques à la
Reyne Femme de Manfroy, & ses Enfans morts ainsi en Prison. Voyez
l'*Histoire de Naples*, & autres, qui
en content assez à mon Advis de ses
Cruautez. Aussi ne les porta-t-il guéres loing; car, Dieu, juste Vengeur
des Cruautez, luy en rendit de bonnes & cuysantes en de durs Chasti-
mens : comme les Vespres Siciliennes,
où tant de braves & généreuses Ames
en pâtirent, jusques à une infinité d'in-
nocentes ; son Armée de Mer défaite
trop desastreusement ; son Fils y pris
pendant son Deffy contre le Roy d'Ar-
ragon ; & puis de Despit & Tristesse
il mourut. Il y avoit bien du Sujet,
de sorte que j'ay ouy dire dans Na-

ples

ples à de grands Perfonnages, difcou-
rant de luy, que bien luy a fervy d'a-
voir eu un Frere fi faint, & Homme-
de-Bien que fon Frere le Roy Saint
Louys ; car, fans luy & fes Intercef-
fions, ils le penferoient damné en En-
fer : & ainfi, me difoient-ils, il faut
que d'une Race il en forte des uns &
des autres, comme fait un Potier, qui,
d'une mefme Terre & Argille, fait des
Pots & des Vafes, les uns pour l'Honneur & la Beauté, les autres pour l'In-
famie & la Salauderie.

AINSI me parloient ces grands Perfonnages à Naples, non qu'ils ne me
l'exaltaffent grandement, comme de
vray il y avoit une infinité de Sujets ;
mais par fus tous la Reyne fa Femme,
Madame Beatrix de Provence, qui le
fit bien valoir, jufques à vendre fes
plus précieux Joyaux, pour luy faire avoir une Couronne : j'en parle
ailleurs.

POUR Fin, ce grand Prince a efté
très-brave & vaillant, & qui a tousjours très-bien fait où il s'eft trouvé,
& eft mort en Réputation d'un bon &
fage Capitaine, & laiffa après foy un
très-brave & vaillant Fils Monfieur
de Montpenfier, que, du Temps du
Pere, nous appellions le Prince Dauphin,

phin , duquel j'espere en parler en
la Vie de nos deux Roys derniers ,
ensemble de Monsieur de Montpensier
d'aujourd'huy (1) , qui , tout jeune
qu'il est , a fait tout plein de belles
Preuves de ses Armes & de son Courage , ainsi qu'il paroist aux belles &
honorables Marques qu'il a reçeues d'u-
ne grande Harquebusade au Visage , sans
autres grands Combats , Rencontres ,
& Siéges , qu'il a desjà faits en un si
bas Age , que c'est une Chose très-
estrange ; outre plus que c'est un très-
bon & gracieux Prince , vraye Semblance de ce bon Roy Saint Louys ,
autant en Beauté qu'en Valeur , comme
j'en parleray ailleurs.

A R T I C L E II.

Mr. LE PRINCE DE LA ROCHE-SUR-YON.

MONSIEUR LE PRINCE DE
LA ROCHE-SUR-YON fut
Frere à Monsieur de Montpensier. Il
ne fut , par Apparence , si grand ; comme

(1) *On na point ces Vies.*

me luy , religieux : mais , pourtant,
il le fut, & fort bon Catholique, encore qu'aucuns ont eu Opinion contraire ; mais , c'estoient Abus. Bien
est-il vray , qu'il estoit plus Politique,
que passionné Catholique, comme Monsieur son Frere , & qu'il conseilloit &
tendoit plus à appaiser les Troubles
de la France par la Douceur , que par
la Guerre & la Rigueur ; & , pour ce,
aucuns l'en tenoient plus sage.

Aussi s'il ne fust esté bon Catholique & sage Prince , on ne l'eust donné au Roy Charles IX pour son principal Sur-Intendant & Gouverneur
par-dessus Monsieur de Sipiere ,
qui l'estoit du Temps qu'il estoit
Monsieur d'Orléans : & , quand il vint
à estre Roy , l'on advisa , par l'Advis de la Reyne-Mere , du Roy de
Navarre , & autres Grands du Conseil,
que , pour honorer davantage la Personne du Roy , qu'il eust près de soy
un grand Prince du Sang , & advisast
à ses Actions , bien que Monsieur de
Sipiere ne perdit jamais sa Charge. Car,
il la méritoit très-bien ; & c'estoit
un tel Homme qu'il faloit à la Jeunesse
du Roy , qu'il dressa si bien , que nous
en avons d'elle de très-magnanimes
Effects. Aussi Monsieur le Prince luy

cédoit beaucoup, connoissant sa Suffi-
sance aussi grande que de Seigneur de
France : & Monsieur de Sipiere, qui
estoit très-sage, portoit aussi grand
Honneur & grande Révérence à Monsieur le Prince. Si-bien qu'ils s'ac-
cordoient très-bien ensemble, & il
faisoit très-bon voir ces deux Messieurs les Gouverneurs près la Personne du Roy, tenant leurs Rangs comme il faloit, l'un haut, & l'autre un
peu bas. Enfin, s'en ensuivit d'eux la
belle & honorable Nourriture que nous
en avons veue.

C e Monsieur le Prince fut en ses
jeunes Ans fort pauvre : &, sans la
Veufve du Mareschal de Montijan,
Madame Philippe de Montespedon, riche Héritiere, qu'il espousa, il estoit
plus que très-pauvre. Ainsi le tenoit-
on à la Cour du Roy François : mais,
il se remit si bien, que, sur ses Ans,
il devint fort riche, & pour ce très-
magnifique & très-splendide, tant en
Luxes & grandes Despenses de Table,
qu'en beaux Meubles & autres Magnificences, qu'il fit fort paroistre en Espagne, lors qu'il y fut conduire la Reyne d'Espagne, & aussi au Voyage de
Bayonne, où reconnoissant & renou-
vellant ses vieilles Connoissances de
ce Temps, il les festina, très superbe-

bement, & y fit très-bien l'Honneur de la Maifon de France pour fon Cofté; car, il eftoit très-libéral, autant que Monfieur fon Frere avare.

Au Retour de ce Voyage, il mourut, n'ayant laiffé après luy aucuns Enfans, en ayant perdu l'un des beaux, gentils, & honneftes jeunes Princes, qu'on euft fçeu voir, (Monfieur le Marquis de Beau-Preau fe nommoit-il,) qui mourut à Orléans, ainfi que le Roy & toute fa Jeuneffe fe joüoient à Cheval. On dit que le Comte (a) de Maulevrier le porta par terre, & le creva, dont Monfieur fon Pere en eut fi grand Defpit, qu'il chercha ledit Comte long-temps pour le tuer, & fut à luy à s'abfenter & à fe perdre de Veuë de luy; car, il y alloit de fa Vie.

Toutesfois, le Roy & la Reyne, quelque temps après, obtinrent de Monfieur le Prince, qu'il oublieroit le tout, & ne luy demanderoit rien, en ce qu'il ne fe monftraft jamais devant luy: autrement, il perdroit Patience, & entreroit en fi grande Colere & Regret de fon ancienne Douleur, & ne fe pourroit tant commander, qu'il ne le tuaft. A quoy il ne faillit pas une fois, que nous tournafmes de la Prife

du

(a) Charles Robert de Maulevrier.

du Havre, que Monsieur le Prince, sortant de la Chambre des Filles, qui estoit en un Lieu bas, & le Comte y voulant entrer, fut rencontré, & aussi-tost mondit Sieur le Prince mit l'Espée au Poing. Ce fut à l'autre à avoir bonnes Jambes, &, par bon Encontre va trouver une Fuye, qu'il contourna plusieurs fois, ainsi que Monsieur le Prince le poursuivoit tousjours l'Espée au Poing. Enfin, il se sauva galamment, dont il y eut après de la Risée parmy nous, songeant à cette Fuyte, que ledit Comte faisoit encore plus valoir quand il la contoit; car, c'est l'Homme du Monde qui est de la meilleure & plus plaisante Compagnie. Mais, alors, & sur le Coup, il n'y avoit pas à rire pour luy, qui gagna plus à la Mort de ce Prince, qu'en sa Vie; car, il n'eust falu qu'un Malheur, ou bien qu'il se fust du tout banny de la Cour. Il faloit pardonner à la Passion de cet honorable Pere & Prince : car, il n'avoit que ce Fils, son seul Espoir, sa seule Joye & Consolation, sa seule Attente de le voir un Jour ce que desjà la Jeunesse si belle & si accomplie luy promettoit; &, l'avoir veu mort de telle Sorte, c'estoit un grand Dommage, & pour le Pere, & pour le Fils.

P 2

E N-

ENTR'AUTRES belles Vertus, qu'on donnoit à mondit Sieur le Prince, c'estoit qu'il estoit fort Homme-de-Bien & d'Honneur, & qui ne trompoit point les Personnes qui s'addressoient à luy à la Cour, & ausquelles avoit une fois promis. Aussi une belle Fille de la Cour (de laquelle il estoit amoureux, voire jouyssant) l'appelloit le Grison fidele, sur l'Exemple & Allegorie d'un fort beau Cheval grison, que le Roy avoit, qu'on appelloit ainsi.

IL estoit brave & vaillant, & le monstra en une Querelle qu'il eut contre Monsieur d'Andelot, très-mauvais Garçon, dont je parle ailleurs (1).

IL estoit très-sage & fort advisé, & avoit un très-bon Sens, & le tenoit-on meilleur que celuy de Monsieur son Frere. Aussi le Roy Henry le fit Gouverneur de Paris & de l'Isle de France, après la Battaille de Saint-Quentin, où il le servit très-bien & à son Contentement, & de tout le Royaume.

(1) *Tome XI, dans le* Discours *sur les* Duels, *vers la Fin.*

FIN DU TROISIESME TOME DES
HOMMES ILLUSTRES ET
GRANDS CAPITAINES
FRANÇOIS.

TABLE

TABLE
DES
VIES
DES
HOMMES ILLUSTRES
ET
GRANDS CAPITAINES
FRANÇOIS,
CONTENUES DANS CETTE
TROISIESME PARTIE.

✻✻✻✻✻✻✻✻✻✻✻✻✻✻✻✻✻✻✻✻✻✻✻

      DIS-

TABLE DES DISCOURS.

FIN.

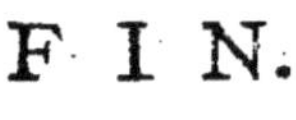